中小企业转型升级机理研究

——基于浙江典型案例分析

陈 琪等 著

ZHEJIANG UNIVERSITY PRESS
浙江大学出版社

图书在版编目(CIP)数据

中小企业转型升级机理研究：基于浙江典型案例分
析 / 陈琪等著. —杭州：浙江大学出版社，2014.12
　　ISBN 978-7-308-14140-6

　　Ⅰ.①中…　Ⅱ.①陈…　Ⅲ.①中小企业—企业发展—
案例—浙江省　Ⅳ.①F279.243

　　中国版本图书馆 CIP 数据核字(2014)第 284769 号

中小企业转型升级机理研究——基于浙江典型案例分析
陈　琪等　著

责任编辑	石国华	
封面设计	刘依群	
出版发行	浙江大学出版社	
	（杭州市天目山路 148 号　邮政编码 310007）	
	（网址：http://www.zjupress.com）	
排　　版	杭州星云光电图文制作有限公司	
印　　刷	杭州日报报业集团盛元印务有限公司	
开　　本	710mm×1000mm　1/16	
印　　张	16.25	
字　　数	310 千	
版 印 次	2014 年 12 月第 1 版　2014 年 12 月第 1 次印刷	
书　　号	ISBN 978-7-308-14140-6	
定　　价	38.00 元	

本书作者

（按汉语拼音排序）

陈　琪　　陈云娟　　程肖君　　林　燕
刘　坤　　楼德华　　卢智健　　陆竞红
骆　鹏　　麻勇爱　　倪建明　　汪永忠
王新伟　　严继莹　　杨　露　　郑鹏举

内容简介

本书在企业成长理论、企业创新理论和企业战略管理理论的框架下,运用多案例研究方法,在对大量企业案例考察分析的基础上,精心选取了十八家典型企业,逐一对这些企业独特的转型方式、升级路径和成功之道进行分析与提炼,旨在对中小企业今后更好地发展有所裨益。

本书共分十九章,第一章是对浙江中小企业转型升级的机理进行理论阐述的部分,第二章到第十九章是对十八家案例企业转型升级的方式、路径与成功经验进行逐个梳理,以揭示各个案例企业转型升级的成功之道。

本书既可作为企业成长理论研究者的参考书目,也可为中小企业管理者提供案例和理论指导。

序

2014 年 5 月,习近平总书记在河南考察时指出,我国发展仍处于重要战略机遇期,我们要增强信心,从当前我国经济发展的阶段性特征出发,适应新常态,保持战略上的平常心态。这是新一代中央领导首次以新常态描述新周期中的中国经济。自 2010 年我国 GDP 总量超过日本成为全球第二之后,经济出现了明显不同于前 30 年的特征,经济增速持续下滑,2010 年至 2012 年,经济增速连续 11 个季度下滑,2012 年至 2013 年,GDP 年增速连续两年低于 8%。此时提出中国经济的"新常态"就蕴含着深刻的政策寓意。与民营中小企业命运息息相关的寓意相当明了:经济增长的动力已经悄然转换,政府投资将让位于民间投资,出口必将让位于国内消费,创新驱动是决定中国经济成败的关键。这对浙江众多的中小企业而言虽是福音,但也提出了更高的要求。对于锐意进取、不断创新的企业而言是难能可贵的机遇,但对于固步自封、因循守旧的企业而言则不啻敲响了警钟。

在这样的背景下,浙江师范大学的商学教师从大学课堂讲台走进企业现场,从抽象理论的逻辑分析到鲜活经济业态的观察思考,利用寒暑假和课余时间对浙江中小企业转型升级成功的典型企业进行了历时三年多的调查与研究,本书就是他们三年多来集体劳动的结晶。

本书主要运用多案例研究方法,在对大量企业案例考察分析的基础上,精心选取了十八家典型企业,逐一对这些企业独特的转型方式、升级路径和成功之道进行分析与提炼;同时,从个别到一般,对浙江中小企业转型升级的基本方式与机理进行了理论上的概括。作者认为:浙江中小企业转型升级主要是基于技术创新和管理创新驱动的产品升级、价值链拓展、制度变革三类方式;并认为企业转型升级"是一种根本性的、彻底全面的变革","需要解决组织的核心流程、精神、意识、创新能力和进化等方面的问题"(Levey & Merry,1986)。为此,推动企业成功演化的关键绝不在于一时一事,也不在某一环节,而是持久的、完整的、体系性变更;其运行的机理也不是单一的,而必定是多种资源要素创造性整合的力量使然,具体描述为"定位、顺势、应变、恒久、积善"等,本书对蕴藏在案例企业转型升级成功经验背后的共同之道进行了有益的探究。

本书的一个明显特征是:理论工作者对企业转型升级成功案例的理性思考与企业老总对企业现实发展的亲身感言同时并呈,相得益彰。因而我相信本书的出版不仅能使各类读者领略到浙江中小企业的风采,感受到浙江企业坚持创新驱动发展的决心与执着,分享到浙江中小企业转型升级先行者们的成功经验,而且能启迪更多的中小企业通过创新驱动,健康成长,成功转型,走向经济的持续繁荣。

胡祖光

2014 年 11 月

胡祖光:东方管理学的创始人;现任浙江省社会科学界联合会名誉主席。曾任浙江工商大学党委书记兼校长、浙江省社会科学界联合会主席、浙江企业管理研究会会长、浙江省政府经济建设咨询委员会委员等职。

目　　录

第一章　浙江中小企业转型升级的方式与启示

引　言

改革开放三十多年来，我国中小企业迅猛发展，已成为国民经济中最具活力、最具创新、最有发展潜力的力量，它们在扩大就业、活跃城乡经济、优化产业结构、增加财政收入等方面发挥着不可替代的作用，是促进我国经济增长和社会发展的生力军。据国家工商总局发表的《全国小型微型企业发展情况报告（摘要）》显示，我国中小企业创造的最终产品和服务价值已相当于国内生产总值（GDP）总量的60％，纳税占国家税收总额的50％，完成了65％的发明专利和80％以上的新产品开发。因此，加快与促进中小企业发展，可以为国民经济持续稳定增长奠定坚实的基础。

但目前，中小企业的重要作用与其处境呈现出不相匹配的情况，受整个宏观经济形势的影响，中小企业的发展受到了前所未有的挑战。一方面，中小企业大多以低成本、赚快钱为第一目的，存在诸如缺乏核心战略与发展规划、产业集中度不高、产品科技含量和附加值低、人才匮乏、技术力量薄弱、政府政策短板等不足；另一方面，自2008年国际金融危机爆发以来，中小企业面临的市场环境已今非昔比。在国内市场上，中小企业涉及的大部分生产经营领域相继出现供大于求的买方市场格局，使得中小企业的盈利空间越来越小。在国际市场上，世界经济复苏缓慢，国家之间的贸易保护抬头，各国竞争更加激烈，市场总体需求下降，企业订单大幅度减少，库存量急剧增加，存在严重的产能过剩。而我国中小企业大多集中在传统的加工制造业，这些传统行业的利润率很低，一般只有3％到5％，外向型企业利润率更低，根据商务部对近2000家重点联系企业调查统计，企业平均出口利润率仅为1.5％。但企业的用工成本、原材料成本、融资成本、土地成本等各类成本却在不断上涨，因而企业利润越来越微薄，部分企业甚至因亏损而倒闭。

恶劣的环境使得以加工制造为主业的中小企业旧有盈利模式受到前所未有的挑战。中小企业要摆脱困境，唯有转型升级。因此，中小企业该怎么转型升级？往哪儿转、往哪儿升？怎么转、怎么升？这些都成为中小企业当前急需解决的难题。

浙江是全国首个提出"转型升级"战略的经济大省。2004年国家加强宏观调控以后，在2005年浙江省委就提出要"浴火重生，腾笼换鸟"，转变增长方式。2007

年底,浙江省又及时提出加快转变经济发展方式,推进经济转型升级。2009 年 12 月,浙江在全省开展转变发展方式综合配套改革试点,结合 11 个地级市和义乌市的实际,部署了各有侧重的综合配套改革试点方案。在实践过程中,浙江逐渐形成了以创新驱动的中小企业转型升级模式。

基于上述背景分析,本研究以浙江企业为例,深入调研与分析浙江中小企业转型升级典型案例,试图做到:在理论层面,探索归纳出中小企业成功转型升级的共性机理,以丰富我国中小企业的成长理论,从而使更多的中小企业找到更适合的促进其转型升级的方式;在实践层面,通过中小企业成功转型升级的机理研究,能够更准确地识别中小企业转型升级方面的现状与不足,使政府及相关机构在扶持和帮助中小企业发展时更有针对性,保障政府及相关机构投入的有效性。我们期望本研究成果能更好地为浙江中小企业发展提供宏观政策建议和微观行动指导,为更多的中小企业的转型升级提供一些可借鉴的经验。

第一节　国内外相关研究回顾

何谓企业转型升级? 企业转型升级的类型可分为哪几类? 转型升级的路径主要有哪些? 推动企业转型升级最根本的因素是什么? 这些长期以来一直是以企业为主要研究对象的学者们孜孜以求的问题,并且也取得了一些初步研究成果。

一、企业转型升级内涵的研究回顾

关于企业转型升级的概念,目前尚没有统一的认识。对现有文献的梳理结果表明,国内外学者主要从企业转型和企业升级两个方面对企业转型升级内涵展开探讨。一些学者专门对企业转型进行了研究。如 Levey & Merry(1986)将企业组织转型描述为一种根本性的、彻底全面的变革,认为"组织转型需要解决组织的核心流程、精神、意识、创新能力和进化等方面的问题";Hammer & Champy(1993)认为企业转型是指企业为了生存或者更好地发展,在重新思考和检讨传统的功能式组织结构的基础上,通过企业的管理改革,使组织在成本、质量及服务等绩效指标上,获得跳跃式改进的过程;吴家曦和李华燊(2009)认为企业转型就是一种状态向另一种状态的转变,即企业在不同产业之间的转换和不同发展模式之间的转变。另外一些学者对企业升级进行了单方面的研究,并根据不同标准划分了不同的升级方式。Gereffi(1994)认为企业升级就是企业提高迈向更具获利能力的资本和技术密集型经济领域的能力的过程,即企业在产业链和价值链上位置的提升,一般通过创新和整合来实现;Humphrey & Schmitz(2000)也有类似的观点,认为从企业层面来讲,升级是指企业通过获得技术能力和市场能力,以改善其竞争能力以及从事高附加值的活动;他们(2002)进一步指出,能使发展中国家企业维持其收入或者能使其收入增长的业务,就是企业升级;Poon(2004)也认为企业升级是指企业通过获得技术能力或市场能力改善自身的竞争能力,使企业进入获利更高的资本密集型和技术密集型经济领域的过程;吴家曦和李华燊(2009)在总结前人研究的基础上指出,无论从哪个层面看,企业转型升级都包括由低技术水平、低附加价值状态向高技术水平、高附加价值状态演变的过程;金碚(2011)也认为企业转型升级是一个涉及技术、体制、利益、观念等各个方面深刻系统性变革的过程,而此转变过程与企业自主创新能力的提升是密不可分的,企业自主创新能力的形成是工业转型升级最关键的因素;赵昌文和许召元(2013)认为企业转型升级是指企业通过组织重构、管理变革和发展模式的转变,实现由低技术水平、低附加价值状态向高技术水平、高附加价值状态演变的过程。

二、企业转型升级类型的研究回顾

Bibeault(1982)将企业转型分为企业管理模式转型、企业商业运作模式转型、企业适应外部环境转型、产品创新转型以及与政府政策相关联的转型五种;Humphrey & Schmitz(2002)从价值链的角度总结了企业升级的方式,认为有过程升级、产品升级、功能升级和部门间的升级四种不同类型的企业升级方式;吴家曦和李华燊(2009)认为,一般来说,企业的转型升级可以从转型和升级两个层面来理解。转型可以分为两类:转行和转轨。前者转行是指企业在不同产业之间的转换,包括:(1)主业不变进入新行业;(2)主业转向新的行业,但仍保留原行业;(3)退出原行业,完全进入新行业;(4)在本行业中向上游产业延伸;(5)在本行业中向下游产业延伸;(6)从制造业领域转向服务业领域。后者转轨是指企业在不同发展模式之间的转变,主要内容包括:(1)企业类型转型;(2)商业模式转型;(3)进入新的市场;(4)管理转型;(5)创业者自身转型。而升级即是指创新,主要包括:(1)开发新产品;(2)提高产品技术含量;(3)打造名牌产品;(4)战略重点从生产向研发转移。可见,学者们对转型升级类型的研究各有侧重。

三、企业转型升级路径的研究回顾

Gereffi(1999)根据东亚服装生产企业在全球价值链的升级演化过程,总结了一条企业升级的路径,即从委托组装(OEA)到委托加工(OEM)再到自主设计和加工(ODM)再到自主品牌生产(OBM)的升级过程;陈菲琼和王丹霞(2007)在研究国外成果的基础上,建立企业升级的系统性分析框架,将企业升级与价值链的治理模式结合起来进行研究,认为企业升级与价值链的治理模式密切相关,企业的升级路径是沿着价值链治理模式动态变化的轨迹而形成的。杨桂菊(2010)以3家本土代工企业为案例探索性研究了OEM企业转型升级的演进路径,总结归纳了OEM企业转型升级路径的理论模型。曾贵和钟坚(2010)分析了台湾加工贸易产业由于充分发挥学习机制、集群机制、创新机制和服务机制的作用而迅猛发展,并通过价值链内的横向扩展升级路径、价值链间的纵向跃升路径和价值链"切片"外移的路径,逐渐实现了从低附加值的劳动密集型向高附加值的资本和技术密集型转型升级。上述学者主要对加工贸易企业的转型升级路径进行了探讨,而对更一般意义上的中小制造企业的转型升级路径的研究文献较少。

四、企业转型升级影响因素的研究回顾

Cyert & March(1963)指出企业的抱负是影响企业实施自主创新从而达成转型升级的重要因素,而这个抱负水平的高低由企业文化以及企业家创业精神等因素决定。Gans & Stem(2003)以及 Vergrat & Brown(2006)认为政府大力营造良好技术创新环境,有利于企业快速实现转型升级。张聪群(2011)也强调了地方政府在企业转型中的重要作用。产业共性技术和区域品牌都具有公共产品属性,因此,地方政府应该扮演该战略的制定者和战略实施的组织者。孔伟杰(2012)认为企业创新能力是企业转型升级最关键的因素,创新能力越强的企业越倾向转型升级。除此之外,学者们认为影响企业转型升级的因素另有:企业规模、市场结构(Schumpeter & Swedberg,1994;Arrow,1962;Scherer,1967);行业和所有制特征(安同良等,2006);集聚效应和出口(张杰等,2007);出口贸易的技术标准化要求(孔伟杰、苏为华,2009);产业、企业、市场、技术、资金和人才等结构问题(吴家曦,2009);研发投入、品牌建设、管理技术与管理能力(赵昌文、许召元,2013);等等。

综上研究,国内外学者对企业转型升级的概念、类型、路径及影响因素等领域的研究还没有形成一致的意见,但对企业转型升级的实质基本达成共识:认为企业转型升级主要是指企业通过发展模式转变和管理变革等创新活动,实现由低技术水平、低附加价值状态向高技术水平、高附加价值状态演变的过程;中小企业转型升级已呈现出多样化的特点,涵盖转行、转轨、创新等多种方式,具体可概括为基于创新推动的:产品升级型(通过工艺的改造、新技术的引进等创新活动将产品从低端做到高端);价值链横向升级型(企业从开始做制造为主,往前后两端延伸,前面搞研发设计,后面搞品牌营销);价值链纵向升级型(企业突破原来产业的价值链条,转到一个新的产业价值链上去)。企业创新能力是企业转型升级最为关键的因素,创新是中小企业转型升级的一个快速通道。

第二节 案例企业的概况与特点

一、案例企业的选取与调研概况

(一)案例企业的选取

众所周知,浙江是一个中小企业大省,中小企业占到浙江全部企业的 99% 以

上，同时浙江又是一个制造业大省，且以传统的制造业为主。而从 2011 年全球化金融危机以来，浙江中小企业尤其是一些处于产业链、价值链低端的中小传统制造企业在相对偏紧的货币环境和新一轮通货膨胀的压力下，企业运营压力日益加大，再加上用电、用工、用地等要素制约，生存环境越来越恶化，这就"倒逼"中小传统制造企业不得不通过加强技术改造、产品升级换代等改变旧有的盈利模式；与此同时，互联网时代背景也迫使中小制造业企业与互联网经济对接，转变传统的经营模式，实现企业的转型升级。基于上述原因，本研究中所选取的案例企业主要是具有传统制造业产业背景的浙江企业。

具体案例企业的选取过程主要分为两个阶段：第一阶段，在对相关文献资料的整理分析和对浙江制造企业转型升级现状广泛调研的基础上，确定研究框架，并选取有典型代表性的企业作为预调研企业进行初步调研。第二阶段，根据初步调研结果及课题研究的目的最终确定案例企业，同时将课题组成员分为若干小组，按照预定的研究框架深入选定的企业开展调研。

（二）案例企业的调研概况

本研究启动于 2011 年 10 月，至今已三年有余。期间分两个阶段相继完成两批案例报告。第一阶段大致是从 2011 年底开始，到 2012 年 12 月结束，在持续一年的时间内课题组分若干小组对精心选取的绿源公司、今飞集团、金凯德集团、联宜电机、双童吸管、春光软管、东精集团、安冬电器、立马控股 9 家企业进行了深入的实地调研和资料收集分析，形成了第一批案例报告；第二阶段大致上从 2013 年 3 月开始，主要对红五环集团、步阳集团、超人集团、先行集团、晟丰包装、大明铝业、西贝虎特种车辆、大圣玩具、森宇控股集团共 9 家企业进行了深入的调研，并在 2013 年底前完成了第二批案例报告。因此，需要特别说明的是本研究第一和第二批案例报告中主要数据的采集截止时间分别为 2011 年底和 2012 年底前。

本研究中课题组成员主要采取了实地参观调研、高层深度访谈、公司内部资料收集等方法获取案例报告写作的三类主要素材。第一类是对案例企业的实地调研所获得的信息和资料。课题组成员通过实地考察，深入了解案例企业的发展历程，对企业在转型升级过程中的创新和组织运营有一个直观的了解。第二类是来自与案例企业员工和高层管理者多次面对面、非结构化的访谈，以尽可能准确地了解案例企业转型升级过程的细节与时间点。第三类是案例企业提供的各类相关的内部资料。课题组成员根据深入调研获取的素材，集思广益形成案例报告初稿。最后，经反复多次的集体头脑风暴式讨论、专家指点、企业意见反馈等方式不断修改完善案例报告。

二、案例企业的基本特点

通过对 18 家企业的案例报告进行汇总分析，我们不难发现这些案例企业具有以下基本特点：

（一）从创建时间和产权性质方面分析

本研究中所选取的案例企业大多是创建于 20 世纪 80 年代中期后的民营企

业。他们与老牌国有企业相比,虽然存在规模小、底子薄等方面的先天不足,但有着更为快速高效的决策机制和更为灵活的经营机制,能对市场变化做出快速的反应,具有"船小好调头"的优势。同时,得益于当年高速成长的市场环境,案例企业在发展初期都取得了快速的发展。

表 1-1 案例企业的基本特点

序号	企业简称	创立年份/产权性质	主导产品/产品类型	经营战略/转型升级方式
1	绿源公司	1997/民营	电动自行车/机械产品	聚焦型经营战略 产品升级、价值链横向扩展
2	春光软管	1985/民营	吸尘器软管/小商品	聚焦型经营战略 产品升级、价值链横向扩展
3	今飞集团	1998 改制民营	汽车轮毂/机械产品	聚焦型经营战略 产品升级、价值链横向扩展
4	双童吸管	1994/民营	日用吸管/小商品	聚焦型经营战略 产品升级、价值链横向扩展
5	红五环集团	1997/民营	机械装备/机械产品	聚焦型经营战略 产品升级、价值链横向扩展
6	大圣玩具	1995/民营	益智类玩具/小商品	聚焦型经营战略 产品升级、价值链横向扩展
7	超人集团	1983/民营	剃须刀/小商品	聚焦型经营战略 产品升级、价值链横向扩展
8	联宜电机	2000/民营	微电机产品/机械产品	聚焦型经营战略 产品升级、价值链横向扩展
9	西贝虎公司	2005/民营	特种车辆/机械产品	聚焦型经营战略 产品升级、价值链横向扩展
10	东精集团	1994/民营	水平尺/小商品	聚焦型经营战略 产品升级、价值链横向扩展
11	安冬电器	2008/民营	生物质多功能集成灶/家庭消费品	聚焦型经营战略 产品升级、价值链纵向跃升
12	步阳集团	1997/民营	门、汽车轮毂/家庭消费品、企业消费品	多元化经营战略 产品升级、价值链纵向跃升
13	立马控股	1985/民营	水泥、纺织、房地产/企业消费品、家庭消费品	多元化经营战略 价值链横向扩展与纵向跃升
14	大明铝业	2000/民营	扒胎机配件/工业产品	聚焦型经营战略 产品升级、价值链横向扩展、生产组织模式变革
15	晟丰包装	1998/民营	纸箱/企业消费品	聚焦型经营战略 产品升级、价值链横向扩展、生产组织模式变革
16	金凯德集团	2007/民营	家居门/家庭消费品	聚焦型经营战略 产品升级、价值链横向扩展、文化理念变革
17	先行集团	1986/民营	保温杯、冷轧薄钢板等/个人消费品、工业产品	多元化经营战略 产品升级、价值链拓展、文化理念变革
18	森宇控股	2001/民营	铁皮石斛/保健产品	聚焦型经营战略 产品升级、价值链横向扩展、文化理念变革

(二)从经营战略选择方面分析

本研究中所选取的案例企业大多采用集中单一的聚焦型经营战略,如本研究18家企业中有15家采用此经营战略,占83%以上。这主要因为,对资源相对有限的中小企业来说,采用聚焦型经营战略更具优势,更易在短期内树立起响亮的品牌,有助于在短期内提升企业的核心竞争力。当然采用集中单一的聚焦型经营战略,也会存在着诸如发展受行业局限(企业效益受上游企业的影响和制约)、产品类型单一、行业风险大(特定产业与市场的容量有限)等不足,因而一些资金或市场有优势的企业往往在坚持主业不动摇的基础上,凭借企业业已形成的企业品牌和核心竞争力,主动进行结构调整,谨慎地选择多元化经营战略。如本研究中步阳集团、立马集团、先行集团等案例企业就是通过采用多元化经营战略而获得成功转型升级的。

(三)从创新与转型升级的特点方面分析

本研究中所选取的案例企业分别从转变核心理念、改善工艺流程、提高产品技术含量、研发新产品、塑造品牌、转换商业模式、拓展价值链、改进管理制度和生产组织模式等方面着手,开展技术创新、管理创新等创新活动以驱动企业的产品升级、价值链拓展、制度变革,最终实现企业的转型升级。

(四)从管理模式方面分析

本研究中的案例企业普遍重视现代管理技术和工具的应用,管理手段丰富。如大部分企业引入了"5S"现场管理、全面质量管理、精益生产模式、电子商务等管理技术和工具,以推进管理的规范化,这是企业实现转型升级发展的基本前提。金融危机后,由于外部市场需求不断萎缩,虽然原材料价格、劳动力成本、融资成本持续上升,但大多数企业并没有能力将价格和成本上升的压力转移出去,唯有通过加强管理降低成本才是其必然的选择。

第三节 基于创新驱动的中小企业转型升级的方式

Cyert & March (1963)、金碚(2011)、孔伟杰(2012)等国内外学者的研究得出一个共同的结论:企业创新能力是企业转型升级最为关键的因素。从对本研究选取的18家企业转型升级历程与成功经验的分析中也印证了一个事实:案例企业的转型升级无一例外都是由创新驱动的。而企业的创新主要是由技术创新和管理创新两方面内容构成的。技术创新是企业最主要的创新活动,表现为通过技术创新实现企业产品升级和价值链拓展;管理创新是企业进行技术创新的关键和保证,其最主要的内容是制度创新。

基于上述讨论及本研究中案例企业的特点,我们把由创新驱动的中小企业转型升级的方式归为三大类:产品升级导向的转型升级方式、价值链拓展导向的转型升级方式和制度变革导向的转型升级方式。前两类属于技术创新范畴,后一类属于管理创新范畴。

一、产品升级导向的转型升级方式

产品升级导向的转型升级方式是指企业为了扩大竞争优势、增加利润、建立产品品牌,而在本企业产品原有的基础上通过产品创新增加产品的技术含量、增强产品的功能、改进产品结构等,以生产出竞争力和附加值更高的产品。这种方式主要是以市场为导向驱动产品创新,从而促进企业转型升级的。

产品升级导向的转型升级方式主要有两种类型:一是基于产品结构和功能优化的产品升级方式;二是基于产品线向上延伸的产品升级方式。

(一)基于产品结构与功能优化的产品升级方式

基于产品结构与功能优化的产品升级方式是指企业通过自主创新、模仿创新或合作创新等方式,以产品结构与功能优化为创新着力点,在产品的关键技术或核心技术方面实现突破性的技术创新,从而实现企业产品的更新换代。如本案例企业中的双童吸管、春光软管等企业通过持续的自主创新,不断实现小产品(日用吸管、吸尘器软管)的更新换代,从而实现小产品大市场。又如红五环公司、今飞集团、先行集团、联宜电机等案例企业通过"借用外脑"的形式,与科研机构、高等院校等进行产—学—研合作,形成技术合作契约关系,进行产品核心技术的合作创新,使企业的产品实现突破性创新,从而实现了企业产品的更新换代和企业的转型升级。另如义乌西宝贝虎特种车辆有限公司采用模仿创新的方式,在国际技术转移过程中,通过技术贸易、技术交流的途径,在吸收国外特种车辆先进技术的同时,通过吸收、创新使其变成自己所掌握的技术,从而填补了国内水陆两栖全地形作业车辆的空白,促进了企业的转型升级。

(二)基于产品线向上延伸的产品升级方式

产品线向上延伸也是实现产品升级最常用的方式之一。产品线向上延伸是指部分或全部改变企业现有产品线的市场定位,主要是指企业在现有产品线内,在原生产低档或中档产品的基础上,增加中档或高档的同类产品项目,以进入中档或高档产品市场。一般而言,高档产品的利润相对较丰厚。产品线向上延伸的基础是针对市场用户对产品的多元化需求,企业增加研发投入,通过自主创新,进行差异化产品的研发与生产。如案例企业中的红五环集团为了最大限度地开拓其机械装备的使用领域,在原有小型风动工具的基础上衍生出 8 大系列 400 多种不同功能的机械产品,实现从国内常规产品到国际常规产品再到国际尖端产品的升级。

产品升级导向的转型升级方式有助于企业从已有的技术基础开始,在较小的市场风险下,培育企业的自主创新能力,实现企业转型升级。这种方式是浙江中小制造企业转型升级的主要方式。除上述提到的案例企业外,绿源公司、东精集团、安冬电器、金凯德集团、森宇集团、晟丰包装、大明铝业、大圣玩具、超人集团等企业也都是通过自主创新、模仿创新和合作创新等多种创新方式,不断提高主导产品的科技含量、增强主导产品的功能、延长主导产品线的深度,从而提高企业主导产品的竞争力和附加值,促进企业实现转型升级。

二、价值链拓展导向的转型升级方式

价值链拓展导向的转型升级主要是指企业通过理念创新、技术创新、营销创新等创新活动,实现价值链内的横向扩展和价值链间的纵向跃升,逐渐实现从劳动密集型的低附加值价值链向资本和技术密集型的高附加值价值链转型升级,走高附加值产业环节或高附加值产业的发展道路,即实现价值创造程度的升级。

价值链拓展导向的企业转型升级方式主要也有两种:价值链内的横向扩展和价值链间的纵向跃升。

(一)价值链内的横向扩展升级方式

价值链内的横向扩展升级方式是指在同一产业价值链内,企业经过一段时间的加工制造摸索和积累后,随着技术和资金能力的提高,从单纯的劳动密集型的制造环节,开始向价值链的两端攀升,逐渐进入原材料采购、设计、研发、销售、品牌维护、营销网络、供应链管理等高附加值的环节,从价值链的中间部分向两端扩展,从一般供应商到主要供应商,再到合同制造商,最后成为品牌供应商,在生产模式上表现为从 OEM(贴牌生产)到 ODM(设计制造)再到 OBM(经营自有品牌)的转型升级过程。拓展的结果能使企业从传统的制造商向最终解决方案和相关服务的提供商转型,使生产性服务成为企业价值链增值的主体。

价值链内横向升级的成果具体体现为企业在生产价值链上迈向了微笑曲线的两端,使企业的利润空间大大增加。由于全球市场需求的萎缩必然带来竞争的加剧,本来利润率就偏低的生产制造环节的价值空间受到进一步挤压,而与此相比,研发设计、销售服务等微笑曲线的两端利润空间相对较大。如案例企业中的春光软管、今飞集团、横店联宜电机、绿源公司、双童吸管、东精集团、安冬电器、金凯德集团、森宇集团、红五环集团、晟丰包装、大明铝业、大圣玩具、超人集团等企业都是从原先单纯的生产制造环节努力向研发设计、销售服务等附加价值更高的非制造环节延伸,不断提高企业在微笑曲线上的位置。

(二)价值链间的纵向跃进升级方式

价值链间的纵向跃进升级是指企业通过技术创新,主动调整企业自身的营运环节和原有产业的功能,整合资源推动其向优势产业流动,逐渐从资源、劳动密集型产业向资金和技术密集型产业转型升级,即跨产业的价值链条转换拓展,实现产业高端化发展。通常一些资金或市场有优势的企业往往会在坚持主业不动摇的基础上,主动进行结构调整,谨慎地选择多元化经营战略,进行价值链间的纵向跃进升级。选择此种方式的企业往往已经在主业取得一定的成就，经营较为稳定。如案例企业中的步阳集团，以原有的主导产业——门业作支撑，同时凭借企业已形成的企业品牌和核心竞争力，支持企业在汽车零部件、电汽动休闲车、房地产开发等新市场的发展，逐步实现从单一的附加值相对较低的门业跃升到附加值较高的车业、置业等多个产业，大大提升了企业的价值创造能力。又如案例企业中的立马控股集团公司，在意识到其原主业水泥行业在我国的发展将很快从快速发展期进入到市场饱和的平稳发展期时，在继续做强水泥主业的前提下，通过对企业所处外部环境和内部条件的深入细致分析，从单一的建材产业增加为建材、纺织、房地产、实业投资四大产业，从而使公司在短短的 20 年内，由一个年产水泥 1.5 万吨、产值 150 万元的小厂发展成为年产值超过 30 亿、拥有 8 个子公司，集建材、纺织、房产开发、实业投资为一体的国家大型综合性企业集团。还有先行集团也是从单一的保温杯制造业发展为集不锈钢日用器皿制造、钢铁深加工、金融投资服务、教育培训、新媒体等多产业为一体的综合性企业集团。而安冬电器则从气球生产转到电壁炉生产，再转到生物质能开发与炉具研制领域，不断从低附加值产业转向高附加值产业，实现企业的转型升级。

三、制度变革导向的转型升级方式

企业制度变革导向的转型升级方式是指企业通过财产关系、治理结构、分配机制、运行机制、生产组织模式等内部不同层面的机制变革，以保证其产品创新、价值链创新等一系列创新活动的主动产生和持续进行，从而实现企业的转型升级。从本质上来说，制度的功能是协调和规范人的行为。组织制度本身就是一种规范，这种规范的存在有利于降低不确定性和风险。但是如果组织已经习惯了某些规范而不愿放弃固有的规范的话，这种规范就极有可能成为组织发展和创新的一种障碍。因此，在快速多变的环境下，企业制度变革必须保持动态性，它是产生主动创新和持续创新的重要制度保证。

制度变革的方式多种多样，本研究根据案例企业的转型升级特点，主要将其分为两类：生产组织模式变革导向的转型升级方式和企业文化变革导向的转型升级方式。

（一）生产组织模式变革导向的转型升级方式

生产组织模式变革导向的转型升级方式是指企业通过生产组织结构的变革，优化提升整个生产经营链条，进而促使以产品研发、科技管理创新、品牌营销为代表的高端生产要素发挥主导作用，提升企业竞争力，实现企业转型升级。面对微利或不盈利的市场新格局，积极转变生产组织模式，实现转型升级是传统制造企业生存发展的必然选择。转变生产组织模式关键在于对传统理念和习惯做法的颠覆，就是要依靠企业人员的综合素质的提高，以技术基础条件的改善作为支撑，彻底颠覆过去以高成本支撑高产量的生产组织模式，把对量的追求转为对提升成本控制力和品种质量的追求,提质增效。如案例企业中的大明铝业通过实施精益生产模式,使企业在产品品质、交期、成本、创新方面获得显著的绩效。企业库存商品减少80%,产品质量提高10倍,年销售额以30%的速度递增,每年为企业减少上千万元的成本。更重要的是通过精益生产模式的推进,企业培养了大批的精益人才和现场管理人员,形成了一整套行之有效的管理系统,建立了全员参与、持续改进的企业文化,使企业发展充满生机和活力。现在大明铝业已成为轮胎拆装机配件领域的"单打第一",是全球扒胎机配件的第一供应商。又如晟丰包装公司通过导入与推行卓越绩效管理模式实现企业生产组织模式的变革,使公司在市场开拓与维护、资源整合与管理、工艺流程改进与管理、经营水平等方面都得到了很大的改善,为公司与娃哈哈集团、农夫山泉、汇源集团、广州宝洁、伊利集团、蒙牛集团、青岛啤酒等"大象"共舞提供了保障,最后在"与大象共舞"中实现转型升级。

（二）企业文化变革导向的转型升级方式

企业文化变革导向的转型升级方式是指企业将其在经营实践中形成的独具特色的文化理念,通过企业上下深层次的变革和植入,为企业的创新和发展提供源源不断的精神动力,用优秀的企业文化提升企业的品牌形象和竞争实力,从而使企业在激烈的市场竞争中脱颖而出,长盛不衰。李嘉诚说:"鸡蛋,从外打破是食物;从内打破是生命。"文化理念的变革对于一个企业发展的推动是决定性的。企业文化理念决定着企业成员的思维方式和行为方式,能够激发员工的士气,充分发掘企业的潜能。一个好的理念的植入,它所带来的是群体的智慧、协作的精神、新鲜的活力,这就相当于在企业核心装上了一台大功率的发动机。如森宇集团从我国古代悠久的历史故事和传说中,充分挖掘其丰富的文化内涵,强调"做企业就是做人品",坚持将"诚、信、善、和"的森山文化理念植入员工的头脑中,嵌入企业的各项制度中,激发企业员工同心协力把"森山"品牌打造成为:浩瀚无际、高远深邃的"文化森山";气宇非凡、王者至尊的"神奇森山";鸿鹄之志、善行天下的"民族森山",从而大大提升了"森山"的品牌形象,亦造就了森宇集团的跨越式发展。又如先行集团的"先行"文化、超人集团的"超人"文化、金凯德的"德"文化等也为案例企业的创新和发展提供了源源不断的精神动力。

第四节　浙江中小企业转型升级的启示

企业是一个有生命力的有机体,如同人的成长过程一样要经历不同阶段,逐渐长大。在不同的成长阶段上,会遇到许多危机,有些企业无法度过危机,就成为半路夭折的"短命孩",也有些企业凭借转型升级,不仅度过危机,而且不断发展壮大,成为行业领先者。这其中,企业的兴衰更迭、大小变化根源何在?推动企业转型升级的关键举措究竟有哪些？也许我们可从 18 个案例企业转型升级的成功经验中得到一些启示：企业兴衰更迭、大小变化的根源绝不在一时一事、也不在某一环节，而是持久的、完整的、体系性的；企业转型升级"是一种根本性的、彻底全面的变革"，"需要解决组织的核心流程、精神、意识、创新能力和进化等方面的问题"（Levey & Merry，1986），因此推动企业转型升级的关键举措也不是单一的，而必定是多种举措的合力使然，本研究中我们将其归纳为"十字法则"，即"定位、顺势、应变、恒久、积善"。

一、定位

定位，即企业要想成功实现转型升级，必须要有其独特的定位。所谓企业定位是指企业通过其产品及品牌，基于顾客需求，将企业独特的个性、文化和良好形象，塑造于消费者心目中，并占据一定位置。任何企业都不可能有足够的资源解决顾客的所有问题，定位的优点在于为企业指明发展和努力的方向。全球化竞争已经不单是围绕产品或者渠道，它要求企业要综合全面地分析客户所遇到的各种难题，并能为客户提供一套完善的解决方案。这个方案要求企业能向客户提供独特的"可感知和可利用的价值"，即 PUV（Perceived Use Value），以维持和提高客户忠诚度。现代管理大师德鲁克早就指出企业的目的就是为顾客创造价值。"顾客是企业的基石，是企业存活的命脉。""企业认为自己的产品如何并不重要，重要的是顾客在哪里，企业自身的产品并不影响企业的前途或者成功，而是顾客决定企业的前途和成功。"由此可见，企业的定位一般应包含四大要素：第一，顾客群的选择。要解决的是"我希望对哪些顾客提供服务？"即：我们能够为哪些顾客提供价值？哪些顾客可以让我们赚钱？第二，赢利模式。如何得到回报？要解决的是"我们将如何获得赢利？"即：如何为客户创造价值，从而获得其中的一部分作为我们的利润？第三，战略控制。要解决的是"我们将如何保护利润流？"即：为什么我们选择的客户要向我们购买？我们的价值判断与竞争对手有何不同？哪些战略控制方式能够抵消客户或竞争对手的力量？第四，业务范围。即公司从事的经营活动、提供的产品和服务。要解决的是"我们将从事何种经营活动？"其中内容包括：我们希望向客户提供何种产品、服务和解决方案？我们打算将哪些业务进行分包、外购或者与其他公司协作生产？

综观案例企业的成功经验，我们不难发现每一家企业都有其独特的定位，都懂得如何满足顾客的真实需要，如何能为顾客提供一套完善的解决方案。如金凯德以"做中国最好的钢木室内门"为目标，立足于满足国内用户对钢木室内门的独特需求；超人集团以"做出能与国外知名品牌斗艳媲美的剃须产品"为目标，满足国内中高端剃须用品市场的顾客需求；春光软管以"成为全球首选的吸尘器软管及其附件和连接系统的制造者和供应商"为使命，为家用电器制造商提供配套服务；东精集团以"做中国最好的水平尺"为使命，为水平尺用户创造价值；安冬电器的目标是为顾客提供集做饭、炒菜、烧水、烘烤、供暖、洗浴、热炕于一体的生物质高效低排放多功能炉具产品；大圣玩具秉持"让智慧在快乐中生发"的经营理念，专注研制"动手、动脑、思考、创造"的益智类玩具，服务于广大少年儿童和部分对玩具有爱好的成年人；大明铝业公司专注开发扒胎机配件，力争成为全球扒胎机配件的第一供应商；西贝虎特种车辆有限公司为顾客提供水陆两栖全地形车，以填补国内市场的空白；晟丰包装的市场定位是为国内知名企业如娃哈哈、农夫山泉等大客户提供高质量的瓦楞纸箱配套服务，为衢州、江西景德镇和上饶等周边城市的中小企业提供一般工业品包装服务。

二、顺势

顺势，即企业转型升级一定要顺势而为。这个"势"既包括国家的宏观政策环境、市场竞争形势、产业结构变化趋势等宏观的"势"，又包括企业自身所具备的各种微观经营条件的"势"。但是怎么认识这些"势"，又如何顺"势"而"转型升级"，这是最为重要的问题。案例企业的经验告诉我们，转型升级并非一定要"搬家"，离开原有的产业进入陌生的行业，也并非一律要从传统产业转入高科技产业，更非赶时髦，而是顺势而为的巧"转身"，改变脚下的立足点从依赖廉价劳动力、依赖过度消耗资源、依赖污染环境获得竞争优势，转而立足于提高劳动者素质、提高产品的科技含量、提高产品的附加值获得竞争优势；从粗放、落后的生产方式转向集约、先进的生产方式，即改变企业打造竞争力的立足点，改变获得竞争优势的方式。而且转型升级的力度、节奏必须依企业的实际情况和外部环境自行选择，只要能使企业着实提高竞争能力、在市场上着实获得竞争优势，就都是转型升级的好办法。如义乌西贝虎特种车辆有限公司董事长贾文良在企业家感言中就强调："企业只有坚持不懈，顺势而为，不断创新和学习，才能在瞬息万变的环境中处于不败之地，才能生存发展。"

随着竞争的进一步加剧和分工的进一步细化，一些中小企业必将成为品牌企业的供应商、配套商，这是行业发展不可避免的大命题。因此中小企业只有根据自身的资源和发展目标，制定"转型升级"的战略部署，选择适合自己企业的"转型升级"的战术和方式，并配备相应的资源，顺势而为打造企业自身独特的核心竞争优势，才有机会跻身行业前列，分食行业市场大蛋糕。如本研究中的春光软管、晟丰包装、大明铝业等案例企业就是根据自身的资源和发展目标，制定"转型升级"的战略部署，选择适合自己企业的"转型升级"的战术和方式，或通过产品升级，或通过价值链拓展，或通过制度变革成为品牌企业的供应商、配套商，而跻身行业前列的。

三、应变

应变，即指企业的应变能力，企业适时适宜地进行自主创新的能力。企业的应变能力是企业转型升级最为关键的因素。在产品更新换代速度日益加快的今天，准确及时地把握创新的机会能够为企业创造更多的竞争优势。面对国外产品和技术的不断升级,中国企业,尤其是中小企业要迎头赶上,必须要具备很强的应变能力。无数的事实也证明了,中小企业不具备应变能力,不进行适时适宜的自主创新,其最终结果就是企业的发展强烈地依附别人,落得极为被动的局面。在经济全球化的今天,技术并不能全球化,核心技术是买不来的,想通过技术引进的方式学习别人的核心技术常常是行不通的。没有自主知识产权和自主品牌,企业竞争力就失去了内涵和载体,企业就会在竞争中处于被动地位。正如立马的董事长在企业家感言中所强调的:"搞企业如同逆水行舟,过去是不进则退,如今技术日新月异,市场千变万化,竞争日益激烈,搞企业是慢进则退,不进则亡。企业只有跟上时代前行的步伐,抢占技术最前端,才能站稳脚跟,永立潮头,否则就会败亡,被市场所淘汰。因此,转型升级搞创新不是时髦的口号,也不是权宜之计,而是永恒的主题。"而企业自主创新能力的高低在很大程度上取决于其拥有的创新资源。为此,对创新资源十分有限的中小企业而言,要提高应变能力以持续迎合顾客需求变化,就必须搭建开放式的创新平台以集聚企业内外部的创新资源,确保在充分挖掘企业内部创新资源的基础上,努力从外部获得更多的创新资源,培育企业的自主创新能力。比如企业可吸收来自高校和研究机构的专业的、前沿的创新知识为企业所用,可以从外部获得企业需要的技术成果,激活在封闭的创新环境下,可能被抛弃的某些生产技术,从而提高企业的创新能力和技术进步速度,最终提高企业绩效。本研究中的许多优秀企业正是采用这种方式提升自身的应变能力的。如红五环公司十分重视利用高校和科研机构的专业性人力资本为企业服务,整合外部资源、强化外界合作、实现先进技术跟踪,目前为"红五环"服务的科研机构多达 20 多家,由此催生了一大批引领行业的产品,实现了从小型风动工具到空气动力、工程掘进,从国内常规产品到国际常规产品再到国际尖端产品的升级。又如今飞集团以省级企业技术中心为人才集聚平台和自主创新工作的孵化器,通过产学研合作、建立博士后流动站获得高端人才,同时加大对创新人才培养的投入力度,突出创新精神和创新能力培养,大幅度提升科技人员的整体素质,推动人才结构调整,促进人才结构与企业发展相协调,最终实现高端轮毂制造装备、高精度模具和节能成形生产工艺技术引领汽车工业技术发展潮流,将轮毂绿色装备制造技术、生产工艺转型升级发展为能够推动汽车工业节能技术水平提升的示范工程,促进并部分引领绿色汽车制造工业的发展。还有联宜电机公司同样十分重视构建开放的创新体系:公司每年吸引和招收各类大专院校本科和研究生几十人,充实到研发和技术工艺团队,成为开发新产品和发展自主知识产权的生力军;公司还与国内一流的大专院校、科研院所如清华大学、浙江大学、西安电子科技大学、上海大学、浙江工业大学、信息产业部电子第二十一研究所、西安微电机研究所等共建研发中心进行科研合作,还建立了博士后科研工作站、院士专家工作站、国家稀土电机工程中心联宜研究院、中国科学院联宜研究院等;同时引进外国专家或在国外建立实验室,如美国明尼苏达州联宜电机实验室、德国慕尼黑联宜电机控制实验室、日本东京联宜电机材料实验室等;公司还从组织制度方面来保障创新和研发,制定了创新管理制度和创新办法,鼓励员工提出各种类型的建议。又如森宇集团通过"内研外联,产学结合"构建了较为完善的铁皮石斛产业科技共创共享体系,在品种选育、种苗低碳生产、种植模式、真伪与优劣鉴别、保健食品开发等方面开展了技术攻关并取得了重大突破,培育形成了自主知识产权和产业核心技术标准,从而引领铁皮石斛产业向高端提升,成为铁皮石斛行业的标榜。

四、恒久

恒久,即持之以恒专心致志做好一件事。对资源相对有限的中小企业来说,采用集中单一的聚焦型经营战略,持之以恒专心致志地做精主导产品、做强主业,对企业的转型升级有更大的意义。这是因为:第一,专注型企业往往是以"独"、"特"见长,以鲜明的个性凸显在用户眼前,因而易在短期内树立起响亮的品牌,迅速占领市场;第二,专注型企业能集中有限力量,专攻一点,不断创新,使企业在这一方面始终走在前列,带领这一领域持续向前发展,提高该领域的进入门槛,有效阻挡竞争对手的进入;第三,专注型企业因经营目标集中而使管理简单方便。因为采用聚焦型战略,企业始终是在自己熟悉的发展方向上拓展,对这一产业的生产技术、组织管理、销售渠道、国际前沿一直追踪掌握,对各方面的问题了然于心,可以在原有的管理经验基础上不断完善,形成自己特有的高效的运作机制。如双童吸管就是恒久做"小产品"、专注主业谋发展的典范。该公司是一家位于浙江义乌的专门从事日用吸管塑料产品生产的企业,在十八年的创业经营中始终坚持专业化,不为各种诱惑所左右,追求执着,不多元,不浮躁,做吸管行业的百年老店,力争从全球最大到全球最强转变,从普通制造企业向高科技创新企业转变,做全球吸管行业的第一品牌,做一家拥有自主知识产权,有影响、受尊重、可持续发展,掌握行业话语权的规模企业。在短短十八年的时间里,公司超越众多竞争对手,成为全球吸管市场占有率最大的企业和国际行业标准制定者。另外还有超人做剃须刀、春光做吸尘器软管、大圣做益智玩具、东精做水平尺、西贝虎做特种车辆等,这些企业无一不是因为坚持聚焦型经营战略、恒久做好主导产品而占领竞争市场的有利位置,从而使任何想进入这一领域掘金的企业都要付出昂贵的代价。

我们在调研中也发现,浙江中小企业中有不少企业缺乏恒久抓好主业的决心和底气,轻率地淡化主业,寻找热门的副业,乃至将副业作为主业。如果新主业顺利发展当然最好,但实际上再热门的行业,持久发展中也难免有困难,这时企业就可能处于尴尬之中,当你淡化老主业时,竞争对手乘虚而入占据市场,而新主业发展中困境又接踵而来。这时,如果老主业比较强,就有克服困难的基础,否则企业失去克服困难的实力,难以应付多重压力,甚至可能产生严重生存危机。

五、积善

"累积善行"是企业转型升级的力量源泉。《易·坤》:"积善之多,必有馀庆;积不善之行,必有馀殃。"意思是说,积累善行善德的家族,这个家族的福报不会断绝,家族的后代也会承受福报。常常做不善之事的家族,这个家族会经常发生灾祸,甚至连累后代。崇善即昌、从恶必报、亦即俗称的种瓜得瓜,种豆得豆。美国凯斯西储大学生命伦理学教授史蒂芬·波斯特和小说家吉尔·奈马克从现代科学和医学的角度出发,对人的种种善行进行了科学探讨。科学家们发现,不同的善恶之念对人的身体带来的影响是截然不同的。心怀善念的人,人体内会分泌出令细胞健康的神经传导物质,免疫细胞也变得活跃,人就不容易生病,人的免疫系统就强健;相反,当心存恶念时,神经系统的负向系统被激活,正向系统被抑制,身体机能的良性循环遭受破坏。

做企业也同理。当企业主都能把"积善之家必有余庆,积不善之家必有余殃"作为一种理念内化于企业自身、外付诸行动,做诚信产品、做诚信品牌、做诚信企业,企业才可能健康长寿,市场经济社会的正能量就会凸显。事实上,每一家案例企业的健康成长无不与企业创始人所倡导的积善理念和企业的积善行为密切相关。如案例企业中的先行集团董事长吕文广一直倡导"对待客户,以德为先;对待股东,以德报之;对待员工,先德后才,德才兼备;对待公司,以法治之;面对政府和社会,崇尚社会公德;面对合作伙伴,坚持宁失财不失德,宁失利不失信",并作为企业的立业基础。立马控股的董事长章树根认为:"搞企业和做人一样,要守住底线,人品决定产品,思路决定出路,境界决定未来。要有正义价值观,企业要实实在在做好产品,讲质量有品牌,向消费者提供货真价实的商品,要堂堂正正赚钱,不能假冒伪劣赚黑心钱!要把企业办成创财的银行、育才的学校,要自觉担当社会责任,做真正的企业社会公民。"绿源公司董事长倪捷将为顾客提供"绿色能源、绿色交通"作为企业梦想,公司取名"绿源",寓意着绿色能源和与绿有缘。金凯德集团的董事长陈利新将公司取名"金凯德",寓意就是"以德为先",公司也始终秉持"以德为先、实业报国"的企业理念,用最好的材料做顾客信赖的优质的门,同时用自己的绵薄之力回报社会。从捐款中国红十字会支援汶川大地震受难同胞,到开展"情系云南、助学圆梦"抗旱扶贫爱心工程,帮助灾区人民渡过难关,再到设立"金凯德杯"基金关爱低收入家庭青少年行动等,公司正是用"以德为先"的实际行动,赢得了广大消费者和合作伙伴的信赖,从而为企业的发展创造了有利条件。"善行"是企业转型升级的力量源泉。

作为本章的结尾部分,需要特别强调的是:不管我们上面归纳总结出了多少条中小企业转型升级的成功经验,其实从深层次思考不难发现,中小企业转型升级的成功归根结底还是取决于人的因素,依赖于企业家、中层管理人员、技术骨干、员工等层面人的素质的"转型升级"。

　　首先,企业转型升级需要一个强有力的企业领头人。俗话说:火车跑得快全靠车头带。事实上,每一家案例企业的每一次转型升级无不与企业创始人的精神引领密切相关。如立马控股集团创始人章树根自言"人不倒、志不灭、事竟成",正是这种业内有名的"拼命三郎"精神引领着他的企业不断前行;还有春光软管的创始人陈正明也是凭着他不畏艰险、执着求"变"的精神引领着他的企业,从一个家庭作坊式的小企业,转型升级为国内吸尘器软管生产的领军企业;还有先行集团的创始人吕文广借鉴拿破仑的"我们之所以取得胜利,是因为我们比敌人早到5分钟"的名言,倡导时时处处"先人一手,先行一步"的核心理念,从而为企业的创新和发展提供了源源不断的精神动力。

　　其次,转型升级的成功需要有一支高效率的、稳定的中层管理人员和技术骨干组成的队伍。如果说企业家是企业的大脑,中层管理人员和技术骨干就是企业的骨骼。如果骨质疏松或骨骼断裂,组织就会全身瘫痪。中层管理人员和技术骨干是企业转型升级的中坚力量、中流砥柱。我们在调研中发现案例企业都有一支执行力很强的中层管理队伍以及稳定的技术骨干队伍,以保障企业的各项管理创新活动和技术创新活动有序开展并取得显著成效。

　　最后,转型升级的成功还依赖于员工整体素质的提升。我们在调研中也发现,案例企业都十分重视员工的教育培训,并将劳动竞赛、合理化建议、技术革新、发明创造等多种形式的群众性技术活动纳入企业整体创新规划和工作目标中,以激发员工钻研本职业务,提高岗位技能,掌握更多新知识、新技术,从而不断提升员工的整体素质。

参考文献:

[1] Levey A and Merry. Organizational Transformation[M]. New York:Praeger,1986:78.

[2] Hammer M,Champy J. Reengineering the Corporation. A Manifesto for Business Revolution [M]. Hanper Business,1993

[3] 吴家曦,李华燊.浙江省中小企业转型升级调查报告[J].管理世界,2009(8):1-5,9.

[4] Gereffi G. The Organization of Buyer-driven Global Commodity Chains:How United States Retailers Shape Overseas Production Networks. 1994.

[5] Humphrey J,Schmitz H. Governance and Upgrading:Linking Industrial Cluster and Global Value Chains Research[R]. IOS Working Paper, No. 12, Institute of Development studies, University of Sussex,2000.

[6] Humphrey J,Schmitz H. How Does Insertion in Global Value Affect Upgrading in Industrial clusters? [J]. Regional Studies,2002,36(9):1017-1027

[7] Poon T S C. Beyond the Global Production Networks:A Case of Further Upgrading of Taiwan's Information Technology Industry. International Journal of Technology and Globalisation,2004,(1):130-144.

[8] 金碚.中国工业的转型升级[J].中国工业经济,2011(7).

[9] 赵昌文,许召元.国际金融危机以来中国企业转型升级的调查研究[J],管理世界,2013(4):

8-15,58.

[10] Bibeault D B. Corporate Turnaround,McGraw-Hill,1982.

[11] Gereffi G. International Trade and Industrial Upgrading in the Apparel Commodity Chain. Journal of Interna-tional Economics,1999,48(5):37-70.

[12] 陈菲琼,王丹霞.全球价值链的动态性与企业升级[J].科研管理,2007,28(5):52-59.

[13] 杨桂菊.代工企业转型升级:演进路径的理论模型——基于3家本土企业的案例研究[J].管理世界,2010,(6).

[14] Cyert R M, March J D. A Behavioral Theory of The Firm[M]. Englewood Cliffs, N J: Prentice-Hall,1963:18-26.

[15] Gans, Joshua and Scott Stem. Assessing Australia's Innovative Capacity in the 21st Century. Melbourne Business School,Working Paper,2003(16).

[16] Vergrt P and H S Brown. Sustainable Mobility:From Technological to Societal Leaming [J].Journal of Cleaner Production,2006,15(11-12).

[17] 张聪群.产业集群环境下浙江中小企业转型的战略选择——基于地方政府的视角[J].科技与管理,2011(1).

[18] 孔伟杰.制造业企业转型升级影响因素研究——基于浙江省制造业企业大样本问卷调查的实证研究[J].管理世界,2012(9):120-131.

[19] Schumpeter J A,Swedberg R. Capitalism,Socialism and Democracy,Routledge,1994.

[20] Arrow K. Economic Welfare and the Allocation of Resources for Invention,UMI,1962.

[21] Scherer F M. Market Structure and the Em-ployment of Scientists And Engineers. The A-merican Economic Review,1967,57:524-531.

[22] 安同良,施浩,Alcorta L.中国制造业企业R&D行为模式的观测与实证——基于江苏省制造业企业问卷调查的实证分析[J].经济研究,2006(2).

[23] 张杰,刘志彪,郑江淮.中国制造业企业创新活动的关键影响因素研究——基于江苏省制造业企业问卷的分析[J].管理世界,2007(6).

[24] 孔伟杰,苏为华.中国制造业企业创新行为的实证研究——基于浙江省制造业1454家企业问卷调查的分析[J].统计研究,2009(11).

[25] 吴家曦.推动中小企业走转型升级之路[J].浙江经济,2009(8):12-13.

[26] 曾贵,钟坚.台湾加工贸易转型升级的路径、机制及其启示[J].世界经济与政治论坛,2010(5):38-49.

[27] 许捷.金融危机背景下的温州中小企业转型升级策略研究[J].中国发展,2009,9(5):41-45.

[28] 姒依萍.企业社会责任与浙江民营企业转型升级[J].经济研究导刊,2011(10):28-29,63.

[29] 李平.中国工业绿色转型研究[J].中国工业经济,2011(4).

[30] 毛蕴诗,汪建成.基于产品升级的自主创新路径研究[J].管理世界,2006(5).

[31] 苏敬勤,刘静.产品升级导向下的自主创新路径选择:理论与案例[J].科学学与科学技术管理,2011(11).

[32] 曾贵,钟坚.全球生产网络中加工贸易转型升级的路径探讨[J].软科学,2011(2).

第二章　绿源公司:绿色交通的领跑者

引　言

21 世纪是呼唤绿色环保的时代,要求更加注重居住环境和绿色环保。在我国,燃油与尾气的排放污染是城市大气污染的主要污染源,为此,中国发展电动自行车无疑具有光明的未来,符合绿色环保的要求。在中国,电动自行车凭借其节能、低碳、安全、便捷的特点,成为千万家庭每天出行的重要工具。

1989 年研制成功第一台电动自行车原理样机至今,中国已成为全球电动自行车的制造大国、消费大国,年产量和出口量占世界总产量和贸易量的比重均超过90%。近十年来,全国电动自行车的产销量年均增长超过 100%。在技术方面,电动自行车相关技术大部分为我国原创,部分技术水平已经达到了世界领先水平。2008 年以来,面对世界金融危机的挑战,电动自行车产业依然保持了平稳发展。1998 年,中国电动车制造企业只有 100 多家、年产量 50000 台,此后,行业以年均超过 20%的速度增长,经过二十几年的发展,现有浙江绿源、北京新日等为代表的一大批具有实力和规模的电动车生产厂家,形成了江苏锡山、浙江、天津三大产业集聚区,估计在 2013 年底,中国市场年产销量将超过 3500 万辆,市场保有量近 1.81亿辆,全国有生产许可证的整车企业有 1050 余家,有 6000 余家相关配套企业、10万家以上经销商,实现 1000 亿人民币的总产值,相关从业人员近 500 万人,产业逐渐趋于成熟。

绿源的创始人从 1996 年接触到电动自行车开始,凭着对绿色交通的执着追求,通过不懈的努力和不断的探索,一路行来,如今已经成为全球领先的电动车制造商,行业的领跑者,诠释了"绿色能源、绿色交通"的企业梦想。绿源不仅使得自身迅速地壮大,更是推动了整个行业的健康发展,赢得了社会广泛的认可和赞誉:在 2009 年公布的"2008 影响世界的中国力量品牌 500 强排行榜"中,绿源榜上有名;2010 年度获评十大"消费者最信赖的低碳品牌",2012 年十大消费者最喜爱电动车品牌第一名,"绿源"商标已成为电动车行业的标志性品牌。

第一节 理论框架:龙头企业与产业演进

产业的成长和发展也符合生命周期规律,即有一个发育、成长、成熟和衰亡的过程。最初,拥有创新成果的企业诞生,引领产业进入初始成长阶段。之后,随着创新成果的扩散,以及其他市场模仿力量的兴起,市场中将有越来越多的新企业进入,行业竞争加剧,该产业很快进入产业增长期。创新型企业伴随着产业的成长,一部分成长为产业中的龙头企业,这些企业能够辨别市场和产品需求,能够精心策划和管理一系列庞大的集群内外企业或机构所形成的复杂关系(Cristina Boari,2001);然后,产业规模扩张开始停滞甚至开始下降,企业间竞争进一步加剧,大多数企业的盈利水平下降,市场结构表现出了明显的垄断竞争或者寡头垄断的结构特征,这个阶段就是产业成熟期或者产业振荡期;最后,随着产业市场空间的进一步减小,大多数企业盈利微薄甚至无盈利,大批企业被迫退出市场,产业规模急剧萎缩,这个阶段就是产业衰退期。这是产业演化的一般过程。

推进产业演化的动力主要有两种,一种是外生性动力,如市场环境、科技环境和政策环境等因素的变化;一种是内生性的,即产业内在的动力,主要来源于以龙头企业为首的企业之间的竞争、合作与创新。产业中的龙头企业具有角色不可替换性、快速成长性、网络联系多向性和行为示范性等特征。其中,企业的角色不可替换性指龙头企业在产业网络中的角色和任务是异质的和不可互换的(Lipparini & Lorenzoni,1999);行为示范性指龙头企业能够提出可以共享的商业理念,具有较高的协调能力和应变能力,是产业发展的中心力量(Lorenzoni & Baden Fulle,1995)。龙头企业的创新作用是其产业中心地位最突出的表现,龙头企业的创新和传递能力能够激发行业相关创新的涌现。

创新首先来源于产业中的龙头企业,是领头企业能动适应环境的行为以及企业间互动反馈的结果,这一系列能动适应的过程和连续不断的改进,直接推进产业演化。龙头企业的创新通过企业间网络和企业间互动扩散至整个产业,并在此基础上产生新的创新,这一过程将直接地增加产业的知识存量,促进产业进步。龙头企业的创新经过市场选择后促使企业发展壮大,引起企业的市场竞争地位和盈利能力的变化,其他企业为了提高盈利能力和市场地位,对创新成果进行模仿和学习,导致创新在产业中扩散,使得产业整体的惯例发生变异,最终实现产业演化。行业中的龙头企业,承担主要的创新功能并在创新知识的传播中起到主导作用,在设计、开发、生产、销售等方面,与其他企业相比有较大的优势,引领行业的价格、技术创新、企业制度与管理创新,能够代表行业的发展规模和水平并且能够起到一定的辐射作用,带动其他企业的发展,推动整个产业的共同进步。

第二节　背景分析

对于中国电动自行车的发展史,业内普遍认为已经经历了三个发展阶段:电动自行车的初级阶段、初步生产规模化阶段、超速发展阶段。作为电动自行车行业的龙头企业之一,绿源本身的发展节奏与行业的发展阶段基本上契合。

一、绿源公司的产业地位分析

产业中的企业一般可分为产业"龙头"、产业"七寸"和产业"配套"三个环节。作为龙头企业,应符合以下两个条件:一是面对终端市场,提供完整或整体功能的产品或服务,二是该企业在行业中达到相对占优势的规模。绿源在电动车产业中,是电动自行车整车生产中的十强企业,是行业的骨干和龙头企业,也是最具成长力的企业之一(马中超,2011)。

"在国内电动车行业里,如果我们把最早的行业'开创者'企业画一个圈,再把现在技术水平、影响力、产销量等综合排名最靠前的几家企业画一个圈,两个圈的交集就是绿源",绿源集团董事长倪捷在某次接受媒体采访时不无自豪地说道。2014 年 1 月 10 日,由中国能源网络电视台主办的"中国能源动力——中国电动车行业品牌嘉年华"评选结果正式公布,绿源电动车顺利摘得两大桂冠。凭借着多年来为电动车事业做出的伟大贡献,绿源电动车获得"电动车行业十大影响力企业第一名",倪捷董事长获得"电动车行业十大影响力人物第一名"。

二、绿源公司的发展阶段与电动自行车的产业演进

第一阶段:绿源萌生期与产业的摸索阶段(1995—1999)

这个阶段是电动自行车的摸索生产阶段,从时间上讲,也就是 1995 年到 1999 年,这个阶段主要是对电动自行车的四大件,电机、电池、充电器和控制器的关键技术摸索研究。在这一产业萌生期,一个或多个能够敏锐捕捉市场机会的创新型企业逐渐发展成为龙头企业。产品逐步被消费者认可和接受,但是产品电池寿命短,爬坡能力差,容易磨损。正是由于这个时期的积累,才为这个产业如今的规模化在人才、技术和产品研发等方面做好了奠基。

这一时期也正是绿源的萌生期。1996 年初,时任"金信科技"风险投资公司负责人的倪捷接触到北京有色金属研究院研制的"电动三轮车",敏锐的倪捷立刻意识到:省力、便捷、低成本的电动自行车前景将不可限量。1996 年 7 月,倪捷供职的金信科技为此成立了电动自行车试制项目组,由同样是硕士出生的胡继红负责研制电动自行车。1996 年底,绿源的第一辆电动自行车成功问世。1997 年 7 月,

金信对项目组进行改组,与外界合资成立"绿源"公司,取名为"绿源",寓意着"绿色能源"和"与绿有缘"。1997年至1998年,绿源的电动车进入家庭,对消费者产生了很大吸引力。1998年,绿源主办并参与全国"电动自行车通用技术条件"标准的制定起草工作。1999年,绿源电机生产基地建立,绿源自行设计制造的电机所表现出来的"强劲动力"成为绿源的主要技术特征之一。

第二阶段:绿源的成长期与产业的初步规模化阶段(2000—2005)

电动自行车行业第二个阶段是生产初步规模化阶段,即2000年到2005年。在这一时间段里,随着关键技术方面的突破和电动自行车性能的不断提升,电动自行车成了摩托车和自行车的替代产品,且它的快捷、环保、方便和经济,也让更多的消费者认同,同时也激发了市场对于电动自行车的诉求。这一阶段中,随着市场机会的不断发现,领头企业的生产规模持续增加,外部的相关企业和机构大量出现,衍生企业大量产生,产业规模迅速扩大。

2000年起,绿源公司变身为全民营公司。2000年绿源发起和参与的《全国电动自行车专用蓄电池行业标准》在金华完成初稿。2001年,绿源推出了电池"BTM计划",在所有绿源电动车的服务网点增设"BTM服务"项目,对电池进行系统的检测、维护,用很少的成本就可以实现电池性能和寿命的提升,绿源的口碑一下子好了起来。2002年,绿源年销量同比增长300%,企业进入高速增长的快车道;2003年,绿源单月销售量突破1.2万辆,居全国第一;2004年4月,世界跳水冠军田亮接受绿源邀请,担任绿源电动车形象代言人,启动了新一轮的品牌建设工作。2004年,绿源联合全国150多家电动自行车厂商向标准委提出紧急请求,反对新标准出台,为整个电动车行业的发展赢得了宝贵时间。2005年,绿源董事长倪捷因为对行业所作的贡献而获得"2005年度十大风云浙商"称号。

第三阶段:绿源的转型期与行业的振荡发展阶段(2006—　　)

电动自行车发展的第三个阶段是从2006年至今,为超速发展阶段。在这个时间段内,企业之间的激烈竞争大大刺激了技术的进步和新技术的扩散,全行业的技术水平大幅度提高,蓄电池寿命和容量提高了35%,电机从单一的有刷有齿电机发展成为无刷高效电机为主流,寿命提高了5倍,效率提高了近30%,爬坡和载重能力提高约3.5倍。在性能提高的同时,制造成本也大幅度下降,价格下降到原来的21%;目前中国轻型电动车产销量已经占到全球的90%以上,中国已经成为全球最大的轻型电动车生产国、消费国和出口国。这一阶段中,随着产业配套功能的不断完善,产业内部的分工格局已基本形成,外部企业进入的速度减缓,大多数龙头企业改变原来的发展战略,将自身的核心能力定位在设计和装配方面。在此阶段,供应商不再是龙头企业订单的被动接受者,而是新产品开发的战略伙伴,部分龙头企业将逐渐丧失网络中心地位,这对龙头企业的发展提出了新要求。

在这一阶段,绿源公司也经历了超速增长的转型期。2006年,绿源电动车先后荣获"中国助动车制造行业排头兵企业"、"浙江省名牌产品"、"浙江省著名商标"、"国家免检产品"等称号。2007 年，绿源总部正式迁入新厂区，绿源进入一个全新发展阶段。2008 年，绿源动力电源公司投产，山东生产基地奠基，先进的焊接机器人投入山东基地使用，这标志着绿源"二次创业"正式启程。2008 年 5 月，绿源公司从日本引进了 20 台车架焊接机器人，使焊接生产线实现了自动化。同年，公司引进喷涂机器人。公司董事长倪捷认为，在劳动力成本呈快速上升趋势的背景下，虽然机器人初始成本投入要比人力高出许多倍，但高效率大大缩短了机器人成本回收的时间。绿源在原有"BTM 服务"基础上进行系统的整合和升级，于2008 年正式全面推广绿源"UGB 项目"。绿源 UGB 意为"绿色电池联盟"，由绿源集团及全国售后服务网点共同参与，共享技术及设备，主要针对电动车蓄电池提供检修、维护、修复、配租，废旧电池循环处理等一系列服务。"让电池起死回生"，"非物理性损伤的'废旧电池'经 UGB 处理，可恢复 80％左右的性能"。一系列的成绩让绿源在电池服务领域再次走在了行业的前头。电动自行车的核心问题得到了较好的解决，这使绿源赢得了用户，赢得了市场。

在 2009 年全球金融危机背景下，绿源逆势上扬，山东基地正式投产，年产能达到了 300 万辆，绿源当选"影响世界的中国力量品牌 500 强"。2010 年，山东基地产销两旺，绿源的双基地战略成功见效，这标志着绿源正式开始从区域生产商走向全国性生产商。2010 年，LS 锂电车在浙江金华基地成功下线，并陆续在绿源全国各大城市经销网点试销，揭开了绿源进军高端时尚消费人群锂电车市场的序幕。2011 年，绿源在山东沂南建立了千亩产业园，准备将一批核心配套商引入园区，使优质配套资源成为绿源物流成本最优配置的战略合作伙伴。这个园区平台的建设，为绿源上游配套机制创新奠定了基础，企业的供应链更加稳固，为企业的进一步发展打下了坚实的根基。

三、绿源公司面临的行业竞争态势

目前，一些跨行业的大集团，特别是摩托车、家电等行业都注意到了电动自行车的市场空间，组织人力、财力的投入，研究、开发电动自行车，再加上一批装配型小型企业的出现，使电动自行车行业呈现完全竞争态势，竞争越来越激烈。在市场发育比较成熟的地区，比如浙江、江苏和天津等地，电动自行车市场已经开始洗牌，很多小规模的品牌已经退出这个行业。由于行业的集中度在增加，大区域的品牌优势已经越来越突出，绿源作为浙江板块的强势品牌，占据了相对稳定的市场份额，并正在寻求快速上升的通道，而大量的小品牌则继续沿用低价优势获取小区域内的市场，未来十年，行业激烈竞争将导致部分品牌消失。

来自行业的统计数据显示，目前电动车行业的品牌集中度情况是，绿源、雅迪、新日等十家一线品牌占据了行业总产量的 40％以上。从表 2-1 中可以发现，年产量超百万辆的企业，除绿源之外已经有 6 家，这 6 家企业中的大部分成长速度都快于绿源，绿源长期竞争优势面临激烈的竞争。

产销量方面的分布情况是：2013年度年销量突破100万辆的企业有6家多，分别是雅迪、比德文力、绿源、澳柯玛、新日、爱玛，年度销量在30万辆以上的企业有5家，年产量10万辆以上的企业共有20家（中国自行车协会助力车专业委员会秘书处，2014）。

绿源作为行业内的龙头企业之一，本身的行业地位虽然较高，但是整体的竞争优势却不算突出。绿源作为行业中最大的6家公司之一，与其他大企业一样，市场占有度相比较整个电动自行车市场而言，都不算太高。

表 2-1　2013年绿源公司主要竞争对手产销量统计

竞争对手	产量累计/(辆)	产量比去年同期增长（%）	销量累计/(辆)	销量比去年同期增长（%）	年底库存/(辆)
江苏雅迪	2102651	29.46	2102651	29.46	—
山东比德文力	1545965	9.78	1552700	11.32	5800
青岛澳柯玛	1386629	7.47	1382794	7.37	10194
江苏新日	1334626	−12.68	1321656	−13.46	14701
无锡爱玛	1195092	13.17	1187117	13.32	—
浙江千喜	397348	15.77	397032	2.65	8722
山东英克莱	798857	2.14	799432	2.10	1762
江苏绿能	474200	47.65	420160	37.17	4891
江苏贝斯特	397800	5.88	397800	5.88	—
常州洪都	371197	−8.81	370764	−6.31	2781
深圳中华	216000	−8.86	21600	−9.24	—

数据来源：中国自行车协会助力车专业委员会秘书处编制.全国主要电动自行车生产企业产销存统计表（2014年1月份）[J]，电动自行车，2014(1).

由于电动车行业的资本壁垒和技术壁垒均不太高，在未来的十年中，行业始终面临新进入者的威胁；同时，伴随着收入的提高，汽车消费对电动车消费的挤压将会更严重，行业井喷式的增长态势将不会一直延续，未来的行业趋势可能是平稳增长甚至略有萎缩。在这种情况下，你好我好大家好的共同发展期将会结束，优胜劣汰的趋势无可避免，其竞争结果将类似于20世纪80年代末以来中国彩电行业的竞争结果，最终只有最优秀的企业可以存活，绝大部分企业将趋于消失，行业竞争将更为残酷，绿源公司能否在未来的竞争中取得持续的优势地位，仍然是公司面临的一个关键问题。

四、绿源公司与电动自行车行业面临的规制风险

电动自行车行业在诞生之初，就面临身份合法性的问题，绿源公司的发展也深深地受到合法性问题的影响。目前我国电动自行车管理的法律环境包括《电动自行车通用技术条件》、《道路交通安全法》的相关规定和《电动摩托车和电动轻便摩托车通用技术条件》。《电动自行车通用技术条件》是1999年国家质量监察局颁布

的,该条例规定电动自行车的最高时速是不能超过 20 公里每小时的,其车身净重要小于 40 公斤。这是对其速度和重量的要求,除此之外还规定电动自行车必须是可以脚踏骑行的自行车。《道路交通安全法》也对我国电动自行车做了明确的定位,即电动自行车属于非机动车,需要符合国家相关标准。《电动摩托车和电动轻便摩托车通用技术条件》等系列标准于 2010 年颁布,电动自行车上路需要骑车人考取驾照,将电动自行车纳入机动车管理,但在社会各界的强烈反对下,暂缓实施。这一系列标准成为高悬在电动车生产厂家、经销商头上的达摩克利斯之剑,随时有可能落下,给整个行业的发展造成了巨大的不确定性。

我国法律为地方政府依法管理电动自行车提供了可遵循的依据,同时各地也通过地方性法规和地方政府规章对电动自行车进行管理。由于一些地方政府对电动自行车采取限制、甚至禁止的政策,制约了电动自行车的发展。目前,各地区对电动自行车的发展态度存在差异性,导致电动自行车企业在地方市场开拓方面面临较大的不确定性。地方政府对电动自行车的态度主要包括限行、禁行和没表态三类:以产地为主的成都、上海、浙江、江苏等地,将电动自行车合法纳入非机动车管理范畴;以福州、广州、北京为代表的地区,认为电动自行车非法,禁止给电动自行车上牌照、禁止电动自行车上路行驶。而湖南、重庆等地区则暂时未对电动自行车的发展表态。企业和行业的发展均受政府政策的限制,这一状况需要整个行业谨慎对待,并寻找突破之道。

第三节　案例剖析:绿源的行业龙头带动作用

一、引领行业产品的创新

绿源是中国电动车的第一批产业化推动者,带动着电动自行车产业不断向前。1996 年初,时任"金信科技"风险投资公司负责人的倪捷接触到北京有色金属研究院研制的"电动三轮车",敏锐的倪捷立刻意识到:省力、便捷、低成本的电动自行车前景将不可限量。1996 年 7 月,绿源的前身金信科技成立了电动自行车试制项目组,开始研制电动自行车。1996 年底,绿源的第一辆电动自行车成功问世,后进入量化生产,是属于国内最早量化生产电动自行车的企业之一。1997 年至 1998 年,绿源的电动车进入家庭,对消费者产生了很大吸引力,市场逐渐拓展,行业容量逐渐扩大。随着全球能源危机和环境危机的不断加深,传统电动车行业产品结构略显单一,绿源从 2008 年就开始调整产品结构、扩大产品线,投入 300 余万元成立了特种车研发中心,开始研发城市清扫车、邮政服务车、电力抢修车、警务巡逻车等,引领了行业的产品创新。绿源电动车推出锂电自行车、锂电电动车和锂电摩托车三大品类,真正实现了电动自行车蓄电池的便携式和环保性。国际市场方面,绿源电动车成为行业最早拥有自主进出口权的企业之一,绿源出口的国家和地区达到70多个,其中加拿大、日本、泰国、澳大利亚、德国和我国台湾等地成为绿源海外市场的样板。绿源电动车对锂电自行车、低速电动四轮车及各类电动特种车辆的研发日益深入,目前正在推动的电动车与互联网、手机进行联接的智能工程等,对产业中的产品升级做了实际的探索和推进,在产品创新领域发挥了龙头企业的带头示范作用。

二、在技术研发方面的示范与带动作用

绿源两位创始人均有较高的学历和专业技术水平,绿源对技术研发和创新的重视并不仅仅表现在意识上,而且表现在两位董事长的身体力行、财力保障、制度保障和人力资源保障等多方面。绿源研发能力的核心动力,是绿源的两位创始人自身对电动自行车技术的兴趣和行业内领先的专业知识水平。绿源拥有电动车行业内一流的研发制造体系,这使得绿源能够对电池、充电器、控制器、电机、车架、轮毂、表面处理与涂装等一系列的关键部件和工艺进行自主研发、制造和检测,这不仅是绿源始终走在行业技术创新前列的基础,更是产品质量不断提高的保证。绿源作为行业技术创新的引领者,提出可维护电池技术概念,持续开发数码电池,组成电动车电池技术联盟等,绿源电动车以其品质、舒适、服务好等特质引领着行业的进步。源于对研发和创新的重视,绿源目前已申请专利180项,其中发明专利6项,实用新型专利80项,授权专利112项。公司2009年及2011年两度被授予金华市专利实施特等奖,2010年公司被认定为省级专利示范企业。2013年初,绿源的新技术相继亮相,包括绿源自补胎、省力支撑、同步变频电机、电池管家、射频感应、ID电机锁、双模自动挡、自动转高灯、绿动网等16项新技术。这些新技术对电动自行车持续、安全、舒适的驾驶理念做了明确的注解,实实在在地引领着行业的技术进步方向。

三、积极参与行业标准的制定

一个行业的发展,离不开规范化和标准化,尤其是电动自行车行业,涉及道路交通安全和生态环境安全。电动自行车行业作为一个出现于90年代的新行业,是我国的原创产业、低碳产业,而缺少行业标准束缚了产业的进一步发展。意识到行业标准的重要性,1998年,绿源主导并参与全国"电动自行车通用技术条件"标准的制定起草工作,2000年,绿源发起和参与的全国电动车自行车专用蓄电池行业标准在金华完成初稿。1999年的标准规定电动自行车的最高时速应不超过20公里,重量应不超过40公斤。但随着消费者需求的改变和技术水平的提高,该标准显然已经不太适应,严重约束了电动自行车行业的快速扩张,不少企业生产了超标电动自行车。电动自行车生产企业认为这是由于《电动自行车通用技术条件》"已

经不能满足当下消费者的需要"。作为电动自行车行业的意见领袖之一,绿源公司董事长倪捷对 CBN 表示:"我们从 2002 年就呼吁标准的修订,因为市场的需求、技术的发展以及城市化的进程,电动自行车的标准必须要变。"2004 年,绿源联合全国 150 多家电动自行车厂商向标准委提出紧急请求,反对当时对电动自行车生产不利的新标准出台,为整个电动自行车行业的发展赢得了宝贵时间。

四、争取行业发展空间以确保行业和企业自身的发展

对绿源来说,行业背景对企业的影响也许比企业自身的健康运转对企业的影响更为深厚。如果电动自行车行业的标准和规制空间不能顺利打开,整个电动自行车行业将趋于覆灭,更遑论绿源的发展。为此,绿源将行业发展空间的拓展当作己任,将电动自行车用户的利益紧系于心,与地方政府、国家标准委、社会公众等各方开展了艰苦的斡旋活动。从 2002 年起,倪捷就为争取电动自行车的合法生存空间而四处奔波,与对电动自行车行业发展提出质疑甚至阻碍的有关方面进行探讨甚至争吵,与限制电动自行车骑行的地方政府针锋相对、对限制电动自行车的福州工商局对簿公堂、出席海南听证会等,积极与地方政府周旋,拓展电动自行车的行业发展空间。从《实话实说》到《对话》再到《对手》,倪捷三上央视与人 PK,为的都是电动自行车整个行业的发展,不但维护了电动自行车企业和电动自行车经销商的利益,更是维护了电动自行车近 1.5 亿消费者的权益,推进了社会公平。倪捷通过详细的数据收集和调研,使用写文章、行业论坛、听证会、媒体访谈、博客等渠道,证明和阐释电动自行车在节能减排、绿色出行、交通安全、便捷出行方面的优势。通过这些行业公益性活动,倪捷逐渐成为电动自行车行业和电动自行车用户的代言人,成了电动自行车行业举足轻重的领军人物、技术专家,展示了企业家关心社会、关心民众福祉和公平正义的宽大胸襟,也同时打开了行业的发展空间,提升了绿源的品牌美誉度,赢得了消费者的信赖,为绿源在行业中的领导地位打下坚实的根基。

五、在生产、营销、服务理念上的示范与带动作用

绿源对现代的生产、营销、服务理念有执着的追求和学习欲望,从 2004 年就引进 ERP 信息平台、OA 系统(办公自动化),是行业内第一个引入信息化管理系统的公司;在行业内率先通过 ISO9001:2008 认证,先后引进并推广 JIT 准时化生产管理、6S 现场管理、QCC 提案改善工程、PDCA 流程改造等先进管理理念,将这些管理理念与企业的实际情况相结合,制定具体的行动计划并在日常生产管理中进行运用,提高了企业的运转效率,降低了运行成本,为企业的成功打下了坚实的基础。绿源公司改变了传统的服务模式,设立了售后服务部和客服中心两大机构,将4Cs 理论引入服务系统,建立了行业最大规模的消费者信息处理中心,通过短信、传真、E-mail、电话等多种媒介,面向消费者开展产品咨询、定期回访、用户投诉等

业务。绿源提供的最高层次的服务,是"用心"的服务,是亲和力,是关注每一个客户,例如,主动检查、远途救援、短信提醒、使用探讨、个性订制等,绿源经销商和服务商真正把每一个顾客看成是自己的朋友、亲人,有条件的地区成立"绿缘俱乐部",增进绿源与客户的感情沟通。

第四节 结论与启示

作为电动自行车行业龙头,绿源电动自行车见证了行业十几年发展的巨变。中国电动自行车产业在沿着"研制—完善—创新"轨迹、历经十余年曲折发展后,已经走进千家万户,并"通过生产世界上超过95%的电动自行车而成为该行业的世界领导者"(马中超,2013),开创了一个全新的局面。随着电动自行车产业的集中度日益加剧,行业洗牌越趋明显,"电动自行车由中国开创,未来几年,品牌集中度将进一步提升,大品牌将实现大发展道路"(倪捷,2014)。电动自行车产业经过十多年的快速发展,已经度过了高速发展期,目前进入振荡发展阶段。在此阶段,消费者对产品的外型设计、质量、核心技术与品牌认知度也日益提高。核心技术的创新和突破是推动企业进步和产业转型升级的关键。电动自行车市场的竞争已升级到了技术实力和产品竞争力的竞争,因此,很多品牌企业都下大力气投入到自主核心技术的研发之中。19年来,也因为绿源的脚踏实地、专注技术研发,走出了一条独具特色的绿色交通之路,使绿源从一个电动自行车小组成为如今电动自行车行业数一数二的大公司。在17年的发展中,绿源始终是行业技术创新的引领者,绿源电动自行车以其品质、舒适、服务好等特质树立了品牌值得信赖的形象,接受着市场的反复考验。

在未来的发展中,产业已经进入振荡发展阶段,这一阶段,产业内的网络关系变得更加复杂和密切,既有以龙头企业为主导的产业链内部紧密的垂直联系,又有以各自不同龙头企业为主导的产业链之间紧密的水平联系。在此阶段,绿源作为行业的龙头企业,面临更为激烈的竞争,竞争不仅来自同为行业龙头的雅迪和新日,也来自同处于金华的小飞哥、星月神等整车企业,还会来自于作为零部件供应商和销售商的上下游企业,他们将会逐渐取得对产业部分关键环节和关键零部件的控制,从而对整车企业构成竞争压力。在这一竞争态势下,绿源必须在科技创新、管理创新、市场创新、理念创新方面做出更艰苦的探索,以高度自觉的态度和行业使命感,不断进行自我提升和完善。

绿源的创新发展,依赖于企业家能力和特质的创新。研究表明,企业家能力与企业和产业的成长阶段相匹配,企业和产业的关系网络发达程度与企业家能力高度正相关(Feldman,2001),企业家能力的演进,既是龙头企业成长的必要条件,也是促进产业持续成长的基本动力。就此方面而言,绿源要迎接新的行业发展阶段,在新阶段巩固自己的行业地位,必须率先实现企业家自身能力的创新。

参考文献:

[1] Cristina Boari. Industrial Clusters,Focal Firms and Economic Dynamism:A Perspective from Italy[R]. Working Paper for World Bank Institute,2001,(1).

[2] Feldman, Maryann P. Entrepreneurs and the Formation of Industrial Clusters, Conference on Complexity and Industrial Clusters-Dynamics, Models, National Cases organized by the Fondazione Montedison under the aegis of the Accademia Nazionale dei Lincei,2001.

[3] Lorenzoni G, Lipparini A. The Leveraging of Interfirm Relationships as a Distinctive Organizational Capability:a Longitudinal Study. Strategic nagement Journal,1999,20(4):317—338.

[4] Lorenzoni G, Baden-Fuller C. Creating a strategic center to manage a web of partners. California Management Review,1995,37(3):146—163.

[5] 安妮塔·M.麦加恩.产业演变与企业战略——实现并保持佳绩的原则[M].上海:商务印书馆,2007.

[6] 蔡敦权.电摩国标实施后"旋风"将起?——2010.1.1电摩国标是终结还是新的开始谜团终将解开[EB/OL].电动自行车商情网,http://n. Cebike. Com/NewS/html/200922/ZOOglZOZll054157. htm,2009—12—02.

[7] 陈春晓.产业组织演化论[D],四川大学,2002.

[8] 电动自行车商情.中国(天津)国际电动自行车产业链发展高峰论坛隆重举行[EB/OB].电动自行车商情网,http://www. cebike. com/news/html/201404/2014040313112273. htm,2014—04—03.

[9] 郭力文.电动自行车新经济展望[J].电动自行车,2009(3):6—9.

[10] 胡继红.2014年绿源电动自行车年会纪要[J].电动自行车,2014(2):7—9.

[11] 黄凯南.企业和产业共同演化理论研究[D],山东大学,2007.

[12] 马中超.积极开拓 推进转型——马中超在绿源核心技术发布会暨北方市场战略峰会上的讲话[J].电动自行车,2011(4):12—13.

[13] 刘乃全.产业聚集论[M].上海:上海人民出版社,2009.

[14] 刘友金,罗发友.基于焦点企业成长的集群演进机理研究——以长沙工程机械集群为例[J].管理世界,2005(10):159—161.

[15] 陆金龙.加快提高江苏自行车电动自行车产业的全球竞争力[J].电动自行车,2009(7):3—7.

[16] 马中超.积极开拓推进转型[J].电动自行车,2011(4):12—13.

[17] 马中超.坚定信心 深化创新 驱动未来:在中国电动自行车产业创新高峰论坛上的讲话[EB/OB].中国自行车协会网,http://www. china-bicycle. com/NewsContent. aspx? i=7387,2013—10—23.

[18] 倪捷.出行需求催生"中国特色"[EB/OB].中国电动自行车网,http://news. ddc. net. cn/newsview_49574. html,2014—3—7.

[19] 中国自行车协会助力车专业委员会秘书处编制.全国主要电动自行车生产企业产销存统计表(2013 年 12 月份)[J].电动自行车,2014(1).

企业家感言

绿色能源　与绿有缘
——绿源公司倪董感言

　　绿源电动自行车作为专业的电动自行车研发、制造、销售和服务企业之一,自1997年成立以来,我们一直秉承着"只为生活更美好"的企业理念,推动着电动自行车产业的发展,赢得了社会广泛的认可和赞誉。

　　中国的电动自行车产业拥有约2亿的受众群,凭其节能、低碳、安全、便捷的特点,成为千万家庭每天出行的重要工具。我很高兴绿源电动自行车能成为解决人们"出行"问题的工具,并为环保事业做出巨大贡献。

　　绿源的成功来自于对产品的精益求精。一流的研发制造体系、一流的产品检验标准、一流的售后服务体系……都为它的发展打下了坚实的基础。17年的艰苦奋斗,绿源的每一步,都在践行着"商道酬诚"的发展理念。

　　与时俱进,开拓创新,创造一条独具特色的绿色交通之路,需要我们全力以赴。也许并不一帆风顺,但在新的发展阶段,绿源也必定会以全新的面貌持续前行!

（浙江绿源电动自行车有限公司董事长:倪捷）

第三章　春光软管：聚力创新做专做精做强小产品

引　言

金华市春光橡塑软管有限公司创建于 1985 年 5 月，为吸尘器软管研发、生产的专业制造商，注册资本 1500 万元。春光公司下设浙江金华春光橡塑软管有限公司、江苏苏州凯弘橡塑有限公司两个生产基地。公司总部位于浙江省金华市金磐开发区，隶属磐安县，毗邻金华大学城。

春光以"把吸尘器软管产品做专、做精、做强，将'春光'打造成在世界上具有影响力的民族品牌，在这一细分行业为我国民族工业的发展作出更大贡献"为愿景，以"顾客至上，质量为本，技术领先，精益研制"为宗旨，一直致力于自主研发和生产以吸尘器软管为核心的各类橡塑软管，产值逐年稳步增长。2004 年，公司产值达到 5000 万元，此后公司进入了一个快速发展时期，在 2005 年到 2010 年短短五年间，公司产值增长超过了 200%，年均增幅高达 30%，2006 年度，公司销售收入首次突破亿元大关，并在苏州建立了分公司，与金华公司实现了联动发展，至 2011 年，公司总计拥有固定资产总额 5625 万元，实现销售收入共计 2.60 亿元，利税合计3900 万元，纳税 1480 万元。

一家创立时只有两个半职工，年产值只有区区 9000 元的草根企业，近三十年来没有被风浪颠覆，也没有在险滩上搁浅，茁壮成长为国家高新技术企业，所生产的吸尘器软管的种类及技术水平列全国第一，市场份额占国内市场的 30% 以上，成为国内吸尘器软管生产的龙头企业。究竟是什么使这个不起眼的小企业实现跨越式发展的？本案例试图通过对公司的实地调研、查阅公司的文件资料以及与相关人员的深入交谈等，探索该公司的成长机理，旨在为其他中小企业发展路径的选择提供启示。

第一节　相关理论与研究框架

一、聚焦战略理论与自主创新理论

(一)聚焦战略理论

美国市场营销学家麦克·波特(Michael Porter)总结出三种基本的竞争战略:成本领先战略、差异战略和聚焦战略。聚焦战略即集中型战略,与其他两个基本的竞争战略不同,采取此种战略的企业追求的目标不是在较大的市场上占有较小的市场份额,而是在一个或几个市场上有较大的甚至是领先的市场份额。

聚焦战略的优点是适应了企业资源有限这一特点,可以集中力量向某一特定子市场提供最好的服务,而且经营目标集中,管理简单方便。使企业经营成本得以降低,有利于集中使用企业资源,实现生产的专业化,实现规模经济效益。当然,聚焦战略也存在着缺点:首先,投资集中于某一行业,发展受行业局限,企业效益受上游企业的影响和制约;其次,产品类型单一,行业风险大,特定产业与市场的容量有限等。

一般在下列情况下,采用聚焦战略往往能够取得好的效果:(1)用户在需求上存在差异,有独特的偏好或需求;(2)定位于多个细分市场的竞争厂商,很难满足目标小市场的专业化或特殊需求,或者如果要满足这个市场的专业化需求,其代价往往非常昂贵;(3)企业的资源不允许追求广泛的细分市场,整个行业有很多小市场和细分市场,本企业资源实力有限,没有足够的资源和能力进入整个市场中更多的细分市场,从而选择与自己的优势和能力相符的有吸引力的目标小市场;(4)没有其他的竞争厂商在相同的目标细分市场上进行专业化经营,其他竞争对手尚未打算在企业的目标市场上采用聚焦战略;(5)行业中各细分市场在市场容量、成长速度、获利能力、竞争强度等方面存在很大差异,致使某些细分市场比其他部分更有吸引力;(6)小市场具有很好的成长潜力,目标小市场足够大,可以盈利;(7)企业拥有有效服务目标细分市场的资源和能力,并且凭借其建立起来的顾客商誉和能力,可以有效地防御行业中的挑战者,其产品和服务有较高的客户忠诚度;(8)产品成本比竞争对手的成本低,能够给购买者提供他们认为价低质更优的东西。

(二)自主创新理论

自主创新是相对于单纯技术引进、模仿而言的一种创造活动,是指企业通过拥有自主知识产权的独特核心技术以及在此基础上实现新产品的价值过程。即创新所需的核心技术来源于内部的技术突破,摆脱单纯技术引进、技术模仿对外部技术的依赖,其本质就是牢牢把握创新核心环节的主动权,掌握核心技术的所有权。

　　自主创新的方式包括原始创新、集成创新和引进技术再创新。原始创新是指前所未有的重大科学发现、技术发明、原理性主导技术等创新成果。原始创新意味着在研究开发方面，特别是在基础研究和高技术研究领域取得独有的发现或发明。集成创新是指通过对各种现有技术的有效集成，形成有市场竞争力的产品或者新兴产业。引进技术再创新是指在引进国内外先进技术的基础上，学习、分析、借鉴，进行再创新，形成具有自主知识产权的新技术。

　　相对于原始创新和集成创新而言，引进技术再创新更适合于中小企业。因为通过引进国内外先进技术，经过消化吸收实现自主创新，可以使中小企业集中资源，大大缩短创新的时间、降低创新的风险。因此对中小企业而言，自主创新的实质主要是指在引进国内外先进技术的基础上，通过学习、分析、借鉴进行再创新，形成具有自主知识产权的新技术。

　　无数的事实证明了，中小企业没有自主创新，其最终结果就是企业的发展强烈地依附别人，落得极为被动的局面。在经济全球化的今天，技术并不会全球化，核心技术是买不来的，通过技术引进的方式想学习别人的核心技术常常是不可行的。而没有自主知识产权和知名品牌，企业竞争力就失去了内涵和载体，企业就会在竞争中处于被动地位。

二、案例研究框架

　　根据上述的企业聚焦战略理论和自主创新理论，结合春光公司的典型特征，构建了本案例的研究框架。

　　首先，基于春光公司很好地抓住了市场发展的趋势和机遇，嵌入了家电行业的产业链分工，聚焦小产品，走出了一条良好的中小企业快速成长的路径。因此，从企业的成长历程方面展开案例研究。

　　其次，由于春光公司在成长过程中高度专注于小产品——吸尘器软管的自主研发与创新，在企业快速成长过程中充分展示了其专注与合力的作用，因此，我们从企业家精神、战略聚焦、制度设计、产品自主创新等角度进行案例剖析。

　　最后，借鉴春光公司的成功经验，提炼出结论与启示。

第二节　案例背景：基于专注与自主创新的企业发展之路

　　在 20 世纪 70 年代末，橡塑软管业已是金华市磐安县的优势产业。1979 年，国家轻工业部指定位于磐安县尖山镇的磐安第一塑料厂承担洗衣机软管研制任务，次年，全国第一根洗衣机 PVC 缠绕排水管研制成功，产品推广到全国市场。尤其是 20 世纪 90 年代初，随着家用电器进入寻常百姓人家，给家用电器配套塑料软管的厂家带来巨大的商机,一大批有一定基础的塑料企业在当时迅速崛起,空调保温管、脱排油烟机管、吸尘器软管等产品很快占领了全国 80% 以上的市场份额。塑料软管业成了磐安玉山地区许多洗脚上田创业者的首选。

春光公司董事长兼总经理陈正明正是在这样的背景下创建了春光橡塑软管厂,并在激烈的竞争中披荆斩棘,知难而进,成了这个行业的佼佼者。

一、艰苦创业期(1985—1995 年):勤俭奋斗奠基业

1985 年 5 月,陈正明在老家——至今仍被称为欠发达地区的浙江金华磐安县,创办了春光橡塑软管厂,当时只有两个半职工(创始人陈正明当时是兼职的),年产值只有区区 9000 元。面临着找客户难、设备简陋、货款回收难、招工难等种种障碍,陈正明饱受周边人的冷嘲热讽和客户的冷落,在逆境中迎难而上,在坎坷中磨砺意志,为企业的后续发展练就了强大的精神力量。在漫长而艰辛的探索过程中,陈正明通过自己的勤俭奋斗和聪明才智自主创新,家庭作坊式的工厂生意日渐红火。1989 年,公司推出第一款高档软管,使企业在吸尘器软管行业初露头角。1995 年,公司年产值达到 500 万元,为今后的跨越式发展打下了坚实的基础。

二、快速成长期(1996—2004 年):积极谋变助腾飞

1996 年,为顺应形势发展,响应政府号召,春光橡塑软管厂在金华市政府和磐安县政府的政策扶持下,审时度势果断决策"走异地开发之路",落户于金磐经济技术扶贫开发区,成立了金华市春光橡塑软管有限公司。伴随着改革开放进程的深入以及计划经济向市场经济转轨,民营企业迎来了发展的春天。春光公司以诚信为本,用过硬的质量和一流的服务赢得了广大客户的认同。公司的生产规模和生产能力也在政府部门的大力扶持下、在与众多客户的交流合作中得到了显著提高。随着公司知名度的提高,春光与一些国内一线品牌建立起了合作关系。2004 年,公司年产值达到 5000 万元。

三、转型升级期(2005 年后):自主创新促转型

公司以"成为全球首选的吸尘器软管及其附件和连接系统的制造者和供应商"为使命,坚持走科技自主创新之路,着力研发新工艺、新设备,持续提高自动化生产水平,坚持开发新产品,不断研发出伸缩管、锥形管、电子管等高附加值产品,加快了企业发展的步伐,使公司生产的吸尘器软管的种类及技术等级位列全国第一。在此期间,尽管经历了金融危机、国际经济形势震荡下行等严峻考验,公司依然逆势而上,在市场开拓和产品研发方面取得了骄人的业绩:公司的产值年均增幅高达30% 以上,远超同行业平均水平;公司不但赢得了更多的新客户,而且加深了老客户的认同,连年被多家客户评为"优秀供应商",企业美誉度得到进一步的提升;公司开发的 1∶8 大伸缩比软管产品,是目前全球范围内伸缩比最大的产品,达到了

国际领先水平;随着我国对外开放程度的不断扩大,春光也逐步与一些国际顶尖品牌,如 Dyson、TTI、EURO-PRO、Philips、Electrolux 等建立起了战略伙伴关系。2009 年,公司获评"国家高新技术企业",2010 年,公司获评"浙江省省级技术中心"、"浙江省省级研发中心";2011 年,公司总销售收入达到 2.60 亿元。与之同步,公司投入重金打造品牌,"春光"品牌在业内的影响力与日俱增。

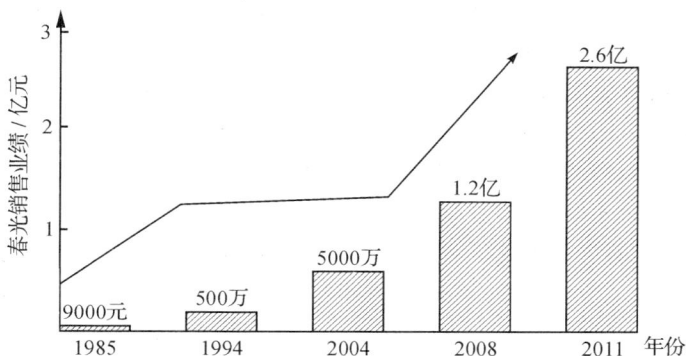

图 3-1　春光软管销售业绩

第三节　案例剖析:战略聚焦谋合力,自主创新强主业

一、企业家精神引领——执着求"变"

初次与公司老总陈正明见面,与意想中的"不苟言笑、声色俱厉"的老板形象有些不符,其人看上去非常随和,不过经过与他深入的沟通以及与周边人的交流,了解了他的创业历程与成长故事后,我们不禁感慨,陈总的事业虽是从一线工人起步创业,但他时刻注意提高自身的素质,贴近现代商业生活。他的人生理念和精神境界更让人印象深刻,他是一个"外柔内刚"、执着求"变"的企业家。陈正明说:"奋斗与执着就是我的人生理念,也是我人生的永恒主题。"他认为,人生理念虽不能决定一个人的人生道路和人生价值,但却是一个人的事业、成就和境界能达到什么样的高度的重要因素。

陈总的创业路和其他成千上万中国民营企业老板的创业路一样,是一条充满艰辛的荆棘之路,只有具备坚强毅力、具有执着求"变"精神的人才有可能坚持走下来。

为了不受"老来苦",陈正明十七岁开始就拜师学木工,初时干不了技术活,只能干些笨重的体力活,手上起了血泡还默默忍受着继续干活。尽管一天下来很劳累,但仍然经常招来东家的白眼与指责,说他只会吃饭干不了活……木工活干了一段时间后,他又进入当地一家农机厂做车工学徒。1973 年,他响应国家号召参军入伍,五年的军旅生涯进一步孕育了他永不服输的性格,在太行山区,部队生活很艰苦,但每次他写信给父母都说:"部队里一切都很好。"

退伍后陈正明又回到原来的农机厂,从事一线机械工作。1985 年,该集体企业陷入经营困境,员工面临下岗,于是他协助妻子开始白手创业,当时除了一台注塑机,没有其他任何设备,但作为半个员工的陈正明凭着能看懂图纸和一些机械基础知识,采用"借鸡生蛋"的方法,借别人土设备试制新产品。在许多当地初具规模的软管企业都无法完成的新产品被他试制成功时,陈正明的心情是何等的激动啊!然而他这份创业的冲动和新品试制成功的喜悦很快就被无情的市场给淹没了。那时市场经济体制尚未健全,买材料有议价、平价之分,卖产品需要门路、关系。残酷的现实,让陈正明前进的道路上处处布满挫折和困难,也处处写下了他的坚韧和执着:仪器设备和技术资料缺乏,就通宵达旦地琢磨攻克技术难题;没有客户,即使受尽冷落与白眼仍然坚持不懈,一而再再而三地登门推销;资金紧张,就节衣缩食、尽可能节约每一分钱,把钱都花在产品研发和市场开拓的"刀刃"上。

回顾春光的创业与发展历史,我们可以看到许多催人奋进的事迹与耐人寻味的故事,其中许多细节,虽已时过境迁,但说起来仍让人为之唏嘘、深深感叹:

——寒冬腊月,外面风雪交加,陈正明独自一人在村边的小厂子开模,一干就是一个通宵,清晨妻子推门而入,看着全身油污仍在埋头苦干的他不觉眼眶湿润了;

——一次,陈正明乘拖拉机去兰溪收购废塑料,在兰溪市区向一群大婶大妈问路,她们看到他,都止不住笑出声来。问好路回到车上,与司机照面才知道她们笑的原因,原来他们浑身尘土、黑眼珠、白眉毛,就像白毛女……

——工厂里用的倒顺开关每只价格只有 12 元,他修理 12 次。公司产值超千万,可他还是骑着自行车上下班。有人说,陈正明是磐安最穷的老板……

——有一次陈正明出差时偶遇他当年的驾驶员倪先生,届时倪先生已经创业小有所成,谈及当年的情景,非常感慨地说:"陈总,我一见到你就想起十多年前我们在余姚用所订购的新机器试制样品的那晚,当时正值隆冬,天气非常寒冷,可是你一试机就没停下来过,一直工作到次日清晨,当时我的手都冻麻了。"陈正明听后,还是没有回想起。直到倪先生提到后来台湾老板叫吃早饭,看到他们彻夜未眠,通宵工作时露出不可思议的表情时,他才回想起……

在春光的发展史上,类似的事情可谓司空见惯,无怪乎陈正明无法一一铭记。

正是这个磐安最"穷"的老板凭着他永不服输的执着求"变"的精神引领着他的企业,从一个家庭作坊式的小企业,成长为国内吸尘器软管生产的领军企业。陈总也初步实现了他的人生理想:2002 年被评为磐安县劳动模范;2004 、2007、2010 年连续被磐安县县委、县政府评为县第六、七、八批中青年专业技术拔尖人才;2005、

2011 年两度被金华市经委、市委组织部评为金华市优秀企业家(金牛奖);2006 年所著《立足自主创新,打造百年企业》论文获得 2004—2005 年度自然科学优秀论文三等奖;2009 年"高端吸尘器用高强度电子软管"获得磐安县科学技术奖一等奖;1998—2011 年连续十四年被磐安县政府评为优秀厂长(经理);2010 年 12 月,被市委、市政府评为金华市第三届优秀中国特色社会主义事业建设者;2011 年被评为浙江省中小企业优秀企业家和金华市科技创新领军人才;2012 年被聘为浙江师范大学行知学院兼职教授。目前,他是金华市人大代表。

二、战略聚焦——以小产品博大市场

小产品大市场。公司以"成为全球首选的吸尘器软管制造者和供应商"为使命,一直专注做软管小产品,从而赢得了大市场。虽然随着形势的发展,许多企业都搞起了"多元化经营";看到房地产暴利,一些原与房地产八竿子都打不着边的企业也趋之若鹜。但春光却始终不为所动。期间一些友人也问过陈总:别人都放开手脚跨行业经营了,为什么你老是在搞软管? 陈正明说:别人是别人,我是我。我以为能够把自己的专长淋漓尽致的发挥这就够了,即使别人瞧不起也不自卑,但也不自负。事业上不管哪个企业,哪种产品,都没有最好,而只有更好,只有坚持不懈,全神贯注,才能渐臻完美,并立于不败之地。

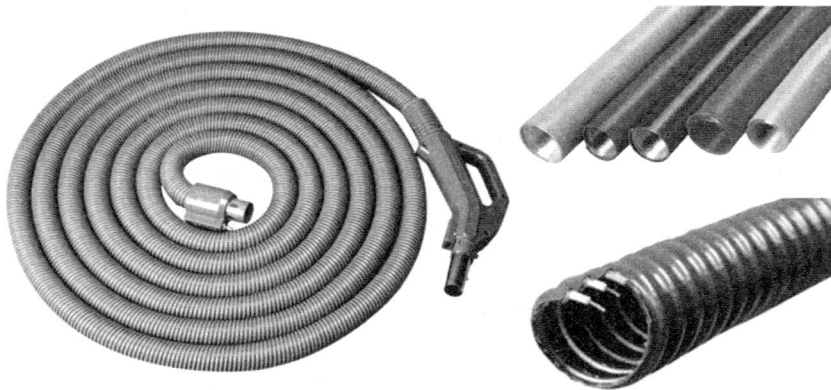

图 3-2　春光的软管产品

正因为战略聚焦全神贯注做小产品,才使得春光系列软管产品与竞争对手相比,在外形、实用、产品价格方面有明显的优势;正因为战略聚焦全神贯注做小产品,春光年均软管产量可达三千多万米;正因为战略聚焦全神贯注做小产品,春光才能首先推出全球独一无二的 1∶8 以上伸缩软管、世界唯一的既能伸缩又能通强电的高性能软管等多项全新产品,以充分满足各个细分市场客户的多样化需求。

三、自主创新——强主业优势

提到"春光"的自主创新,应该从 1985 年创办之初说起。那时,企业创始人陈正明突破小企业主"只占市场,不搞研发"的老框框,坚持走自行研发、自行设计、自行制造之路,虽然公司在 1989 年自主研发与生产出第一款高档软管,但陈正明深知,只有更好,没有最好,在市场经济逐步规范化的形势下,企业要想在市场上立于不败之地,必须要强化自身的核心竞争力,做强主产业。但要做到这一点,光靠营销手段的花样翻新是远远不够的,更重要的是产品的质量与技术性能的持续改进,许多软管企业在 20 世纪 90 年代不能保持原来的发展势头,一个重要的原因就是创新能力的不足。基于此,春光以打造中国精品软管为己任,着力于自主创新,在设备研发和技术创新上大力投入,每年研发经费的投入占销售收入的 4% 以上。

公司早在 2006 年 10 月就创建了春光橡塑软管技术中心,该中心于 2008 年 12 月被评为金华市级企业技术中心,2010 年被评为省级企业技术中心。"春光"拥有一批由资深工程师、技师组成的专业技术团队,能够独立开发、制造软管各专业设备和模具。公司自主研制了独有的软管自动化生产设备,并开发了多项高端吸尘器软管,使企业从中低产品走向高端产品发展,创造了更多的产品附加值。为进一步实现春光科技力量和优势资源的优化,春光公司与浙工大等高校进行技术合作,通过项目的实施,解决了多用途软管开发生产中的基体原料的共混改性、专用生产线和专用测试设备的设计与开发,新型生产工艺的开发等关键技术问题,实现了多用途软管生产的专用料、模具和设备等全套技术的国产化,填补了我国多用途软管产品和生产技术的空白,为浙江省吸尘器软管制造业的产业升级起到了重要作用,取得了显著的经济效益和社会效益。2009 年,公司被浙江省科技厅认定为国家重点支持领域的高新技术企业;"春光"商标获"浙江省著名商标"。目前公司已具备了与同行业的国外知名企业竞争的能力,春光软管已经奠定了在国内吸尘器行业的领先地位,影响力日趋扩大的春光公司积极开拓国际市场,成为诸多国际顶尖公司的战略合作伙伴。

同时,春光长期致力于严谨完整的品质管理体系的建设,以稳定的品质、丰富的品种、良好的信誉以及优质的服务深受顾客的好评与赞誉。公司坚持"人人都有改善的能力,事事都有改善的空间"的理念,强化员工"顾客至上,质量为本"的意识,组织、鼓励、表彰一切改善活动。用高水平的工作质量保证产品的高质量,公司广泛开展 QC 小组活动、施行现场 5S 管理、推行精益化生产,运用失效模式分析、统计制造控制、零缺陷手段等,以及持续的设备、工具、模具的改造和投入以保证产品的可靠性。公司投资了 1028 万元建立了拥有百余台(套)如 RoHS 测试机等设计、检测设备的检测中心,目前国内尚无一家公司拥有诸多吸尘器软管测试仪器用于检测。2000 年,公司就通过了 ISO9002:1996 质量管理体系认证;2003 年,通过了 ISO9001:2000 质量管理体系认证;2007 年,又通过了 ISO14001：2004 环境管理体系认证；2010 年，又通过了 ISO9001：2008 质量管理体系认证；使公司产品质量性能指标稳定可靠，均处于同行业先进水平。目前公司生产的软管均能符合 RoHS、REACH 以及 PAHS 的要求。2011 年获得首届磐安县政府质量奖。

四、制度文化设计——触发员工的自主创新动力

组织文化对员工具有重要的导向、凝聚、激励和约束作用。春光公司领导层不遗余力致力于组织创新文化的培育，坚持"人人都有改善的能力，事事都有改善的空间"的理念，以为客户创造价值为导向，把"用心做事，追求完美"作为企业的核心价值观，不断强化和激励员工立足岗位，从我做起，从小事做起，用心做好每一件事，并在不断创新中追求每个细节的完美。

春光在公司内形成了"阶段层级式"的创新格局，让所有具备创新潜力的员工都有机会参与创新活动。所谓"阶段层级式"的创新格局是指公司的创新活动根据企业的资源能力和参与创新的员工的能力特点形成层级结构，逐步推进，由初级到高级，形成创新的阶段性；同时每个阶段的创新活动在不同部门和不同环节展开，包括技术创新、产品创新、生产过程及工艺创新、原材料采购创新、管理方法创新等方面及其组合的创新。全员参与的"阶段层级式"的创新格局使公司在生产、工程、机模、品质等部门涌现出了一大批技术精英和管理骨干，提出了大量宝贵的优化建议和改善措施，仅 2011 年一年就收到了 30 多项"合理化建议"、10 余项"金点子"和"银点子"，从而大幅提高了公司的生产效率、降低了车间员工的劳动强度、为公司"精简成本、节能降耗"做出了重大的贡献。尤其是倾注了创新人员大量智慧和汗水的挤出管自动压头及伸缩管自动拉开喷码设备等代表项目，为公司的成长做出了实实在在的贡献。

同时，春光公司强化员工"顾客至上，质量为本"的意识，组织、鼓励、表彰一切改善活动。用高水平的工作质量保证产品的高质量，公司广泛开展 QC 小组活动、施行现场 5S 管理、推行精益化生产，运用失效模式分析、统计制造控制、零缺陷手段等，以及持续的设备、工具、模具的改造和投入以保证产品的可靠性。

陈总常常告诫公司的员工："要干大事，首先要学会把小事和简单的事做好，比如扫地，虽很简单，但有的人扫得认真细致，不放过每一个角落，有的人却像老太婆画眉毛，东一扫帚西一扫帚应付了事，你说连扫地都扫不好的人，能指望他干大事和复杂的事？干事业不能此山望着那山高，要有韧劲，不轻言放弃。笨的人也有闪光点，小的产品也可做出大的价值，要真正做好一个企业，做好你的事业而不至于摔跟斗，就得把自己历练成：看到别人看不到的，想到别人想不到的，才能做到别人做不到的。"

上述说法看起来很平凡，但细细想来正是因为春光公司的员工具备了"想到别人想不到的"的创新能力和具备了"做到别人做不到的"的做事能力（执行力），才使得企业永葆发展的原动力和持续前进的良好态势。

第四节 结论与启示

一、战略聚焦"以小博大"

成本领先战略与差异战略面向全行业,在整个行业的范围内进行活动,相对来说对企业的资金、规模和成熟度要求比较高,因此对资金、规模等处于劣势的中小企业而言,聚焦战略更适宜。聚焦战略是围绕一个特定的目标市场进行密集型的生产经营活动,能够比竞争对手提供更为有效的产品与服务。企业一旦选择了目标市场,便可以通过产品差别化或成本领先的方法,形成企业的核心竞争力。就是说,采用聚焦战略的企业,基本上就是特殊的成本领先或特殊的差别化企业。他们的特殊性在于,他们主要在专营产品上建立自己的成本优势,一般这些产品难以进行标准化生产,也就不容易形成生产上的规模经济效益,因此也难以具有经验曲线的优势;在差异化方面,采用集中聚焦型战略的企业是在特定的目标市场中与实行差别化战略的公司进行竞争,而不在其他细分市场上与其竞争对手竞争。在这方面,重点集中的企业由于其市场面狭小,可以更好地了解市场和顾客,提供更好的产品与服务。

春光公司正是将企业有限的能力、资源聚焦在小产品——吸尘器软管的研发创新与制造销售上,使企业业务更专一化,能以更高的效率和更好的效果为吸尘器软管这一狭窄的细分市场服务,从而形成企业的核心竞争力,超越在较广阔范围内竞争的对手们。

二、自主创新"强品兴企"

一方面,科学技术进步越来越快,谁先采用新技术,谁就能在市场中领先,而新的关键的技术只能依靠自主创新获得。企业如果不加快自主创新步伐,就有可能被国内外的竞争对手抢先。另一方面,市场竞争越来越激烈,企业的市场竞争不只是在国内,更要在世界范围内进行较量,企业如果不进行自主创新,就难以降低成本,难以提高效率,产品难以优于竞争对手,就必然在激烈的市场竞争中被对手打败。从这个意义来说,自主创新带给企业的是"强品兴企",是竞争力的持久和发展的可持续。春光公司深谙此道,不仅建立了企业家和全体员工上下联动的自主创新激励机制,而且将大量利润用于聘请高科技人才、购买先进研发设备、建设高标准实验室等坚持进行产品的自主研发,加快研制换代产品,巩固公司的核心竞争力。

当前欧债危机持续蔓延,欧美市场需求低迷,全球范围内的贸易保护主义抬头，世界经济形势不容乐观，再加上国内面临的"用工荒"、原材料涨价等问题，使得国内广大中小制造型企业面临着"内忧外患"的严峻考验。春光公司同样经受着前所未有的考验。尽管发展步伐趋缓，增长势头没有以前强劲，但春光公司仍将坚持专注与创新，不遗余力地将"春光"打造成为在世界上拥有一席之地的民族品牌，为我国民族工业的发展做出更大的贡献。

企业家感言

春光软管陈董感言

　　奋斗与执着就是我的人生理念，也是我人生的永恒主题。人生理念虽不能决定一个人的人生道路和人生价值，但却是一个人的事业、成就和境界能达到什么样的高度的重要因素。

　　要干大事，首先要学会把小事和简单的事做好，比如扫地，虽很简单，但有的人扫得认真细致，不放过每一个角落，有的人却像老太婆画眉毛，东一扫帚西一扫帚应付了事，你说连扫地都扫不好的人，能指望他干大事和复杂的事？做任何事不能此山望着那山高，而要找准目标，不轻言放弃，使自己的专长得以淋漓尽致的发挥，才能渐臻完美，最终实现人生价值的最大化。而要真正做好一个企业，成就一番事业，就得把自己历练成"看到别人看不到的，想到别人想不到的，才能真正做到别人做不到的"。

（金华市春光橡塑软管有限公司董事长：陈正明）

第四章 今飞集团:创新铸造企业转型升级的成功

引　言

　　2008 年国际金融危机以来,受到国际国内宏观环境变化、各种综合成本上升、国家发展战略调整等因素的影响,浙江经济原有的粗放型扩张、创新能力不强、经济结构"低、散、小、弱"等问题被迅速放大。在这样的经济环境下,浙江企业面临着资源环境约束和要素价格波动的双重压力,面临着市场竞争日趋激烈和自身竞争优势弱化的双重压力,面临着保持经济平稳较快增长和维护社会稳定的双重压力。解决这些矛盾和问题,最根本的就是加快转变发展方式,推进经济转型升级。浙江企业多年来一直在努力转型升级,留下了丰富经验,概括要领:"创新驱动企业转型升级"。没有科技创新驱动的支撑,企业转型升级可以说寸步难行。

　　转型升级的路并不平坦,从浙江企业这几年企业发展状况分析,有的企业在转型升级中消失了,也有企业转型升级取得了成功,跨入了第二次腾飞时期。日益壮大的今飞集团就是选择了创新驱动转型升级的路径,并逾越了一道道困难,取得了转型升级的一次次成功。"服从、配合、敬业、创新"的企业精神是激励今飞全体员工不断创新,勇于开拓,实现腾飞的根本所在。通过工作不断创新,品质追求卓越,立足国内,拓展海外,积极参与国际市场的竞争,今飞集团实现了成为全国最大的汽车、摩托车、电动车车轮生产制造中心的目标,在汽车配件产业中做出了示范作用。正基于此,本文以今飞集团为案例,剖析它的成功经验,以供其他企业借鉴。

第一节　案例背景：今飞集团简介与发展历程

一、今飞集团简介

浙江今飞机械集团有限公司总部位于金华市开发区，始建于 1959 年，如今的今飞集团总资产 25 亿元，实现主营业务收入 35 亿元，自营出口 1.3 亿美元。银行信用等级为 AAA 级，拥有员工 5000 人，各类专业技术人员 800 多人。下属已有浙江今飞亚达轮毂有限公司、浙江今飞凯达轮毂有限公司、金华市今飞轻合金材料有限公司、金华市今飞机械科技开发有限公司、金华市飞驰摩托车销售有限公司、金华市方圆涂镀质量检测有限公司六家子公司及金华车圈厂、金华车轮厂、金华农业药械厂、机械厂、压延厂等五家分支机构。公司设有 CAD 中心、检测中心、信息中心等以产品研发、科技进步为主的省级企业技术中心，是多层次、全方位发展的企业集团。

近年来，企业通过技术改造、产品结构调整等一系列举措，已形成以汽车轮毂、摩托车轮毂和电动车车轮为主导产品，带动模具、专机制造和铝合金材料加工，保留隔膜泵、自行车车圈等部分传统产品的产业格局。企业已达到 1000 万件摩托车轮毂、500 万件汽车轮毂、300 万件电动车轮的生产规模。"今飞"牌摩托车、汽车铝合金轮毂产品规模分别列全国第二位和第五位，两大产品为新大洲本田、大长江铃木、轻骑铃木、建设雅马哈、印度百佳吉、意大利比亚乔、钱江摩托；北京奔驰、一汽轿车、神龙、海南马自达、昌河铃木、一汽夏利等知名厂家配套并相继出口到世界十几个国家和地区。"金蜂"牌机动喷雾机获中国农机博览会"名牌产品"称号，"今飞"牌铝合金车轮其产品和商标分别被认定为浙江省名牌产品和中国驰名商标。公司坚持实施可持续发展战略。面对新的市场及经济形势，公司通过不断创新、调整自我，执行"追求产品零缺陷，优化服务创品牌"的质量方针和"遵纪守法、节能降耗、预防污染、持续改进、生产优质环保产品"的环境方针，建立了完善的 ISO9001、ISO/TS16949 质量保证体系、ISO14001 环境管理体系并通过认证。还相继通过了德国 TUV 认证、美国 SFI 产品认证、日本 VIA 实验室认证、国家实验室认证。

公司自改制以来相继被评为市级优秀企业金星奖、市 50 强民营企业、金华市百佳守银行信用企业、中国科学院金华科技园骨干企业、金华市魅力企业、省"十五"技术改造优秀企业、中国汽车零部件百强企业、中国摩托车行业零部件优势企业。据国家统计局发布，企业被列入"2007 年度中国大企业集团竞争力 500 强"。2007 年被评为省级高新技术企业，2007 年度中国汽车零部件行业百强企业；2008 年被评为金华市专利示范企业、中国大企业集团竞争力 500 强、全国机械工业先进集体；2009 年被评为浙江省工业行业龙头骨干企业（146 家）、浙江省优秀企业技术中心、浙江省第一批企业研究院(13家)、浙江省最具成长力企业、浙江省清洁生产阶段性成果企业、2009年浙商全国500强第222名、中国汽车零部件车轮行业龙头企业和全国就业与社会保障先进民营企业;2010年被评为浙江省第四批创新型试点企业、浙江省优秀企业技术中心、AAA级标准化良好行为企业、国家高新技术企业。2010年获得浙江省电动车自行车协会转型升级先进单位称号。

二、今飞集团的发展历程

1998年由原来的金华县农业机械制造厂改制而来,2000年开始被列入市政府重点扶持优势企业。2003年上马汽车轮毂为今飞腾飞开创了道路。2010年,集团制定了八年发展规划,制定了企业发展的宏伟蓝图。因此,葛总在50庆典时说:"如果把98的改制比喻成企业第一次创业,2003年上马汽轮比喻成第二次创业,那么2010年我们将会迎来企业第三次创业。"回顾今飞集团这几十年的发展历程,主要经过了以下几个几段:

初创阶段(1959—1961):1959年6月1日,企业正式挂牌开工,用名为金华县农业机械厂。1961年10月,国家农机部投资扩建,厂址迁至郑岗山,主打产品是排灌水管、喷雾器、锄头、犁壁、切桑机和打稻机。

曲折阶段(1962—1979):这几年企业进行改革,精兵简政提高了生产效率。1968年10月,以本厂为主体试制联合14型手动背负喷雾器,1969年转入大批量生产。1973年7月1日,企业改名为金华县农业药械厂。1979年12月,"金蜂"商标向国家商标局注册成功。这阶段主打产品为排灌水管及汤勺、气筒、爆米花机、喷雾器和柴油机。

开拓阶段(1980—1994):这阶段企业除了生产家用产品外,在1981年6月,原来的金华县农业药械厂加挂了"金华市自行车零件厂"厂牌,与农业药械厂并列,实行两块牌子一套班子管理,从此开始生产自行车车圈。1982年1月,ZMB240型活塞式隔膜泵获一九八一年度国家农机部科技成果三等奖。1983年3月,"飞驰"商标向国家商标局注册成功。1987年,把金华市自行车零件厂改名为浙江金华车圈厂,正式挂牌。主打产品为缝纫拷边机、2安培电度表、28吋"飞驰"牌载重自行车、煤饼炉、隔膜泵、自行车车圈。

重铸阶段(1995—1998):1995年,投资3273万元上马年产45万只摩托车车轮毂技改项目。1996年成立浙江今飞机械集团有限公司,2005年9月16日,第一个全地形车车圈试制成功,2006年10月,A356铝锭配制成功。主打产品为隔膜泵、自行车车圈、摩托车轮毂、冷轧带钢。

腾飞阶段(1999—2010):在这个阶段今飞集团相继成立了金华市飞驰摩托车销售公司、浙江今飞亚达轮毂有限公司和浙江今飞凯达轮毂有限公司等,使今飞集团产业链得到了延伸,为公司进一步的发展打下了坚实的基础。这个阶段的主打产品有汽车轮毂、摩托车轮毂、电动车车轮、A356铝合金锭、自行车车圈、全地形车车圈、隔膜泵。

第二节　案例剖析:今飞集团转型升级路径及成效

一、今飞集团以创新为主题的转型升级模式

今飞集团根据国内外形势和自身的优劣势分析,提出了以技术中心为平台,以人才队伍建设为抓手,以设备创新、技术创新和节能减排为目标的转型升级模式。具体通过以下几方面措施来实施。

(一)制定转型升级的长远目标——战略规划

全面落实科学发展观,始终依靠科技进步推动企业转型升级工作全面协调可持续发展,围绕重点工程项目的实施和关键技术的攻关,着眼于建立健全以企业为主体、以市场为导向、产学研相结合的转型升级体系,优化企业科技资源配置,提升企业的自主创新能力,走新型工业化道路,促进产业结构调整和增长方式的转变,为企业发展提供有力的科技支撑。

自主创新,重点跨越,支撑发展,引领未来。加强原始创新、集成创新和引进消化吸收再创新。坚持有所为、有所不为,今飞集团制定了企业转型升级发展战略规划总体目标:面向全球汽车工业对专属装备技术水平要求不断提高的需求,立足绿色装备制造业,掌握最先进的清洁节能型设计、制造技术,设计、研发出一流生产工艺和装备,带动企业整体工艺、装备技术水平提升,推动行业技术进步。为实现这一总体战略目标,今飞转型升级工作制定了近期、中期发展规划。近期规划是围绕企业节能工艺转型升级战略,开展新生产工艺、新装备研发,引进高级人才,进一步完善人才结构。着重开展在节能降耗、铸造过程工艺技术、材料开发等领域的研究工作,基于现有研究基础,进一步提升企业节能型生产工艺创新能力,在节能降耗、减少排污等方面取得生产工艺的重大突破以及阶段性成果,积极在企业和行业内推广。中期发展规划是在完善科学、高效管理体制和以专利为主体的知识产权保护体系的基础上,进一步拓展对外交流平台,形成结构合理、拥有国际一流人才的梯队,帮助企业建立起联结上下游的,高效清洁、低耗能装备和高精度模具为前沿的技术服务平台,开展与国际技术水平同步的基础材料研究以及先进装备和生产工艺等方面的研究,围绕节能减排开展第三代战略产品配套装备、工艺的研究开发,实现全套装备、工艺技术的完全自主战略。

今飞转型升级工作除了制定总体战略目标和近期、中期发展规划外,还把规划细分为三个阶段性目标来实施。长远与近期目标的确定,具体阶段目标的划分,使今飞集团的转型升级有了明确的目标和奋斗的方向,使转型升级不再是空中楼阁。

(二)创建了自主创新平台——技术中心

转型升级离不开技术的创新,为了能具备与新工艺、新技术、新装备的开发和应用相适应的试验能力与试验手段,能整合企业转型升级资源,强化技术供给的重要保障,企业创建了技术中心,现已成为省级企业技术中心。技术中心的成立使科技成果有了转化的重要基地,技术中心也成为凝聚、培养企业工程转型升级人才的重要载体。公司的技术中心成立后充分利用现有优势基础和条件,整合企业创新资源,建立、健全产学研有机结合、科研与应用相互促进的长效机制。以提高对重点节能成形生产工艺的技术保障能力为着眼点,集中力量推广应用新工艺、新技术,积极开展关键技术攻关,开发具有独立知识产权的工艺装备,形成企业技术特色。坚持优势合作,发挥企业的主体作用,以掌握核心工艺技术、提高核心竞争力为重点,充分调动了社会力量,与高校、研究单位及相关强势企业开展多种形式的合作与技术交流。

(三)夯实了创新的基础——人才储备

在技术中心成立最初五年,坚持自主创新与产、学、研合作并行,重点发展节能减排、材料改性和车轮产品制造的转型升级能力,开展国内车轮制造相关技术的研究和开发。同时通过博士后工作站等窗口,引进高级技术人才,为企业未来发展提供足够的技术人才储备与拓展空间。至今已有高级技术人才150多人,出台了创新奖励和员工知识水平自我提升奖励等奖励办法,人才短期和长期相结合的激励政策,在福利方面为了能稳定员工队伍,制定了比市场价低得多的价格为员工集资买房等,在职业晋升方面建立了后备干部培养和替换方法,让员工有明确的职业规划。公司技术力量雄厚,员工劳动积极上进,为公司转型升级的成功打下坚实的基础。

二、今飞集团转型升级工作已取得的成效

公司2008年至2010年期间转型升级工作给企业的总体效益已经突显,在专项研发方面也同样是卓有成效的,这几年公司共有原始创新项目20项,技术改进项目24项,为公司创造了巨额利润。一是专用装备创新,公司每年研发制造各种专用装备达120余台,总共价值达4300多万元,为企业创造了2100多万元利润;二是节能减排技术创新为企业节约了成本,废铝回收处理装备的开发与应用可实现年回收铝屑3万吨,年节约原材料成本2400万元。铝水转运新工艺的运用可实现每吨降低成本230元,年降低成本1150万元(以年耗5万吨铝锭计)。煤气发生装备的开发与应用每年可为企业节约2000万元的能源成本。铝水转运新工艺项目利用铝水转运包直接将铝水转运到铸造保温炉,减少再熔化过程的能源消耗及铝材烧损。原铝替代合金锭,每吨可降低成本230元,以年消耗5万吨铝锭计,年降低成本1150万元。以熔化每吨铝锭需110公斤标准煤计,每年可节约标准煤5500吨。减少一次熔化过程的铝锭烧损约1%,年节约铝锭500吨。目前已达90%以上的铝水直接运入汽轮铸造车间,不但节约了因二次熔炼产生的电耗,而且

还大大减少了铝的烧损。每年可节约 2000 多万元的能源和原材料成本。三是模具技术创新,公司每年开发各种新型汽车铝轮模具 1400 余款,摩托车铝轮模具 600 余款,工装模具夹具 800 余套,模具总价值达 4000 多万元,为企业创造了 1000 多万元利润。四是清洁制造工艺技术,应用于汽车车轮的设计中,形成了比较完善的 CAD/CAE 实际平台,实现了车轮结构的优化设计。该项目的成功开发,使产品性能得到了提高,设计效率提高 25% 以上,材料成本节约 2%～5%,使公司累计增加产值 12.3 亿元,利税 5656.3 万元,节支 1414.4 万元。五是材料技术创新,通过在熔炼过程中添加晶粒细化剂、细化铸造组织、细化晶粒,成功研发 Al－Ti－C－Sr 四元铝合金细化剂和变质剂并应用于废铝再生熔炼,制备出 A356(ZL101A)特种轮毂专用铝合金,大大提高车轮毂材料的机械性能和抗腐蚀性能,对减少车轮毂铝材用量、降低轮毂重量具有重要意义。这项技术的成功实施,不仅填补车轮行业应用纳米材料的空白,也将促进其他如机械制造等行业的新材料应用、发展。年创产值可达 1 亿多元,年利税 1000 万元以上。六是新产品开发创新,公司每年开发各种汽车铝轮新产品 1400 余款,摩托车铝轮新产品模具 600 余款,年销售收入 73629 万元,新产品利润 9309 万元。

第三节　结论与启示

今飞集团经过几年的努力,以技术创新为主题的转型升级工作以夯实技术储备与人才储备,奠定行业技术高起点的第一阶段目标已实现,公司以占领多项技术领域的战略制高点,成为国内行业技术龙头为第二阶段目标也基本实现。公司今后将全面推进企业的更深层次的基础研究和国际前沿技术研究,并将它作为第三阶段的目标。从今飞集团成功之路可以得到以下几点启示:

一、企业转型升级要有明确的目标

今飞集团准确地把目标定位于立足绿色装备制造业,掌握最先进的清洁节能型设计、制造技术,设计、研发出一流生产工艺和装备,带动企业整体工艺、装备技术水平提升,推动行业技术进步。在这样的目标下,今飞集团把提升自主创新能力作为企业转型升级最关键的因素,尤其在装备、节能降耗方面的创新尤为重视。

二、建立或完善创新平台

坚持以企业需求为中心、以市场为导向,发挥高等院校、科研机构的研发优势,着力培育企业自身的创新能力,努力在一些关键技术、共性技术上创新,提升企业的核心竞争力。今飞集团成立的省级企业技术中心成了集聚人才、进行自主创新工作的孵化器,同时也成了科技成果转化的重要基地。因此,这个平台对企业的创新起到了一个推动作用。

三、重视创新人才的集聚

在经济结构调整和经济产业升级的过程中,科技创新给予企业的力量,在企业界和学界都达成了共识。有关创新中人才作用的研究成果较多,而且学者们都认为人的价值蕴藏在人的才能之中,人是才能的载体和杠杠。因此,自主创新的实现,最终要落实于人的创新活动之中。今飞集团以技术中心为人才的集聚地,起初通过产学研合作培养和引进人才,后来通过建立博士后流动站获得了高端人才,攻破了一些尖端技术,取得了成功。在以后的目标中对人才的重视更是显而易见,在第三阶段的目标中明确表明加大对人才发展的投入力度,加强人才资源能力建设,突出创新精神和创新能力培养,大幅度提升科技人员的整体素质。积极推动人才结构调整,充分发挥人才特长,促进人才结构与企业发展相协调,最终实现高端轮毂制造装备、高精度模具和节能成形生产工艺技术引领汽车工业技术发展潮流,将轮毂绿色装备制造技术、生产工艺转型升级发展为能够推动汽车工业节能技术水平提升的示范工程,促进并部分引领绿色汽车制造工业的发展。

企业家感言

今飞集团葛董感言

回顾50多年的艰难历程,今飞人总结出一个真谛:办法总比困难多。在今飞人面前,没有不可逾越的困难。

面对今日日益壮大的今飞,"服从、配合、敬业、创新"的企业精神是激励今飞全体员工不断创新,勇于开拓,实现腾飞的根本所在。

展望未来,"树人本理念,创百年企业"是不变的企业宗旨,我们倡导尊重人的个性,挖掘人的潜能,使今飞的发展充满和谐、激烈和朝气。今飞的明天一定更加辉煌。

(浙江今飞机械集团有限公司董事长兼总裁:葛炳灶)

第五章　双童吸管："以小博大"的行业领先者

引　言

坐落于中国小商品之都义乌的"双童"吸管公司，是一家专门从事日用吸管塑杯产品生产的企业。在短短二十年时间里，该公司战胜各种困难，超越众多竞争对手，成为全球吸管市场占有率最大的企业及国家和国际吸管行业标准制定企业，从而成为行业中的佼佼者。这一切是如何做到的？本案例通过对该公司实地调研，包括与公司董事长楼仲平先生、公司副总经理李二桥、公司办公室吴主任、公司外贸部王经理及企业员工深入交谈，查看公司文件资料和媒体报道，目的在于尽可能全面了解该公司"以小博大"的过程和路径，揭开为什么能做成全球吸管行业龙头企业的奥秘，为其他中小企业实现转型升级提供有益启示。

第一节　理论框架

吸管行业作为日用百货用品中一个细分产业，"双童"的成功是应用"市场缝隙战略"的典范。这一战略理论最初是由日本著名经济学家长岛总一郎提出。他认为，现代市场中，永远存在着市场盲点，中小企业生产经营活动是围绕着寻找市场隙缝而展开，并以新产品开发作为进入市场缝隙的手段。所以，"市场缝隙战略"就是指中小企业利用自己规模小，经营机动、灵活的特点，通过创新的产品进入那些市场容量小，大企业不注意、不愿意或不便于进入的行业进行发展的战略。

一般来说，产品利润高的市场，往往被许多企业选中。在这些市场上，中小企业由于规模、资金和技术力量等方面局限，在与同行大企业竞争中难免处于劣势。所以，在确定经营方向时，要努力避开行业大企业所关注的热点项目，选择他们易于忽视而又有一定经济效益、市场容量偏小的"缝隙"产品，充分发挥自己灵活性和适应性强的优势,拾遗补缺,精心服务于市场某个细小部分,不与大企业竞争,通过专门化的经营来占据有利的市场位置。在现代市场经济中,可以用"有限的商品,无限的市场"来形容。"双童"恰恰成功地找到了塑料吸管这一市场容量较小、单个利润较薄,大企业根本不愿意进入的行业进行深耕细作,坚持不懈,不断创新,从而在全球吸管市场牢牢占据了龙头地位。

第二节　"双童"吸管概况

一、公司概览

(一)公司基本情况介绍

双童吸管有限公司(以下简称"双童")是中国小商品城"小商品、大世界"的典型代表,创办人为楼仲平先生。公司成立于 1994 年,坐落于浙江省义乌市北苑工业区北苑路 378 号,是目前世界上最大的饮用吸管生产企业。下设义乌市双童日用品有限公司和义乌市双童进出口有限公司,是一家贸工研一体化的企业。该公司是我国为数不多的塑料一次性产品的清洁生产企业,公司总投资 1.5 亿元人民币,厂房占地面积 12000 平方米,建有 GMP(食品生产品质管制标准体系)全封闭清洁厂房 3 万多平方米,配有全自动生产线 60 余条。年生产各类塑料吸管、塑料杯和其他一次性塑料餐具计 1 万余吨、400 多亿根(只),可装 600 多个 40 英尺标准集装箱,年产值约 1.8 亿元人民币,其产量为全球吸管总产量的四分之一左右,其中产品的 80% 出口到五大洲七十余个国家,在国际市场上占有率达到四分之一左右,在全球有三万余家客户订购双童产品。

公司"双童"品牌和产品为"浙江省著名商标"及"浙江名牌产品",并在 2011 年11 月被国家工商总局认定为中国驰名商标,为国内同行业唯一的知名品牌。一个小得不能再小的吸管产品,"双童"人硬是做出了自己的特色和亮点,牢牢占据着全球吸管这个大市场。

(二)公司文化

"信誉至上、品质第一、交货及时、不断创新"是"双童"一直奉行的基本信念,"不以利小而不为"是双童一直坚持的经营理念,以"学习在先,创新在后,学创并用,活学活用,打好基础"作为公司每一个员工的行动准则,这种公司文化是推动"双童"不断进取和发展的动力和源泉,演绎了一个"聚沙成塔式"的财富积累传奇。在"双童"厂区,我们随处可见公司的标语,展示了企业形象、品牌形象和文化内涵,清晰表明企业倡导和遵循的公司文化,以此指导、规范和约束员工行为,并确立共同的目标。

(三)基本生产流程

公司所有生产过程都在 ISO9001 国际质量体系和 ISO14000 环境安全体系标准下运行和完成。所有产品均符合中国食品安全生产许可 QS 认证、欧洲"CE"安全标准和德国"TUV"食品安全标准,并取得上述标准的相关认证。生产吸管的原料名叫聚丙烯粒子(PVC),这是一种由石油提炼出来的物质。聚丙烯粒子被放进料斗经吸管挤出设备加热熔化后挤出、成型形成一条条长长的塑料中空管,然后通过另一端机器,经过冷却、切割,造型,变成一根根我们常用的吸管。目前双童公司的设备经过改造之后,每分钟产量可以达到 500 支到 600 支,而其他许多吸管制造商的设备每分钟只能生产 300 多支。产能利用率的提高,让双童的生产成本大大降低。

(四)低碳节能的生产生活设施

公司严格执行 SA8000 条款(蓝色条款),即国际公约中有关社会保障、劳动者待遇、劳工权利、劳动标准等方面规定,对职工生活进行了人性化的安排,相关进口国家人士通过实地考察后均对此表示满意。

1.配套齐全的职工宿舍和娱乐设施

公司职工宿舍,环境优雅,干净整洁。宿舍每一个单元有 2 个房间、一个独立卫生间和一个洗衣晾衣阳台,普通员工 4 人/间,基层管理人员 1/间,中高层管理人员是套间,带有厨房、卫生间、小餐厅和房间等设施,对于夫妻都在公司工作的双职工还专门配有家庭房。每个房间 24 小时提供洗澡热水,并通过纯净水制造系统供应纯净水和开水到每一个房间,彻底解决了员工生活用水问题。公司大楼九楼有一个多功能厅、一个 20 台电脑的小网吧、一个供几十人就座的图书室,集唱歌、跳舞、上网娱乐学习于一体,员工可以在这里快乐地度过休闲时光,隔壁还有一个空中花园,设有台球、乒乓球、篮球等供员工娱乐健身,另外顶楼平台还设有一个可供员工聚餐聚会用的烧烤平台,公司每月都会举行几次员工生日 PARTY 和部门聚会。平台周边种植了大量的葡萄、柚子、竹子和桂花等花卉树木,整体的环境体现出浓浓的家一般的温馨。

2.明亮宽敞的食堂

一到员工食堂,我们就看到摆放整齐有序的餐具和餐桌,食堂明亮和宽敞,职工排队用餐井然有序。伙食标准为中晚每餐四元人民币,菜二素一荤,饭可以按需取用,所有员工餐饮费用由公司全额承担。

3.低碳绿色的厂区建筑

双童公司所有建筑都按照节能、环保、美观的理念来设计,是一个名副其实的绿色工厂。如厂区道路、屋顶、绿化地等区域都有集水坑,这些集水坑每年可收集雨水 3 万吨以上,主要用于厂区内的工业冷却用水,每年可直接产生经济效益近 15 万元;公司在建设之初就设计建设了"中水回收循环系统",厂区内所有员工生活生产过程中产生的废水全部实施回收处理,处理后的中水再用于员工寝室的 200 多个洗手间的抽水马桶以及厂区绿化、道路清洗使用,每年为企业节省用水 3.5 万吨,直接节省成本近 20 万元;公司自行设计建设余热采集系统,将大部分可以收集的余热和排放的废气进行回收再处理,通过空调管道输送到各个恒温车间和职工生活区,每年可节省电热耗电 120 多万千瓦时,为企业节省耗电支出近 100 万元。利用屋顶花园式绿化系统,将车间内夏季平均气温降低 3℃~5℃,每年又可节约电费支出 10 多万元。这一系列生态和循环经济的建筑,使企业运行成本由原来的 10% 降低到现在的 8%,每年为企业节省能耗支出近 150 万元。

二、楼仲平创业经历

作为公司创办人和董事长,楼仲平先生 1965 年出生在福田(今天的义乌国际商贸城所在地)。小时候家境贫寒,共有兄弟姐妹六人,生活比较困难,小时候经常饿肚子。

14 岁时,他刚上初二。那个时候义乌人对教育非常重视,父母倾其所有供其读书。但楼仲平为饥饿所困,一心就想跟着父亲和哥哥出去干活挣钱。他不顾父母反对毅然辍学去江西上饶地区附近"鸡毛换糖",成了最后一代货郎。这个时候他每月可以为家庭赚十多元。

15~17 岁时,楼仲平利用节假日(春节,中秋节等)鸡毛换糖之余时间学习过打铁。

18 岁时,楼仲平找到了一些赚钱门路,开始摆地摊,在义乌拿一些小商品到江西街头叫卖。

3 年后,楼仲平回到义乌开始包池塘,搞养殖业。然后由于各种原因都没有赚到钱。

22 岁以后,楼仲平做过许多工作。到全国各地(除了西藏,台湾)卖义乌的各种小商品,有日用百货、牙刷、雨披、氢气球、有奖销售、电子表、打火机、计算器和二手服装等,期间十多年时间干了二十多个行当,但几乎只能混个日子,没有赚到什么钱。但这样艰苦的漂泊,一定程度上开阔了他的眼界,丰富了他的人生阅历,使他懂得了更多为人处事的道理。

漂泊日子一直持续到 1992 年,这时候楼仲平成家了,他想要安定下来,结束流浪般的生活。于是花了 2000 元在义乌(当时第四代小商品市场)集资了一个日用百货类摊位,销售塑料制品,也包括吸管。

1994 年,楼仲平夫妻在福田乡寺后盛村租用两间民房作为生产厂房,办起了吸管厂,开始了前店后小作坊式的经营模式,这就是"双童"吸管的前身。那个时候,义乌已有二三十家吸管厂,而楼仲平办的是义乌最后一批吸管厂,竞争自然很激烈。虽然工厂才起步,只有一台机器,但是楼仲平的优势在于别人办厂时他在卖吸管,现在的他已经掌握了很大一部分产品销售渠道资源,这很有利于他的工厂发展,所以在不到两年的时间里,设备增加到五台。

1995年8月,楼仲平收购了本地一家吸管厂的一套全自动吸管生产线,并正式组建了"义乌市稠州塑胶吸管厂",同时先人一步开始了商标抢注之旅。他花了2000元办理了"双童"商标注册手续,这为他公司后来的发展带来很大便利。

1996年初,公司搬迁至自建的两间厂房,并逐步租用了周边大量民房作为公司发展的生产车间。这一年企业规模急剧扩大,生产管理初步实现了规范化,技术和设备也进行了自动化更新,产品质量及品牌效应得到有效提升。

1998年,楼仲平建立了双童的动态商务网站。

2003年,公司搬到了现在所在的新厂区。

如今的楼仲平先生除了企业事务外,也拥有了多种社会职务,如中国食品接触材料标准化委员会副主任委员、义乌日用百货商会会长、金华市商标协会副会长、义乌电子商务协会副会长、义乌工商学院兼职教授、浙江师范大学行知学院兼职教授等。社会事务比较繁忙,但他依然谦虚、平和、热情。他始终认为作为一个企业主,一定需要有自己的独立思维,不能跟风,不能冲动,在决定重大事情之前都要经过周密思考和预测,因为许多事情等到你看到再去做就来不及了。办企业不难,难就难在你要能预测到今天所要做的事情,一定是3—5年之后你一定要去做的事情。否则能笑到今天,但有可能在看到明天太阳升起之前的晚上死掉。

三、公司主营业务收入及成本

吸管行业是一个典型的薄利行业。每根吸管平均销售价在8厘钱,刨除原料成本50%,劳动力成本15%～20%,设备折旧、物流等费用20%,最后的纯利润只有大约10%。也就是说,生产一根吸管只能赚8毫钱。然而楼仲平却在这样微薄的利润空间里,做成了全球老大。公司目前每天生产吸管20吨,数量在6000万根左右。

双童公司主营收入来自两方面,一是塑料吸管,二是塑料杯。目前公司有80%的营业收入来自于电子商务。

双童公司2012年劳动力工资成本大约是2600元/人。行政成本主要有养老保险,六险合一,公司要给每个员工交500元/月;还有住房公积金,公司要给每个员工交300元/月。为了节约成本,公司一切都"丝丝入扣"。晚上的电费价格低,公司就把耗电高的流水线调整到夜里生产;吸管制作工艺中需要冷却,生产线上就自行设计了自来水冷却法。当然,产品的最终质量必须是过硬的。吸管要耐热,所采用的塑料就必须符合安全标准;不同国家客户对吸管的颜色、形状有不同需求,公司就要及时创新开发。公司从高层管理者到员工都认为不精打细算就保不住微利。正因为产品不起眼,利润薄得难以想象,大企业不屑于生产,加上"缝隙战略"的坚持使"双童"反而做到了全球的最大!目前公司生产一支吸管可以赚8毫钱,一年的产值目前能达到1.8个亿,利润能达到1000多万元。双童不以利小而不为,而是以利小而有为,为追求目标,以小博大,以小创大,以小创强,以小创精,最终实现企业效益的最大化。

第三节 "双童"以小搏大的传奇历程

一、"双童"商标的注册和品牌的确立

"双童"商标的注册和品牌确立是公司发展史上第一次飞跃。

1994 年前后,吸管生产进入门槛很低。这时候楼仲平先生也同义乌当地其他几十家生产吸管的小家庭作坊一样,租了一间民房加一两台机器,雇上几个工人就开工生产吸管了。这时从家庭作坊里生产出来的产品基本上是最低端的大路货,同质化竞争的结果是大家的利润都很薄。一些管理不善的小作坊在这种竞争中做不下去了,纷纷卖掉设备转投他业。

一个历史性的机遇在 1995 年 8 月出现。楼仲平在收购了本地一家吸管厂的一套全自动吸管生产线后,正式组建了"义乌市稠州塑胶吸管厂"。这时细心的他发现所有市场上卖的吸管都在包装上印上一男一女两个儿童的头像,没有这种标志的吸管就卖不出去。楼仲平马上到工商局去查询,结果没有人注册过这个商标,他当机立断把这个商标注册下来。这件事大大推动了楼仲平和他的双童吸管走上品牌之路,他终于明白有了自己的商标在激烈市场竞中的优势。楼仲平先人一步开始了他的商标抢注之旅。他当时花了 2000 元办理了商标注册手续,并望图生义取名为"双童"。这次商标注册事件在公司发展史上具有里程碑式的意义。

经过一番努力和等待,1998 年初,楼仲平终于拿到了"双童"商标注册证书。从那一天起,一男一女两个吹着吸管的可爱儿童,成为"双童"公司独家拥有的招牌形象,并为它赢得了大量订单。也是在这一年,美国沃尔玛超市集团的供货商第一个向"双童"公司伸出了橄榄枝。在美国沃尔玛之后,欧洲最大的超市特易购和美国第二大超市凯马特,以及上海联华超市等零售巨头也纷纷向双童公司发来巨额订单。尝到甜头的楼仲平,对商标更为重视,在随后几年内,双童公司共注册了 96 个国内外商标。一系列的注册商标,大大提升了公司的市场形象,为不断提高市场占有率打下良好基础。

二、成为吸管行业标准制定者

成为吸管行业标准制定者是公司发展史上的第二次升级。

吸管要上沃尔玛、特易购、凯马特、联华的货架,必须要有条形码和标准号。这一客观要求又促使双童公司开始了《聚丙烯饮用吸管》企业标准的制定工作,这其实又是双童发展史上出现的另一重大机遇,楼总又把它敏锐地抓住了。

1998 年底双童公司开始编制《聚丙烯饮用吸管》的企业产品标准,2000 年又以

企业产品标准为依据起草并制定了公司用于内部质量控制的《产品检验规程》,并于 2000 年底建立了 ISO9001 质量体系并在次年通过认证。每一个标准都是后来者的门槛,一系列门槛连起来,不仅排除了小作坊跟风的可能,也极大地压缩了大资本追投的空间。

1998 年,一手拿着沃尔玛、特易购、凯马特和上海联华等超市的巨额订单,一手拿着自己填写、盖着技术监督局大印的吸管行业标准,楼仲平做大的前提有了。而这一年,又赶上发展的天赐良机,东南亚金融危机导致原材料涨价,许多没有抗风险能力、没有自己品牌的吸管企业纷纷倒下。手握巨额订单的双童吸管则借机走出乡下民房,兼并了一连串比它大得多的企业。仅 1998 年,双童公司就收购了 16 家当地吸管生产企业,为公司进一步做大做强打下了坚实的基础。

2006 年 9 月,12 月又着手率先制定起草通过了《聚丙烯饮用吸管》的行业协会标准。随后又提交了国家标准起草的立项报告申请。2008 年 11 月 14 日,双童公司申请起草编制的《聚丙烯饮用吸管》国家标准通过审批,正式成为国家吸管行业标准制定者。2012 年 6 月,"双童吸管"更进一步成为金华市首家承担起草编制国际吸管标准的企业。该年的 9 月 16 日至 21 日,由"双童吸管"代表中国企业主持起草的《食品用塑料吸管》国际标准第一次分组会议在西班牙巴塞罗那召开,到会的委员审议并原则通过了由"双童吸管"提交的标准文案草稿,这就意味着指导全球吸管行业生产、验收、交付和评判依据的国际标准条文全部出自于双童吸管,为以后中国吸管行业的持续发展掌握了规则主动权。2014 年 9 月,好消息传来,在夏威夷召开的 ISO 国际标准会议上,《聚丙烯饮用吸管》终于通过各国专家的严格审核,将正式定稿成为吸管行业的国际标准。这是第一个由中国民营企业制定的行业国际标准,也是双童发展史上一个新的里程碑。

三、适时兼并实现跨越式发展

一个有意思的事情是,在楼仲平之前义乌已有二三十余家生产吸管的小企业,而楼总的吸管厂是义乌最后一批进入吸管行业的工厂。然而,面对在这一细小市场的激烈竞争,楼仲平能够审时度势,把握宏观经济形势的变化,通过适时的兼并使公司规模迅速扩大。其中第一次非常成功的兼并发生在 1998 年,当年的东南亚金融危机导致原材料涨价,许多没有抗风险能力的吸管企业纷纷倒下。而手握巨额订单的双童吸管则借机走出乡下民房,兼并了一连串比它大得多的企业。仅 1998 年一年时间,双童公司就一口气收购了 16 家当地吸管生产企业,为公司进一步做大做强打下了坚实基础。而在 2008 年的全球性金融危机中,"双童"变不利为有利,利用别的同行企业在金融危机中纷纷难以为继的机会,又一次利用自己的技术和标准优势,以相对较低的价格兼并了十余家当地的吸管企业,完成了公司的第二次并购,从而实现了跨越性的发展。

然而,正当所有人都以为双童吸管公司会继续滚雪球时,楼仲平却果断停止兼并。他的想法是:我们兼并的时候,对手也在兼并。一番并购之后,义乌的三十多家吸管企业已经浓缩到了三家。这个时候,就应该反其道而行之。一个地区要形成一个优势行业不能只有一家企业,就好像一处好风景必须有山有水。双童如果把持高端,还必须有人把持中端与低端,这样才能构成稳固的产业基地,对外部竞争力构成全方位的门槛。

在义乌之前,广东原来是国内国际吸管的产业基地,但众多厂家没有明确的定位,无序竞争,最后使广东慢慢失去了市场,这就是一个很大的教训。

经过重新洗牌之后,今天的义乌吸管行业只剩下三家大企业。排在第一的是占据高端和部分中端产品市场的双童吸管;其次是占据中端市场和部分低端市场的蒙特牌吸管和佳燕牌吸管。

这三家如今都是全球吸管行业的大鳄。

四、电子商务使"双童"走向世界

在 1998 年之前,双童公司的主要市场还是在国内。1999 年以后,中国电子商务发展的浪潮掀起,各种电子商务形态突飞猛进。1999 年 11 月,B2B 模式的阿里巴巴网在杭州上线。继阿里巴巴之后,中国的其他 B2B 网站也在蓬勃发展,但当时的情况是很多公司不屑于网络营销或根本没有注意到这一新兴的营销工具。楼总以自己对新事物的敏感,捕捉到网络可能带来的巨大商机,先人一步地利用各种搜索引擎,把小小的吸管通过互联网寻找到了大量的国内外潜在客户。更难能可贵的是,双童还很早就注册了电子商务网站会员的身份,是阿里巴巴的第一批会员,并以此身份向全世界推销小小的吸管。这一举措使公司一举实现了由内贸向外贸的重大转型,使双童吸管从此走向世界,并逐步成为吸管行业全球龙头企业。

从 1999 年到 2003 年的四年间,双童不断通过各种电子商务网站,免费发布商务信息,积累了 3000 多家主要由国外客商组成的客户资源,极大减轻了公司过去对小商品市场和超市巨头的依赖。几年间,电子商务实现的业务增长总量占公司新业务增长总量的 80% 以上,其中外贸订单的增长尤为明显。

2003 年"非典"爆发,人们减少外出商务活动,这时电子商务迎来历史性的发展机遇,B2C 网站销售额直线上升,阿里巴巴更是乘势而上。2003 年,双童成为阿里巴巴"诚信通"会员,主打国内市场,后来又加盟"中国供应商"高级会员,力拓海外市场。2004 年,双童又与阿里巴巴旗下淘宝网及其他网络开展广告应用项目合作。之后的几年,双童公司国外询价的 70% 都是通过阿里巴巴完成的。但是,楼仲平为了防止过于依赖阿里巴巴及沃尔玛等连锁巨头并且利润率过低的问题,他布置实施了小订单策略:每个客户的订货数量不允许超过公司年产量的 3%,否则宁愿放弃。

双童对电子商务如此敏感和热衷,与楼总本人是一个对新事物有着极强的好奇心和敏感性的人分不开。早在 1995 年,他就花了 1.3 万元着手买了一台当时最先进的486电脑,虽然他刚开始不是很懂,但是渐渐地通过自学摸索,终于成了一个电脑通和网络迷。他曾经这样说道:"我上网很早的,网络在中国还是新生事物的时候,我就想把吸管放到网上卖了,我用吸管把世界都'吸'进来了。"靠着网络巨大的信息传播功能,他的吸管一下子推销到了全世界。这一方面,楼总确实是电子商务的先行者和机遇把握者,给他的企业走向世界带来不可估量的影响。

电子商务的引进,还给公司的各个方面都带来了深刻变化。

(一)经营思路上的变化

以前,所谓的做生意是面对面、人与人、物与货币之间的交易,不存在"虚拟"的概念。而今,利用虚拟网络,真正做到不出国门就可以方便地做全世界的生意。

(二)经营模式上的改变

以前是电话、传真的时代,现在是电脑、网络的时代。网络模式的便捷性、广泛性、影响性都是传统模式所不可比拟的。从传统模式转化为虚拟的经营运作,只要你守住电脑、守住网络,不再需要人见人、人见物、人见钞票,一切都不见,照样可以做生意。

(三)在生产、财务和企业管理方面的改变

双童对电子商务的运用细化到每一个角落,降低了经营成本,提高了工作效率。该公司的局域网覆盖了每一个车间和班组,文件的上传下达可以无纸化传输;订单可以直接下到终端的车间里,既方便又不会出错,使企业运作更有效率,一环紧扣一环,做到了精益制造。

由于公司从一开始就高度重视网络的作用,现在在任何一个网络都能搜索到该公司的名称。著名的阿里巴巴、淘宝网也和该公司合作,公司的网页也是十分精美,公司业务员从来不出去跑业务,都是客户主动通过因特网跟公司联系。2011年,公司的订单中有90%以上来自于网络。而这一切成果的取得都得益于两个字——先机。守着一个商铺,不如守着一台电脑。商场、店铺再好,也不如网络大市场好。楼总又是最早用微博的一批人,除了他本人,公司还有专门的微博"官"在管理双童的微博。

通过以上的升级举措和过程,"双童"实现了由小作坊向全球最大吸管公司的华丽转型。

第四节 "双童"以小搏大的成功启示

一、持续的创新是双童不断升级的保证

只要走到位于义乌国际商贸城四区日用百货经营区的双童直销旗舰店,各种

造型的艺术吸管，载有风车的玩具吸管，帮助小孩吃药的功能吸管，以及可单吸也可共吸的爱心情侣吸管，都能吸引我们的眼球。也许不久，你还能找到用来吃水果的强力吸管，做眼镜框、自行车的艺术吸管，能测温变色的多功能吸管，以及能看到小宇宙的高科技吸管。在这里，吸管与颠覆这个词搭配了起来。

双童公司之所以在吸管这一"缝隙"市场能够不断做大做强，最重要的就是20年来的产业定位明确和不断的技术创新，引领着这一市场的消费潮流。楼总说，2008年的金融危机标志着市场经济从量变到质变的转变。以前的企业很多是不小心做大的，主要有两方面的原因：一是得益于改革开放，二是当时大多数产品供不应求所导致的粗放型生产这一产业发展状况。只要有产品生产，就不愁没有销路。但是现在市场经济正在逐步完善，要做成"百年企业"，就要提高产品的附加值。而提高附加值的根本出路在于不断的推陈出新。双童公司是这样说，也是这样做的。

首先为适应国际市场对绿色环保产品的需求，进一步扩大国际市场占有率，"双童"公司在2006年就花重金大力研发可降解绿色环保吸管的基质材料。到2008年，公司已经研制成功并生产这种可降解的聚乳酸（PLA）生物质吸管，国际市场前景良好，公司正在把这一产品作为推向国际市场的主打产品来经营。聚乳酸材料是一种同时具有生物相容性和生物可分解性的新型材料，因此在全球所有的可分解性塑料中占有大概42%的市场。用这种原材料做的吸管，在物理性质和使用性能上和一般的吸管并无二致，但是在质地上更加符合环保要求。

由于该原料（聚乳酸）可以进行生物降解，降解后变成水和二氧化碳，排放在环境中，对环境基本不产生伤害，因而受到市场的普遍欢迎。其受到环境中的微生物分解起作用时分为三个阶段：45天左右裂解，90天左右分解，120天左右化解。

2006年，公司申报的可降解吸管项目作为国家科技部项目立项，2009年，该材料研制成功并通过验收。在这以后公司在保证产品使用特征不变的前提下，使用该材料开发了各种花色和品种的系列吸管，如情侣吸管、喂药吸管等，吸管产品的各种物理性能逐渐得到提高，其外观和使用功能等方面与传统聚丙烯材料生产的吸管十分接近，不仅具备良好的光泽性和透明度，更兼有安全、卫生、抗菌等优点。

聚乳酸吸管的材料来源为各种植物的淀粉，这种材料天然、无毒，透气性高，可直接与食物接触。就算盛装含有酸性、酒精成分的食材，也不会释放任何危害人体的物质。使用任何废弃物处理方式（如掩埋、回收、堆肥）皆不致对环境造成任何影响，丢弃后，经堆肥环境及掩埋处理可经由微生物100%分解。这种材料基质来源十分广泛，在原油价格上涨，石油储存量逐步衰竭的环境下，除具有十分重大的环境保护优势外，也同时具有十分明显的社会效益，并可望在不远的将来逐步替代传统的聚丙烯饮用吸管。

尽管目前这种吸管的材料聚乳酸价格高于普通吸管材料聚丙烯三倍，如普通聚丙烯吸管只要一分钱，而聚乳酸生物质可降解吸管要4～5分钱，比一般吸管价格要高出三五倍。但随着人们环保意识的增加,合成这种材料的技术手段也在提升,再加上石油化工产品的价格逐年提高,两者之间的差价会越来越小,生物质可降解吸管的潜力和竞争力必定会逐年加大。随着公民环保意识的提升,该产品将会占领越来越大的市场份额。目前该公司在对发达国家的出口中,这种吸管的份额正在呈现上升的趋势。

从 2010 年开始,双童公司专注于创新,在三个方向上不断对吸管进行创新和拓展。一是情趣化,让没有生命力的吸管导入情感功能,作为情感交流的工具,最有代表的就是情侣吸管;二是功能拓展,如小孩吃药是个难题,这么多年也没有什么工具可以帮助解决这个问题,公司就发明了哈哈吸管,吸管中间有个"溶解腔",可以在腔内放入药粉和糖块,这样小儿一边玩一边吃,小朋友就不怕吃药了,母亲捏着鼻子喂药的难题就解决了;三是娱乐化,通过设计,让吸管变成玩具,有卡通人物,有风车,还有吸起来会发声发光的,让孩子们爱上喝水。在创新中非常注重人性化和细节的处理,如公司开始设计的"爱心吸管",其一个接口是一颗心的"Y"型,做出来后却发现两人喝饮料不大卫生,于是又想办法改进,在口子上加了类似"止回阀"一样的东西,液体被吸上来后,就不会回流,从而避免了两者之间的细菌交叉感染。

目前,"双童"有这种叫作奇异吸管的新品种 30 多种,公司已成为全球创新能力最强的吸管生产基地。

二、高超的市场营销策略是成为强者的手段

"双童"公司产业定位准确,转型迅速,对市场的需求变化掌握到位,抓住了一个个很好的机遇。现在公司出口订单的处理原则,一般只接小订单,不接大订单。超过总产能 3% 以上的订单不接,非 35% 以上毛利的订单不接。即使是沃尔玛、特易购等全球零售业的老大来下订单都不例外。但是也接价格合理的出口大急单,或是有合理利润的长期订单。通过这种方式,"双童"有效地避免了对某些国外大公司的依赖,反过来"双童"却掌握了全球吸管市场一定程度的定价权。同时有效避免了小商品容易陷入的低价竞争陷阱,保证了公司的盈利水平。

三、坚持如一做吸管是成为行业最强的根本

"双童"在发展道路上会受到各种各样的诱惑。如房地产热时,许多企业都在多元化的驱动下纷纷进入房地产开发,IT 热时,许多企业又是做手机、又是做电脑。多元化当然是企业发展的一种手段,但"双童"在经营过程中学会了放弃,这一点是最为难得的,也是很重要的经验。在二十年的创业经营中始终坚持专业化,不为各种诱惑所左右。在二十年的经营过程中,始终没有头脑发热,觉得自己什么都行。所以"双童"在 2005 年之后就明确不再扩大产能,把战略目标从量变转为质变,致力于做强做精做细,致力于掌握行业的话语权,到了 2008 年公司独家完成了

《聚丙烯饮用吸管》国家行业标准编制,并通过五年努力向瑞士 ISO 国际标准化组织争取到了《塑料食品用吸管》国际标准的起草和编制任务,从而使自己掌握了行业的话语权,掌握了驾驭市场的主动性。

公司近五年来,在社会资源投入不变的前提下,在没有增加一寸土地、没有增加厂房面积,没有增加生产线的情况下实现了产值增长 2.5 倍,税收和效益以每年 15% 以上的速度增长,"双童"用一根吸管创造了义乌平均工业单位亩产值十多倍的单位产出,为国家节省了大量的宝贵资源,为社会减少了大量废物排放,实现了企业、员工和社会的和谐发展,为中国中小企业探索出一条绿色环保可持续发展的康庄大道。

公司近三年来在保持出口市场稳固的前提下大力拓展国内中高端市场的份额。目前公司在国内中高端吸管市场的占有份额逐年提升,国内大部分商超货架的饮用吸管一大半为双童据有。国外市场上逐渐退出中东、非洲、南美和美国等中低端市场,日本、欧盟等发达经济体的出口比例逐年增加。

双童在全球各地拥有一万多家比较稳定的客户,中低端市场占有率逐年退出并降低,中高端市场和创新产品的市场销售占有率稳步提升。在取得良好的经济效益后,员工的工资也从 2008 年之前的 1600~1800 元提高到现在的 3000 元以上。企业表现出了良好的成长性。

第五节 公司前景展望

尽管双童已是吸管行业的佼佼者,但我们从同楼总的交谈当中依然可以强烈地感受到他的忧患意识,对企业面临的困难和威胁也有清醒的认识。他的分析相当精准到位,他认为当前双童面临的竞争环境仍然非常激烈:如在国际市场上东南亚国家和第三世界国家的竞争参与,中国企业的价格优势渐失,国际市场存在很大的不确定性;而在国内市场,小企业乱局产生无序竞争,低端产品市场渐失,竞争加剧,行业产能过大,常规产品已现无序竞争;品牌溢价有限,产品毛利无法有效提升;在产业环境方面,环境压力加大,许多产业国家扶持政策渐失,宏观环境逐渐恶劣,出口退税渐无,企业负担加剧;在社会环境方面,国家发展受通胀或滞胀所限,从宏观上已不能大幅对中小企业进行各项扶持,税收利息汇率等要素将朝着不利于中小企业发展的方向发展。从企业角度分析,在产品要素上,现有产品的结构差异化太少,产品无特色,同质化竞争加剧,产品结构不能满足企业盈利需求;在资源要素上,价格约束凸现,原材料价格必将不断提升,运输成本占比加大,利润空间受到不断挤压;在人工要素上,人工成本逐年提升,员工工资大幅增长,社会养老保险、企业文化建设等福利性成本剧增;在管理要素上,主要管理团队随着工龄增长对工薪期望逐年加大,管理成本占比随企业发展而逐年增加;在文化要素上,成熟企业的悠闲氛围容易导致萎靡不振而虚度时日,精细化管理的负面效应却是成本居高不下。楼总认为面对这些问题,双童的转型升级之路必须要一直走下去,如果哪一天公司认为满足了,不再需要升级了,那么企业的下坡路就开始了。

对于未来的五年,为对付全球经济衰退带来的吸管市场萎缩,双童的工作重心将放在挖掘国内吸管市场的潜力。将一部分产能转移到国内市场,不仅能减少贸易摩擦,还可以有效地降低企业的出口依存度。而同时兼顾两个市场可以使企业在发展中游刃有余,灵活地寻找生存的市场空间。通过两个市场的互补可以实现快速的战略转移,实现"东方不亮西方亮"的战略目标,从"一条腿"变成"两条腿"走路,在商务谈判中可以处于主动的地位。

在管理模式上,双童将更加重视创新。公司已把创新看作是企业第一要务,大力培育引进技术人才,组建创新团队,与大专院校合作研发;优先支持研发经费,成立项目研发车间,关键设备自行研发,先进设备外部引进;鼓励全员参与创新,创新项目独立核算,项目利润提成奖励,重奖贡献突出人员,争取再造一个新"双童"。

在发展定位上,双童吸管将坚定专注于吸管行业,在做好本业的前提下深耕拓展,追求执着,不多元,不浮躁,抗拒诱惑,做吸管行业的百年老店。努力实现从全球最大到全球最强的转变,从普通制造企业向高科技创新企业的转变,做全球吸管行业的第一品牌;做一家在吸管行业拥有自主知识产权,有影响、受尊重、可持续发展,掌握行业话语权的规模企业。

企业家感言

双童吸管楼董感言

　　2014年9月,"双童"迎来了成立二十周年的庆典活动。我们没有安排宏大的喜庆场面,也没有邀请更多的社会名流,而是分五个批次,每批邀请20多家各区域的经销商与我们中高管理层一起,在双童的九楼阁进行了充分的沟通和畅谈。因为我们意识到双童20年过来,值得庆幸的不是以往取得的成绩,而是能够又一次站在了新的起点。

　　人的一生通常是很难规划的,但可以在经历后不断修正并提升。我在经营"双童"吸管前已经历过漫长的创业和选择,初出茅庐的我一路蛮闯、蛮干,15年时间干了20多个行当,最后还是一事无成,表面看是因为生活所迫而四处奔波,实际是不够专注而没有坚持,过多的选择和不断的放弃,不懂得春天播种需要秋天才能收获,结果当然是再多的机会也会白白错过。

　　经历过这么多年的挫折后,我学会了专注和坚守,抛弃了一夜暴富的急功近利,减少了唯利是图的投机心态,改变了以往做"生意"的创业方式,转而以做"事业"的心态去经营"一根吸管",因为我理解了"生意"是临时的,而"事业"却可以永恒。我坚信十四亿人口的中国,制造业是国家的命脉,是社会财富的真正创造者,"双童"将在新的起点上不断追寻新的高度,通过我们不断的努力、进取和创新,遵循"以小博大,成就另一种高度"的企业宗旨,把这根小小吸管做到极致,做到百年。

（双童吸管有限公司董事长:楼仲平）

第六章 红五环集团：以专用性人力资本打造企业核心竞争力

引 言

国家之间竞争力的差距主要体现在人力资本和专用性技能基础上的创新能力，可以说，知识和技能的应用决定了国家的生产力水平和产业的竞争力，也决定了企业的绩效水平。随着改革开放的深入，我国原有的基于廉价劳动力或原材料的比较优势正在逐渐丧失，要保持我国在全球角逐中的相对领先地位，必须发展具有递增效应和累积效应的基于知识的相关产业，这种产业的竞争优势很大程度上取决于企业雇员的人力资本和技能水平。红五环集团所在的机械装备制造业，正是这样一个产业，作为一个国家工业的基础，机械装备制造业具有极高的带动效应，其现代化水平直接反映了一国工业的发展水平，直接影响了国民经济的发展进程。几十年的大跨越，让我国的机械装备制造业在世界占有了一席之地，但是从产业竞争的角度来看，还是存在较大的差距：低水平产能比重过大、高端产品市场为外资企业所掌控；企业规模小而且分散，产业集中度低；企业科技创新能力不强，没有掌控核心技术、关键技术的自主知识产权；企业科研经费投入不足，研发力量薄弱等。振兴和发展机械装备制造业，提高产业竞争力，已经成为当前我国制造业发展，甚至可以说是改革成功所迫切需要解决的重点课题。而这一课题的解决，依赖于单个企业竞争力水平的提升和转型升级。本文拟以红五环集团为例，分析在企业的发展过程中，如何使用和激励专用性人力资本来提升企业绩效，壮大企业规模，从而最终为提升产业的竞争力打下了坚实的微观基础。

第一节 理论框架：专用性人力资本与企业竞争力

过去 60 年来，企业组织已发生了巨大的变化，其中，人力资本相对于非人力资本的重要性上升尤为显著，企业绩效的增长对于人力资本的依赖大大强于资本和土地等非人力资本。对于中国的制造业来说,低劳动力成本优势因人口结构改变而消失后,企业竞争力的来源必须有相应的转变。

关于企业核心能力的概念是美国经济学家哈默尔和普拉哈拉得在管理界的权威杂志《哈佛商业评论》(Harvard Business Review,简称 HBR)上提出来的,是指"组织中的积累性学识,特别是关于如何协调不同生产技能和有机结合多种技术流的学识"。巴顿在《企业的核心能力》一书中明确提出其"核心竞争能力是企业特有的且不易交易的企业竞争优势,表现形态为企业专有知识和信息体系",此定义强调了企业的核心能力蕴涵于企业的知识层面上,该观点主要包含四个维度:(1)企业的技术维度,即雇员运用企业知识系统所产生的核心技术;(2)雇员自身所特有的学习知识与企业文化价值观的能力;(3)企业的组织管理、制度安排维度;(4)企业特有的核心价值维度。该观点强调知识对于企业核心能力的基础性构建作用。我国学者胡玉成(2010)等认为企业文化建设是企业核心能力培育与提升的关键指标,认为"企业文化"能提升"企业人才资产",最终外显为企业竞争力的提升。

企业核心能力作为组织持续性竞争优势的先决因素,已得到理论界广大学者的赞同,要打造与提升企业的核心能力,就必须考虑核心能力提升的"可持续性",需要透过知识体系的持续性来发掘和发挥"人"对企业核心能力的作用,也就是说,人力资本是企业获得"持续性"竞争优势的基础,也是企业核心能力打造与提升的"着力点"。这种专用于企业或者行业的人力资本,也就是本文准备讨论的专用性人力资本。企业的本质就是各种人力资本专用性投资的关系网络,人力资本专用性投资的强度和密度将成为一个组织效率的关键。专用性人力资本是构筑企业核心能力特征的各项特质,如异质性、非模仿性和难以替代性的基础。

企业视角的研究指出,人力资本是企业的关键资源,拥有技能、知识和能力的人可为企业创造价值;企业旨在增加雇员技能、知识和能力的投资有利于提高企业生产力和增进企业绩效(Rumberger,1987);Pfeffer(1994)更进一步提出,希望在竞争环境下成功的企业,必须进行适当的人力资源投资来获取和保留比竞争对手更出色的人才。相关的实证研究发现,人力资本质量能显著地解释企业间生产力的差异,对企业增强回报和增加运营规模的能力也有显著影响(Majumdar,1998)。人力资本是组织生产力的决定要素,人力资本通过各种途径给企业创造了价值,最明显的是企业在通过价值链创造最终产品附加价值的过程中,人力资本与各种投入品相结合转化为最终产品,从而提高了产品的附加价值(Wright,1994)。杨晓亮(2010)指出,专用性人力资本是员工具有的某种与其所在企业息息相关的专业技术、工作技巧或特定信息,而对外部企业无效用。从专用性人力资本来源看,它是雇员在某企业工作中,通过学习和积累一定的知识产生的,是"干中学"所产生的副产品。

人力资本被区分为两大类:通用性人力资本与专用性人力资本。但是,关于通用性与专用性的区分,并不仅仅依赖于人力资本的类型或其本身的特点,它在很大程度上还将依赖于市场环境和制度结构。由于劳动力市场上交易成本的存在，企业之间关于雇员的人力资本和技能存在信息不对称，使得所有类型的劳动力都难以充分流动，或者在流动过程中其工资都可能被扭曲或挤压，这时雇员的人力资本实际上已经"专用化"了，此时，人力资本也可以在一定程度上被视为是企业专用性的（Acemoglu & Pischke，1999），真正意义上的"通用性人力资本"是不存在的。

第二节　案例背景

红五环集团前身创建于 1997 年，是以红五环集团股份有限公司为母公司组建的企业集团。1997 年 4 月，从国有企业下岗后的苏勇强，筹措了 280 万元资金，用其中的 180 万元收购了康迪制罐厂的闲置资产，更名为红五环科工贸有限公司，开始生产、经营凿岩机组。公司第一次全体职工大会，只有 3 名员工参加，一个门卫，一个搬运工，一个经理，经理苏勇强对两位员工说了自己的办厂理念：传统的企业生产经营方式是科技开发、生产营销两头小，生产管理中间大，像"橄榄型"，而我们要强化技术创新和市场营销这两头，变"橄榄型"为"哑铃型"，公司按照哑铃型企业组织模式来构建企业，精力主要放在灵敏收集市场信息为基础的市场营销和以"借脑发展"为基础的产品研制上，在零部件的制造生产方面，采用全部配件扩散到有实力的协作企业加工生产的方法，公司通过产品图纸和订单采购配件，然后按市场需求信息组装成品。公司科研所聘用高级工程师、工程师 5 人，按市场反馈的信息改进产品，生产能力形成很快，公司成立两年后就形成两大系列 10 多个品种。销售方面，企业创始人既当经理又同时担任销售人员，秉着艰苦奋斗的精神，建立起了全国范围内 210 家专卖店的销售协作网。

实践证明，哑铃型企业组织模式在机械装备行业是一种行之有效的企业组织形式，在红五环公司取得了卓越的成效。目前，红五环公司拥有八大系列 400 多种产品，具备了年产 20 万台套通用机械、工程机械、掘进机械、动力机械、矿山机械的生产能力。公司被列为浙江省机械工业重点企业，浙江省 100 个市场占有率居全国第一，成为有竞争力的拳头产品的生产企业之一。2003 年，红五环技术中心被认定为"浙江省企业技术中心"。"红五环"商标被评为"浙江省著名商标"。2005 年，"红五环"系列产品被认定为"浙江名牌产品"。2008 年，公司新一代产品——螺杆空气压缩机集成技术的确定与应用被列入"浙江 2008 年第二批重大科技专项和优先主题计划项目"。2009 年，集团公司荣获"浙商创新奖"，被省科技厅评为"高新技术企业"。2012 年，"红五环"商标被国家工商行政管理总局认定为"驰名商标"。下面的数据可以充分说明红五环集团的发展成果。

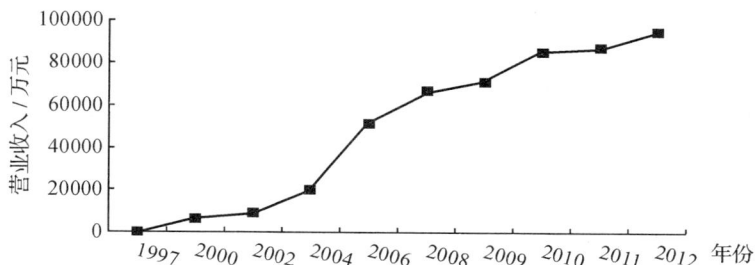

图 6-1　1997—2012 年红五环营业收入

从图中可以看到，红五环公司从 1997 年创办以来，企业营业收入增长速度非常快，从创立时的 247 万元，到 2012 年增长为 95105 万元，15 年间产值增长了近380 倍，属于典型的跨越式发展。从企业的社会贡献来看，16 年间，工资总额从 12万元增长到 2012 年的 6000 万元，税收总额则从 1 万元增长到 3789 万元，远远高于企业利润的增长速度，作为一个私营企业，这样的表现难能可贵，体现了一个企业对社会和国家的回报。

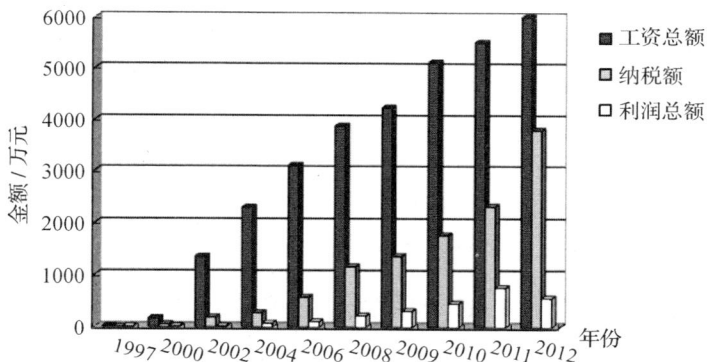

图 6-2　1997—2012 年红五环工资总额、纳税额、利润总额

在 16 年的发展过程中，红五环创造了人均年产值相当于同业最高水平 20倍的业绩，当一个企业的表现超出该产业的平均水平，就可以说它具有竞争优势（Besanko，Dranove，Shanley，1999），因此，可以认为，红五环集团在机械装备制造业已经具有了一定的竞争优势。纵观红五环集团 16 年的发展历程，不难发现，哑铃型企业组织模式奠定了企业发展的基础，而举起这只哑铃的最有力的手，则是企业对专用性人力资本的充分投资和应用。公司从最初的 3 名员工发展到今天的 1050 名员工、217 名研发人员，从一名销售经理发展到 1500 余家经销商、200 多名销售经理，从零星几件产品发展到 8 大系列 400 多种产品，成功实现了转型升级。

第三节 案例剖析:专用性人力资本的作用

一、企业领导者的专业化人力资本

公司创始人、当年已经 43 岁的苏勇强,原是一家国营矿山设备生产企业的职工,曾从事矿山机械生产、经营工作 27 年,下岗前曾历任企业基层职工、车间主任、销售人员和经营厂长,对矿山机械业的生产技术、生产环节、市场销售情况等积累了丰富的经验。1997 年 4 月,苏勇强下岗后,萌发了利用衢州市开发区内部分企业的闲置资产,兴办矿山设备生产企业的念头。长期的机械设备行业的从业经验,令企业领导者在企业的组织模式决策、生产决策、市场营销决策方面具有专业化水平,在创业之初就采取了哑铃型组织方式,重营销,重产品创新,而零配件生产则充分利用衢州机械加工行业能工巧匠多、机械生产厂家多,企业"吃不饱没活干"在状态,构建分工协作的供货网络,既避免了企业创业初期大量的资本投入,迅速的形成了生产能力,同时也使企业避免了我国机械行业源自计划经济时期重生产轻市场的传统,加强了企业生产和销售的灵活性和适应性。长期的行业经历还使企业创始人对专用性人力资本有较强的辨识能力和关系网络,企业在创办之初,充分利用了衢州地区大量机械类下岗工人的专业技能,聘请了多名机械专业类科研人员,这都依赖于企业创始人对行业的熟悉程度。

二、以企业文化为核心的专用性人力资本的养成

人力资本是体现于企业员工身上的知识、技能和能力的综合,人力资本中很大部分是隐性的,具有社会复杂性,例如经验和技能、创新力等,员工需要激励才能使他们的技能和知识得以开发和利用,而企业文化的核心是价值观,它不仅体现在企业的管理制度和企业的经营实践中,更重要的是企业文化必须得到企业成员的广泛认同,内化为员工的价值观和行为规则,并对员工的行为起到基础的规范和激励作用,使企业的主要成员产生使命感,增强员工的工作积极性、主动性和凝聚力,激发员工的士气、斗志和创造力。可以说,企业文化必然内化为员工的人力资本,员工人力资本的企业专用性也体现为对企业文化的认同和依随。"一个优秀的企业,支撑它长远发展的,不是钱,不是产品,也不是人才,而是企业文化。"

红五环在发展历程中强调了企业文化的构建,企业花大力气,以民兵连建设为平台,以"天路行"为标志构建企业文化,"红五环的企业文化就是'做人'和'做事',做高尚的人,做专业的事,高尚和专注这两种品质在军人身上可以说达到了极致。"红五环以"民兵连"为建设平台,从建章立制入手,狠抓企业的内部管理,把部队先

进的管理理念引入企业，逐步实现了公司经营管理的制度化、规范化、标准化和军事化，使企业在管理水平、人员素质等方面有了飞跃性的进步。红五环"天路行"以读万卷书、行万里路为思想指导，每年组织企业员工车队，开车走"天路"，翻越唐古拉山。2002—2012(11 年间)，6 次大规模行天路，红五环已有 700 多人翻越海拔5231 米的唐古拉山，"天路行"活动起到了锻炼队伍、净化心灵、磨炼意志、团队沟通、感受竞争、倾听市场、服务用户、考察形势的综合作用。

三、以专家的人力资本为基础的团队生产和产品开发模式

随时根据项目需要，抽调几个具有不同专业或技能的员工组成团队，进行创造性合作以完成某项特定任务或解决某个特殊问题，这种情况在现代组织中越来越普遍。在顾客需求日益多样化、市场竞争异常激烈的今天，只有具备快速响应能力和创造力的企业才能立于不败之地。然而，现代企业的技术、营销、管理等工作越来越综合化、复杂化，单靠个人力量无法快速完成，这时团队的重要性就凸显出来，由不同专业人员组成的临时团队的应用也更为普遍。有调查显示，几乎四分之三的美国组织拥有团队，而且这些组织中一半以上的工人在各个团队中工作，团队已成为组织中仅次于个人的最重要资源，企业中越来越多的工作需要通过团队来完成。红五环在新产品开发环节采用了技术专家负责的团队生产方式，推行了工程技术人员跑市场制度，把每一位工程技术人员都培养成"项目经理"。这一做法，使原本只参与新产品开发和制造过程的技术人员，增强了直接参与新产品市场价值分析的意识，对于提高产品的使用价值和合理降低产品的制造成本产生了积极的影响。工程技术人员黄正宗，在跑市场中发现了自己负责开发的机械产品有不同消费档次的用户适应性不同的问题，及时进行技术攻关，对两个品种螺杆空压机作了技术改进。改进后的产品不仅有了质量竞争力，还增强了价格竞争力。

四、充分运用外部专用性人力资本

企业要在不断变化的市场环境中取得竞争优势必须从外部获得更多的知识，而其中一个主要且有效的途径是吸收来自高校和研究所的专业性、前沿知识。企业在创新过程中将外部的和内部的技术有机地结合，通过合作，企业可以从外部获得企业需要的技术成果，激活在封闭的创新环境下可能被抛弃的某些生产技术，从而提高企业的创新能力和技术进步速度，最终提高企业绩效。红五环公司在发展中，充分利用高校和科研所的专业性人力资本为企业服务，整合外部资源、强化外界合作、实现先进技术跟踪；与高校和科研机构的合作同时可以分担研发费用，加强企业的社会声誉。在创业之初，红五环利用国家科研体制改革的机遇，采用借脑开发策略，先后与省内外三所大专院校和矿山机械科研单位达成合作协议，共开发出 5 只部分技术已达国际国内先进水平的矿山采掘机械设备。目前，为"红五环"服务的科研机构多达 20 几家，每年投入的科研经费以几千万元计，由此催生了一

大批行业领先的产品,实现了从小型风动工具到空气动力、工程掘进,从国内常规产品到国际常规产品再到国际尖端产品的升级。另一个做法是红五环做品牌,让行业中的国际领先企业做配角,比如向德国知名企业订购核心部件等,以此把先进制造业的创新能力引入企业,但终端产品的牌子是"红五环",苏勇强认为,这"实际上是利用人家的先进生产要素为我们的制造服务"。

五、重视发挥员工专用性人力资本的作用

以"产品要追踪国际国内先进水平"为经营准则的衢州市红五环科工贸有限公司,1997 年 6 月投产之初就提出,要生产具有国际国内先进水平的矿石采掘机械设备。为做好生产过程中的技术消化,公司在创业第一年就聘请了 6 位高级工程师担任技术顾问,招收了四五个大学毕业生负责实施生产技术,同时吸纳了多名下岗熟练技工承担装配。公司发展中聚集了一批高、中级科技人员,其中有享受国家津贴的教授级高级工程师、高级技师 40 多人。公司先后成立了动力机械研究所和掘进机械研究所,并升级为"省级企业技术中心",建立了清华大学研究生实习基地,并正在筹建博士站。现已形成了以享受国家津贴的教授、行业资深专家领衔,中高级职业人才为主体的科研队伍。

六、企业专用性人力资本的持续培育和投资

红五环集团发展非常迅速,公司增长势头猛劲,急需一批有文化有思想有素质有内涵的管理人员、技术人员和技能型员工。为满足这一需求,红五环公司十分重视企业员工人力资本水平的持续提升和企业后备队伍的建设。2005 年,公司投入200 万元,对全国 1000 名销售经理进行系统培训,旨在增进与经销商之间的沟通,培养一支专业的、有素质的经销商队伍,提高经销商的经营决策、综合管理和团队协作能力,开阔视野、更新理念。红五环公司与省内优势高等院校合作办学,开拓办学渠道、自主培养人才。"红五环"先后输送有一定创新意识的高中专毕业生 70多人到本地高等学校学习,输送 40 多位中高级人才到清华大学接受继续教育。组织百名公司中高层管理人员赴欧洲考察,提升管理人员管理理念。2010 年红五环集团和浙江经济管理职工大学开办红五环经济管理大专班,47 名员工获得大专毕业证书;红五环集团与衢州学院、浙江师范大学行知学院等高校合作办学,在高校设立"红五环"班,由公司为大学生提供部分学习费用,学生毕业以后即进入公司就业。通过这种契约式人才培养方式,将大学的专业学习与企业生产管理实际密切结合,定点培养适应企业需求的大学毕业生,缩短大学毕业生与企业的磨合期,提高员工对企业的忠诚度和价值认同感。

第四节　结论与启示

　　红五环集团身处的机械装备制造行业是一个国家工业的基础,最能体现人力资本对于企业技术创新、市场开拓方面的推进作用,随着中国经济工业化进程和经济全球化程度的加快、加深,我国的工业体系也面临着大发展的重大机遇,而作为工业体系标杆的装备制造业的重要作用也日益凸显。2002 年党的十六大明确提出"推进产业结构优化升级,用高新技术和先进适用技术改造传统产业,大力发展装备制造业"的国民经济发展总体战略要求。这一战略体现了国家层面对装备制造业发展的重视,也说明未来我国将对装备制造业的发展给予坚定的支持。从近年我国颁布的各项政策也体现了国家对装备制造业的支持,而且这种支持将会持续相当长的时期。

　　在此背景下,企业要抓住机遇,实现跨越式发展。在专用性人力资本投资方面,要注意性价比,注重培养和留用相结合。人力资本的专用性对企业的发展具有重要的意义,为此必须重视并做好专用性人力资本的制度设计与制度建设。具有不同的专用性的人力资本交易应与不同的规制结构匹配;要构建比较完整的内部劳动力市场来留住并合理配置专用性人力资本,对管理人员、技术人员和操作员工都要重视,并提供职业上升通道;对专用性人力资本应重视激励的作用并设计合理的激励制度,其核心是如何留人、用人并发挥专用性人力资本的最大效用。

　　充分利用高校和科研机构的外部专用性人力资本是企业获得外部知识的重要渠道,对于企业来说,高校和科研机构传递给企业的知识偏于理论性和基础性,而企业最终需要的是技术知识。因此,红五环公司在与高校和科研机构的合作中,可以采取"干前学"的策略,以此克服对于科学知识的不了解。最关键的是,在合作过程中要提高企业内部技术人员对先进技术的跟踪和消化能力,通过整合并充分利用,将这些外部知识转化为企业的创新产品。在平时,可以采取专家咨询、人员培训、实习生计划、人员互派等多种校企知识转移渠道,增强企业专用性人力资本的培育。

参考文献:

[1] Majumdar S. The Impact of Human Capital Quality on The Boundaries of The Firms in the US Telecormmnunications Industry[J]. Industrial and Corporate Change,1998,7(4): 663-677.

[2] Rumberger R W. The Impact of Surplus Schooling on Productivity and Earnings[J]. Journal of Human Resources,1987,22:24-50.

[3] Acemoglu D and Pischke J S. "Beyond Becker: Training in Imperfect Labour Markets",

Economic Journal，1999,109(453):112-142.

［4］Pfeffer J. Competitive Advantage Through People［M］. Boston：Hvarard Business School Press,1994.

［5］Prahalad C K and Hamel G. The Core Competence of the Corporation[J]. Harvard Business Review,1990(3):79－91.

［6］Wright，et al. A Human Resources and Sustained Competitive Advantage：a Resource Based Perspective［J］. International Journal of Human Resource Management，1994，5（2）：301－326.

［7］Besanko，David，Dranove，David and Shanley，Mark. The Economics of Strategy［M］. NewYork：John Wiley & Sons Inc. ,1999.

［8］［美］多萝茜·伦纳德·巴顿.知识与创新.北京:新华出版社,2000.

［9］柏培文.新兴产业人力资本专用性投资影响因素分析及其启示[J].商业经济与管理,2005,（7）:45-49.

［10］冯辉.凯撒空压机(中国)有限公司市场营销战略分析[D].华东理工大学,2012.

［11］胡茂蓉.国产通用机械替代进口的几个实例及相关产品的国产化期待[J].通用机械,2007（5）.

［12］胡玉成.培育文化软实力提高企业竞争力[J].全国商情·理论研究,2010(1).

［13］纪富镇.基于人力资源视角的3PL企业核心竞争力研究[D].天津理工大学,2011.

［14］钱家祥.压缩机行业发展综述[J].通用机械,2012(2).

［15］王静晓.中国空气压缩机市场[J].通用机械,2008(6).

［16］徐刘芬,纪晓东.信息不对称、专用性人力资本投资和企业培训[J].职业技术教育(科技版),2006(13).

［17］杨晓亮.简析专用性人力资本投资、再投资与激励机制——以企业核心竞争力构建与维持为视角[J].十堰职业技术学院学报,2010(2).

［18］姚先国,翁杰.企业对员工的人力资本投资研究[J].中国工业经济,2005(2).

企业家感言

红五环集团苏董感言

　　企业从诞生那天起，创新始终伴随着企业。而人，是创新的第一要务，人没了，一切归零，所以我们红五环采取百花齐放、百家争鸣的方式，要形成一种万马奔腾的人力资源局面，用专业的人，做专业的事。

　　我们非常注重年轻大学生的培养和培训，要将学生培养成企业的人，积极进行校企合作，共建研发中心，实施"卓越工程师计划"，投入巨资培养空气动力专业人员，让受训学员有明确的职业方向和扎实的专业功底。

　　我们一直以来坚持善待员工的管理理念，对人才倍感珍惜，甘愿投入，不计得失。在千方百计引进人才、培养人才的同时，积极营造尊重知识、尊重人才的氛围。

　　造福社会是每一个企业家的社会责任，一个企业在不断发展壮大的同时，只有不断造福社会、回馈于民，才能将企业做得更强、更大。

（红五环集团董事长：苏勇强）

第七章 大圣玩具："微笑曲线"的成功应用者

引 言

浙江大圣文化用品有限公司(DASENG)作为中国益智玩具行业的龙头企业之一,自 2001 年以来一直在益智教育类玩具产品上进行不懈的探索开发,形成了自己独特的"大圣"品牌和中国益智教育类玩具市场领导者的地位。同时也是义乌中国小商品城较有代表性的益智类玩具研发、制造和出口企业。我们调研组于 2010 年 5 月和 2013 年 7 月两度对该公司及其下属子公司实地访问,与公司董事长陈忠伟先生、管理部经理朱胜荣先生进行了深入交谈,对公司生产线和相关资料作了查看,通过对公司实地考察,深入了解其基本情况、发展历史、转型升级的路径以及未来的发展方向。

第一节 理论框架

在中国的中小企业中,有一类企业做得很成功,这类企业一开始就很好地运用了"微笑曲线"(smiling curve)理论并持之以恒,抵住诱惑,不断地取得成功。所谓"微笑曲线"理论是由台湾宏基集团总裁施振荣先生在 1992 年首先提出,他认为现代社会供过于求,相应的在产业链中,附加值高的部分是在两端,即研发设计和营销,而生产制造的中间环节附加值最低,就像人微笑的形状(如右图)。台湾宏基运用这一理论指导企业经营管理,取得了持续成功。

大圣文化用品有限公司(DASENG)作为中国益智玩具行业的龙头企业之一,自 2001 年以来一

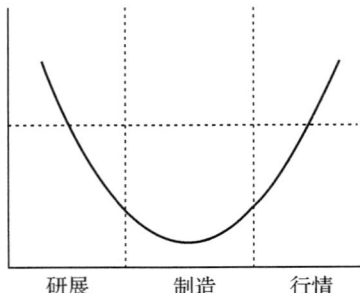

图 7-1 微笑曲线

直在益智教育类玩具产品的创新设计和营销上进行不懈努力，形成了自己独特的设计理念、设计风格，创出了响当当的"大圣"品牌，成为中国益智教育类玩具市场的领导者。其最核心的成功要素，与中国的大多数中小企业经营思路截然不同，就是一开始就紧紧抓住产业链的两端，把企业大部分资源配置在设计研发和品牌建设上，同时把大部分的生产制造业务外包，取得了非凡的业绩。

第二节　大圣玩具基本情况

一、大圣玩具简介

大圣玩具全称为浙江大圣文化用品有限公司（以下简称大圣玩具），成立于1995 年，是一家集产品自主研发、生产、销售于一体的益智类玩具企业。下辖上海大圣贸易有限公司、金华大圣玩具有限公司两家子公司，公司总部设立在著名的中国小商品城——义乌市经济开发区，现有职工 300 余人，年产值在一亿元左右。公司的产品定位为兼具"动手、动脑、思考、创造"功能的益智类玩具，秉持"让智慧在快乐中生发"的经营理念，专业服务于广大少年儿童和部分对益智玩具有爱好的成年人。主打研发、设计、生产、营销益智类玩具，如 DIY 智力开发系列玩具、魔术系列玩具等。

大圣玩具本着重视产品质量和玩具安全的企业责任，通过了 ISO9001 质量管理体系、国家玩具安全强制认证（CCC）、EN71 国际认证等质量体系认证，产品质量获得了全球消费者的认可。

目前，大圣玩具被评定为"义乌市创新型企业"、"义乌市科技型企业"、"义乌市专利示范企业"。公司研发中心被评为"市级研发中心"，并与浙江大学、浙江师范大学等一批高等院校及科研机构进行技术合作，公司现拥有 6 名专职高级玩具设计师、17 件专利证书，其中发明专利 1 件，尚有多项专利正在申请中。

大圣力争成为中国益智类玩具的引领者，不但投入大量研发经费，更赴国外取经，引进多款国外著名益智产品如——SMART、KLIKKO、LONPOS、ZOOB 等，成为这些玩具品牌的国内唯一代理，并进一步与这些国外玩具厂家合作开发新产品。目前公司在国内拥有商场形象专柜 300 余家，进驻全国卖场超市 3000 余家，是中国益智玩具行业中拥有销售渠道最为完善的公司，这成为公司今后快速发展的核心竞争力之一。大圣玩具采用自主研发、外包制造、终端直营、经销代理的商业模式，代表中国与最具高品质的全球著名玩具品牌芭比、乐高等同场竞技。

大圣在上海、北京、成都设有 3 个办事处，主营益智、魔术、DIY 手工等系列玩具产品，拥有百货商场直营、加盟专柜近 200 家，产品也同时进驻"玩具反斗城"。

在玩具产业领域,大圣的品牌影响力已居国内前 10 名。另外,大圣产品也全面供应"沃尔玛"、"家乐福"、"大润发"等国际大卖场以及国内各地方性超市。

大圣玩具尊重消费者需求、引领益智玩具消费趋势。公司设有独立的市场部,以消费者需求为导向进行产品和市场开发,推出了拥有自主知识产权的系列益智玩具产品,引导孩童寓教育于娱乐,借大圣益智玩具平衡儿童左右脑成长,训练儿童的耐性和毅力等各项成长过程中必要的能力,引导和建立孩童之间的互动及竞争意识。

大圣玩具为增添产品对儿童的吸引力,与动漫产业建立了广泛合作。2007年,公司取得了宏梦卡通"虹猫蓝兔"在 DIY 类及塑胶玩具部分的形象授权。2009年,大圣与中央电视台(CCTV)联手合作,取得中央电视台《美猴王》卡通形象在益智塑胶玩具的全部授权,并积极开发动漫玩具衍生品销售市场。

大圣人秉持"让智慧在快乐中生发"的理念,坚持企业"感恩包容、持续学习、诚信务实、真诚关爱"的价值观,一步一个脚印,始终为致力于开发中国儿童应享有独特益智玩具的目标而不断努力。

二、大圣玩具转型升级历程(四个阶段、8 个台阶)

(一)初创阶段(1995—2001)

1995 年,大圣玩具有限公司在杭州成立。当时管理人员只有 5 人,员工只有30 余人,租用了杭州市江干区一个店铺开始了创业。2001 年,为了更好地与国内外市场接轨,公司经营管理团队决定迁往中国小商品城——义乌。

(二)开拓经营渠道阶段(2002—2006)

2002 年,公司试点经营终端商场零售业务,益智类玩具产品进入绍兴国商大厦和湖州浙北商场等大型零售商场。2003 年 4 月,设立成都办事处,正式导入商场专柜零售业务,培养公司自己的导购队伍。2003 年 11 月,设立上海办事处。2004 年 4 月,设立北京办事处。到 2004 年 12 月,公司已拥有商场专柜 24 家,其中成都 5 家、上海 8 家、北京 11 家。2005 年 3 月,上海大圣贸易有限公司成立,开始向海外市场进军。2005 年 5 月,公司获台湾"龙博士金字塔"授权大陆独家销售代理。2006 年 10 月,公司代理销售的"任务迷宫"产品荣获中国玩具协会 2006 年"玩具之星"中国最佳玩具——最佳教育类玩具奖。2006 年 12 月,公司在总结终端专柜经营模式后,在公司内部专门成立了专柜加盟部。2007 年 2 月,公司首次参加全球最大的德国纽伦堡玩具展会,与全球著名玩具制造商和批发商建立了联系,大圣益智玩具也因此在全球玩具界初露头角。

(三)研发和创牌阶段(2007—2010)

2007 年 6 月,公司通过 ISO9001:2000 标准质量管理体系认证。2007 年 10月,由义乌市政府授牌成立"义乌市大圣玩具研究开发中心",该中心被认定为义乌市级企业研究开发中心。2007年10月,公司自主研发的"点亮智慧"产品荣获中国玩具协会2007年玩具创"星"设计大赛——男孩类玩具银奖。2007年10月,公司代理销售的"龙博士科技金字塔"荣获中国玩具协会2007年玩具创"星"设计大赛——教育类玩具金奖。2007年12月,公司生产的"DASENG"牌智力类玩具被评为"金华市名牌"产品。2008年6月,公司出任"中国玩具协会技术标准工作委员会"委员单位。2008年6月,公司有6位员工考取"国家高级玩具设计师"职称。2008年10月,公司代理销售的"智慧片"产品荣获中国玩具协会2008年玩具创"星"大赛——教育类玩具金奖。2008年12月,公司被认定为义乌市专利示范企业。2008年12月,公司被认定为义乌市科技型企业。2009年1月,公司以408万元竞拍获得央视《美猴王》卡通形象益智塑胶类玩具的授权。2009年10月,公司获得《喜羊羊与灰太狼》在DIY系列、魔方系列的授权。2009年10月,公司自主研发的"数字逻辑"、"数字回家"产品分获中国玩具协会2009年玩具创"星"大赛教育类玩具金奖、银奖。

(四)收购及品牌扩张阶段(2011年—至今)

2011年,公司收购台湾玩具企业异高公司"KLIKKO"商标及智慧片产品专利所有权。以此为依托,公司产品得以顺利进入台湾、香港及东南亚市场。"DASENG大圣"商标被认定为金华市著名商标。2013年1月,公司参加香港国际玩具展,并首次入驻品牌馆,全力打造"KLIKKO"国际品牌地位。

从公司的发展足迹中我们可以清晰地看到,大圣始终紧紧抓住以益智玩具研发和创立名牌促企业转型升级这一主线,把大量资金和人力投入到这两个方面中。经过十几年的不懈努力,成效正在逐步显现。

第三节　大圣玩具的经营理念及主导产品

一、经营理念

大圣玩具的经营理念,可以简单概括为一根胫骨的形状(如图所示),也就是说"重两头轻中间"。"两头"分别是指"研发设计"和"销售",而"中间",则是指包装和运输等环节。根据这一理念,大圣公司把大部分资源投在研发益智类玩具新产品和拓宽销售市场中,中间的生产、包装和运输环节则以最大限度降低成本为原则,采用部分自产,大部分外

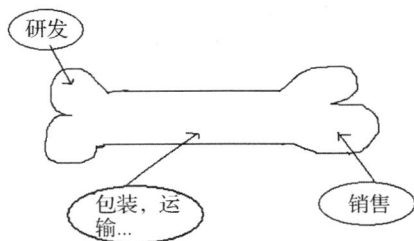

图7-2　大圣公司的经营理念

包的形式。这样做能充分保证源源不断的新产品后续力,快速反应市场需求,不会造成产品滞销情况,非常有利于企业发展。这一发展模式,也正是企业转型升级"微笑曲线"理论的另一种形象表述方式。

二、主导产品——各类益智玩具

随着社会经济的发展,人们日益明白身心健康的重要性。富裕和教育程度较高的家长越重视儿童的成长和发展;同样成年人也要通过某种形式来释放自身压力;还有越来越多童心未泯、时刻要挑战自己的年轻人存在。这些都需要一种智力性的玩具来实现(如魔方),这就预示着益智玩具广阔的市场前景,大圣玩具正是基于这一市场大趋势的判断,全力探索和开发新奇益智玩具。

益智玩具是指提供零部件和图纸,需要玩者动手拼插组合成形的玩具。如曾经风靡全球的魔方就是最著名的益智玩具。益智玩具与一般玩具的差别主要是需要玩者发挥自己的聪明才智和技巧才能够完成,具有较高的趣味性与探索性。因而,不仅儿童和少年非常喜欢,部分成年人也非常热衷,事实上大多数成人玩具都属于益智玩具类。

目前来说,"大圣"益智玩具主要由从下几类组成。(1)趣味性益智玩具。这类玩具以增加生活情趣为主,不需过多费脑,着力于调节心情或转移情志。如抽木棒、弹簧玩具、棋类玩具等。(2)解环类益智玩具。玩时需要一定技巧,如九连环、孔明环、九解环。(3)DIY拼插类益智玩具。玩时要求思考、观察和耐心,如各种飞机、军舰、吊车等的组合玩具,猜谜题,巧拼图游戏等。(4)魔术类益智玩具。需要动脑和动手相结合,如魔盒、魔戒、拼图、魔术扑克等。(5)战棋类益智玩具。需要对弈,如跳棋、军棋等。

其中魔术类益智玩具是大圣玩具的重点产品。魔术在我国古代称为"幻术",俗称"变戏法"、"障眼法"。其观赏性、奇特性、刺激性之高,大多数人认为神乎其神,颇受人们青睐。其独特的欣赏性老少皆宜,舞台效果更是渗透人心,当然它还有助于提高儿童的智力,激发孩子们的想象力。2009"魔术年"的"刘谦效应"更是使得魔术风靡13亿国人,并带热了整个魔术产业。大圣玩具敏锐地捕捉到这一信息,并研发出一系列市场上前所未有的魔术玩具,包括魔术道具扑克、魔术多变扑克、魔瓶、奇幻筛、千里眼以及腾空火柴牌、断指还原、神秘金字塔等产品,十分神奇,而且都在市场上十分热销。在本次考察中,大圣公司陈总也亲自为我们展示了大圣公司的一些魔术玩具,如千里眼、顺风耳、魔术多变扑克等,让我们初步领略了魔术玩具的神奇和乐趣。

第四节　大圣在益智玩具探索道路上的主要经验

一、专注于高端益智玩具品牌

1995 年在公司成立之初,大圣以经营各种文化类产品为主,既有各种玩具,也有笔、纸张、儿童教科书等,四年后转到经营各种玩具为主。在这过程中,公司董事长陈忠伟先生发现发达国家非常注重儿童益智类玩具的开发、研究和设计,而且市场销路不错。一款设计精巧的益智玩具往往能在市场上经久不衰,而中国在益智玩具研发设计方面几乎是空白。于是,他决定把主攻方向集中到益智类玩具的开发设计生产上来,并给自己公司和产品取了一个中国老百姓家喻户晓的名字和商标"大圣",寓意为让中国的孩子像孙大圣一样灵巧、聪明和能干,决心让中国的孩子能在"快乐中生发智慧",使孩子们能在玩的过程中不知不觉地提高智力和技巧。这一坚定不移的理念支撑大圣走到现在。这期间也有许多的诱惑,如有人劝陈总在义乌这个宝地上去投资房地产来钱会快得多,有人劝他去投资期货、矿藏等,但他都不为所动,而是专心致志全身心地投入到益智玩具这一充满童趣的事业中去。为了使公司的研发设计更有针对性,陈总代理了世界玩具市场上几款卖得较火的益智玩具,结果其中一些玩具既受到孩子们喜爱,又受到家长欢迎。不少家长都写信或打电话给公司,表达益智玩具给孩子带来的乐趣和智能上的开发。这些使陈总及公司上下更坚定了只做益智玩具的信心。近几年来的实践表明,尽管公司盈利没有像某些暴利行业那么丰厚,但公司在不断地稳步发展,"大圣"牌益智类玩具也越来越为世界所知晓。

二、专注于市场和渠道

大圣玩具一开始就十分注重把握益智玩具市场需求,认真布局渠道战略。因为没有渠道,再好的产品也不可能有好的销路。从 2003 年开始,大圣就开始大手笔进入北京、上海、成都等各大城市的大商场,如北京的图书大厦、上海的宝大祥、成都的伊滕连锁等,建立自己的高端益智玩具销售专柜,布局零售渠道。这一布局,给大圣公司带来了极大的市场效应,不仅产品销量急速上升,其品牌形象也由此初步建立。之后,大圣公司在全国各主要省会城市的大商场都建立了产品专柜,还在全国设立若干专门处理和维护客户关系的办事处,搜集大圣玩具使用过程中的各种反馈意见。从 2007 年开始,大圣的零售专柜模式又向国内二三线城市扩张,并成功地在世界 500 强零售商沃尔玛、家乐福等超级卖场设立大圣专柜。至此,大圣基本完成了国内渠道的全面布局。2009 年,大圣又进一步开始国际市场的布局,与著名的国际玩具连锁机构"反斗城"达成协议,得以通过该机构的渠道进入国际市场。从此,在"反斗城"店面里,都有大圣的专柜,全球消费者也开始认识大圣产品。2010年,大圣紧跟时代潮流,开始进入网上销售,在阿里巴巴和淘宝上都开了旗舰店,让大圣益智玩具进一步走入千家万户。

在外人看来,似乎这个渠道布局的过程并没有多少难度,但事实上大圣公司所遇到的困难是难以想象的。首先,国内益智类玩具市场鱼龙混杂,泥沙俱下。众多玩具厂家不管以前是不是做益智玩具的,看到益智玩具市场兴起,就一哄而上,都声称自己的玩具是益智的,这让真正的益智玩具一时难以在市场上脱颖而出。第二,益智类玩具仍然是玩具市场的一个细分市场,尽管它的市场潜力不能低估。但到目前为止,益智类玩具的全球市场体量偏小,且被巴比和乐高牢牢占据着制高点,国内的市场容量就更小了。国内玩具人均消费只有30美元,而发达国家玩具人均消费为300美元,差距非常大。因此,国内益智玩具市场竞争十分激烈。大圣如何让商业合作伙伴相信其产品是名副其实的高品质益智玩具?这方面大圣要做的就是多年来坚持不懈地抓创立名牌工程,精心设计,精益生产,在消费者心中建立良好口碑。

三、专注于研发和创新

公司陈总及管理层非常清醒地意识到大圣益智玩具要不断引领市场,只有不断地大手笔投入新产品的研发设计。而研发设计灵感既要来自于消费者需求,同时又要先于和高于市场需求,把消费者心中核心的潜在需求挖掘出来,这样才能不断地领先。公司在总结了中国益智玩具市场鱼目混珠的现状后,决心把大圣的益智玩具做得与别人不一样:一是真正是益智的,二是高品质的,三是设计精巧的。为此,公司在2004年就成立了专门研发部,每年投入的研发设计经费达几百万元之巨,占公司每年利润的30%以上,这是极其不容易的。现在公司不仅有自己多达17人的设计团队,还与国内玩具设计专业院校建立紧密型协作关系,关键问题还聘请国际顶级玩具设计公司来解决。

事实上,公司要研发设计一款新的能为市场所欢迎的益智类玩具,难度比一般玩具要大得多,需要考虑多方面因素。首先,益智玩具和相关游戏的设计都要依据一定的科学原理,要符合人的思维发展规律,使得各年龄段少年儿童甚至成年人在玩益智玩具或游戏过程中能够锻炼逻辑思维能力、记忆力、耐力、意志力和团队精神等,所以要有一定的基础理论研究。还有,益智玩具和游戏都具有一定的文化内涵,要将一些历史文化基因融入其中,达到寓教于乐的效果。第二,设计玩具要精巧简洁。在玩的过程中,要动脑动手,让小孩在不知不觉中训练思维能力和动手能力,达到开发多元智能的目的。第三,要同时考虑家长和小孩的需求。益智玩具的设计无论是外型还是内部结构,都必须同时讨家长和小孩喜欢,缺一不可。所以设计时要同时兼顾家长和孩子的心理和爱好,有时兼顾起来是很难的。第四,益智玩具还要在具备高科技和新奇性的同时,力求避免内容涉及暴力、色情及产品本身的危险性等。虽然陈总和公司都认识到益智类玩具的设计难度,但仍然大手笔投入,其中的原因就在于大圣希望做得与众不同。同时,他们也意识到益智玩具一旦设计精巧,其市场潜力也是不可估量的,如二十多年前风靡全球的益智玩具魔方以及十多年前的变形金刚。

在益智玩具的设计过程中,大圣善于把中国传统益智玩具,如孔明锁、七巧板等元素融入进去,不断丰富产品内涵,同时每款产品都融入八大智能开发。此外,大圣还十分注重产品细节设计。如"雪花片"这款拼接玩具,大圣在二次开发过程中,光模具就用了五套,从材料选择、卡口松紧度到手感不断地进行调整,使之达到更佳的舒适度,体现了大圣一以贯之的精益求精设计理念。大圣设计的产品还特别注重安全,目前,大圣的所有益智玩具都通过国家3C认证。

为了保持研发设计的领先性,大圣非常重视高端益智玩具人才。陈总坦言,公司创新和设计人才紧缺是企业转型升级难以顺利成功的第一大瓶颈,人才决定公司的兴衰。因此,公司对有创意、有激情、有天分、能全心全意琢磨益智类玩具的年轻人才都采用高薪、利润分享、弹性工作时间等方式留住他们。公司研发团队从2004年的2人增加到2012年的17人,与陈总惜才如命不无关系,也是公司新产品能够源源不断推出的原因所在。

第五节　大圣玩具坚韧不拔获得成功的启示

一、在益智玩具上持续进行研发设计

不断研发设计益智玩具新品是大圣发展的源动力,是企业参与市场竞争的利器。拥有技术优势和管理优势使大圣在市场竞争中立于不败之地。在这一点上,大圣玩具思路清晰,决心很大,成效明显。这条路尽管投入的成本很高,短期也看不到明显的效益,但方向是正确的,研发投入的边际效益终究会在达到某一个点后快速提高。大圣近几年致力于把一些有激情,有理想,能把本公司产品的研究和创新作为一生事业的年轻人吸引进来,给他们以优厚物质条件和精神上自由创新,公司可以给股份,全力创造一个有利于创新的环境和机制。公司现在做到了研发设计一代、储备一代、试制一代、生产一代,让更精巧的创新玩具源源不断地进入市场。

二、益智玩具市场定位准确

大圣转型升级的成功在于对公司产品的明确定位——高端益智玩具。这种定位既体现在玩具的本身高品质上,也体现在设计理念上。公司的产品设计有0～100岁的理念,认为玩具不仅是属于儿童的,也属于青年人甚至老年人;既可以用作玩乐用,也可以用作收藏、装饰和欣赏。如针对儿童的玩具,要根据各个年龄阶段的智力特征,设计生产恰当的益智玩具。还要突出益智玩具的耐玩性,一个玩具同时可以有几种玩法,让家长和小孩产生深不可测百玩不厌的感觉。这就与普通玩具店的产品区别出来。大圣经常研发设计一些令市场惊喜的好玩具,如外表美观怪异的玩具,往往能给顾客带来意外的冲击,顾客就会受到"冲动的惩罚",毅然决定掏钱购买以满足一时的欲望。

大圣能敏锐感知不同顾客的各种需求,掌握顾客需求心理。如对儿童要提供益智启迪类产品,小孩喜欢,大人也愿意掏钱,比如说城堡积木,七巧板,3D立体拼图等,产品美观大方,价格不高;对青少年,由于其好奇心特别强,也喜欢刺激,大圣就提供一些刚刚兴起的魔术类玩具,搞笑不伤人的玩具;对女孩子,尽量设计一些造型美观,可爱,比较实用的玩具,像市场上的魔盒、功夫老鼠等都是女孩的首选,毕竟爱美是她们的天性;对白领阶层,他们要的是成就感,可以给他们推荐一些难度系数高结构复杂并且做工精致高档的智力玩具,比如说立刻疯、伤脑筋等,他们消费力强,价格不是影响消费的主要原因;对于老年人,那就要以休闲为主,能打发时间就是最好的玩具,比如愚公移山,华容道,孔明锁等。这些针对不同人群需求的投资和开发,给大圣带来了越来越大的市场。

三、不断提升品牌和品质效应

大圣持续加大品牌建设投入力度,全力提升益智玩具品质,使之努力达到这样一种境界:让家长和孩子能以拥有一件精美的大圣品牌玩具而感到时尚和自豪,形成一种从众效应。这是大圣受到消费者认可的关键。从一开始大圣就认为玩具的功能不仅仅是"玩",而是玩、学和智力开发的结合,倡导学习和玩要同步进行。大圣玩具的功能价值已超出了普通的玩具产品,它的使用对象不仅是孩子,还包括热爱动手动脑的成年人,它渗透在你的生活中,传递着智慧,代表着时尚。在2008年全球性的金融危机后,尽管全球经济不景气,但大圣玩益智玩具依然销售业绩良好,年利润增幅依然达20%。

企业家感言

大圣玩具陈董感言

大圣玩具经过 20 年的努力走到今天,成为中国乃至世界有影响力的益智类玩具公司,靠的就是研发创新、品牌先行、渠道拓展。虽然这一路走来十分不易,其间的挫折和惊险也一言难尽。但我们坚信,沿着创名牌、强创新、拓市场的方向走下去,企业发展之路一定会越走越宽。

(浙江大圣文化用品有限公司董事长:陈忠伟)

第八章 超人集团:"聚焦"成就 "超人"传奇

引 言

永康市素有"五金之都"、"五金天堂"的美誉。改革开放以来,以五金机械为龙头,电动工具、防盗门、汽摩配等行业不断壮大,民营企业迅速发展。良好的社会环境和商业氛围是成就辉煌的基础所在,也就在永康腾飞的身影中,有一个亮点格外瞩目,它的光亮并不是来自永康传统的五金领域,而是来源于一个新兴的行业——小家电。提到这个行业,人们会很自然地联想到中国个人护理小家电的招牌企业——超人集团。

1983年,超人集团前身"永康墁塘五金电器厂"正式创立,当时还只是一家生产微型刀片的小工厂,专门生产国外某品牌电动剃须刀的替换刀片,超人集团的崛起之路却也由此开始。公司于1992年3月成功注册"超人"商标,1995年3月,浙江超人集团有限公司成立,主要生产包括充电旅游式剃须刀、充电两用旋转式及往复式电须刀在内的多品种、多档次产品。也是这一年,公司的剃须刀产品登上国内品牌销量第一的宝座。从1996年开始,公司产品逐渐扩展到电熨斗、电吹风等个人护理电器和各类生活家居小家电。

到目前为止,超人集团拥有12家独立法人公司,6家非独立法人公司。超人集团小家电制造基地面积15.5万平方米,拥有资产总值近12亿元,员工3000多人,产值15亿元。在全国拥有40余个办事处、50多个工作站、1万多个销售代理机构,全球拥有近2亿个超人用户。

2013年夏天,我们对永康市超人集团进行调研,探索超人集团成长的奥秘在哪里?

我们认为,超人集团崛起的奥秘是其成功实施了产品聚焦战略。企业的经营战略一直是理论界和企业界重点研究的一个课题。尤其对于我国中小企业来说,如何在市场竞争的浪潮中激流勇进,选择合适的发展道路是企业成败的重中之重。本案例旨在通过对永康超人集团发展历程的追根溯源,从产品聚焦战略的角度来总结其转型升级的具体举措,希望能为浙江省其他中小企业转型升级提供一些可借鉴的经验。

第一节　理论框架

产品战略是企业对其所生产与经营的产品进行的全局性谋划,是企业经营战略的重要基础,也与市场战略密切相关。面对目标市场,企业要依靠具有竞争力的产品,去赢得顾客,占领与开拓市场,获取经济效益。

产品战略主要包括产品选择战略和产品竞争战略两大内容。产品选择战略主要决定企业的产品经营范围、产品线组合以及新产品的开发。产品竞争战略包括产品差异化战略、产品多元化战略、产品聚焦战略这几种主要形式。差异化战略指公司的产品能做到"人无我有,人有我优",即区别于竞争对手,巧妙地避开由于产品同质而造成的巨大竞争压力,开辟新的市场,在竞争市场上力求占据不同的市场位置,主要通过技术和营销手段来实现。产品价格战略直接反映了产品的市场定位,是产品在竞争市场上最直接的表现形式,同时也是与公司利润关系最为紧密的要素。产品聚焦战略指企业将资源全部运用在某个或某类产品上,企业的研发、生产、市场推广、销售、组织管理都围绕单个或单类产品展开,它包括资源、业务、市场的聚焦。产品多元化战略则刚好与产品聚焦战略相反。

一、产品聚焦战略的基本模式

产品聚焦战略可以分为以下三种基本模式:资源与能力聚焦模式、业务聚焦模式和市场聚焦模式。

(一)资源与能力聚焦模式

企业的竞争实际上是企业获得的资源和能力的竞争,不同的企业其资源的占有量、获得的能力以及资源的结构各不相同。而资源又是推动企业发展,决定企业竞争力的关键决定因素,因此为实现企业持续发展的目标,企业必须从"资源"着手。

企业获得资源主要通过对内部资源的整合升级和从外部环境吸纳。获得的资源可以分为人力资源、关系资源、信息资源、金融资源、形象资源和物质资源等六大类,相应地运用到企业各个经营环节中。其中有一部分资源将直接作用于企业核心竞争力的培养,具有很强的专有性和不可替代性,这部分资源称为核心资源。它既可以是六大类资源中的某一种,也可以是几类资源的整合。资源的吸收、整合与使用应遵循一定的轨迹,轨迹到达的终点便是基于核心产品的核心竞争力打造企业的核心竞争力。为满足企业持续增长的需求,企业还需将已获得的竞争力更好地运用在资源获得上。如此才能实现良性循环，不断推动企业发展。

大部分资源在企业运行过程中，尤其是在市场活动中以"能力"的形式存在，通过能力的增强与差异化优势实现企业的技术优势、品质优势、品牌优势、市场优势和渠道优势等。如果说资源是战场上的弹药，那么能力就是直接参与市场竞争的"武器"。能力的获得很大程度上由资源决定。资源的种类决定了能力的种类，稀缺的资源将带来稀缺的能力，核心资源将形成核心能力。对中小企业而言，获得了核心能力等同于获得了持续增长的助推剂。实施产品聚焦战略时能力的培养并非自身自灭，随意而为，它将遵循一定的轨迹——以核心产品为载体打造核心竞争力。

（二）业务聚焦模式

中小企业依据其经营业务是单一化还是多样化分为两大类。单一业务聚焦战略模型适用于单一业务经营的中小企业，即企业只经营一种业务。单一业务聚焦战略模型的动态性在于"扩张"。这种类型的企业长期以来一直依靠单一业务获得市场效益，企业在某些方面如产品、研发、市场、渠道等已经具有很强的竞争优势。他们的问题不是资源会被多元化业务分散，而是需要考虑资源是否投放到构建企业核心竞争力上。从事单一经营的企业很容易觉得自己已达到了价值创造的极限，基于单一业务的各方面能力都很强。需要明确的是，企业通过创业期的积累获得眼前的快速发展的主要动力是什么，即企业现有核心竞争力是什么。现有核心竞争力是否就是企业接下来进行产品聚焦的焦点所在呢？中小企业面临的市场环境通常都很不稳定，随着市场的变化，行业竞争格局会相应的变化，一方面会使得企业原有竞争优势将不再具有相对优势，另一方面竞争对手会乘虚而入改变游戏规则。

多业务聚焦战略模型适用于已经进行多元化经营的中小企业，即企业并行运营两个或两个以上的业务。多业务聚焦战略模型的动态性在于"收缩"，即通过直接剥离或转移非核心业务的方式来凸显核心业务，并基于此整合企业的人员、组织、技术等资源。多业务聚焦战略模型的目的在于通过对非核心业务的剥离来实现富余资源的核心转化和整合，有益于中小企业做到主业清晰，目标明确，消除负协同效应，实现 $4-2>3$ 的奇妙效果，以实现资源最高效率的利用，进而形成核心竞争力，带动企业持续发展。

（三）市场聚焦模式

中小企业摆脱生存危机进入快速发展期，一定在某些细分市场建立了很好的竞争优势，也拥有自己的核心细分市场。实施产品聚焦的中小企业此时应首先在细分市场进行聚焦以实现细分市场的突破。

渠道是连接企业与市场的生命线，企业渠道管理的质量直接决定了企业市场份额的多少，企业市场竞争的成败。实施产品聚焦战略的中小企业应将现有资源聚焦于核心业务，那么相应的核心业务的渠道也将成为市场聚焦的焦点。这就涉及渠道的负荷问题。一方面,由于企业原有业务过于分散,都有自己专属的渠道,没有注重核心业务渠道的建设,另一方面,随着企业的发展,原有渠道已达饱和,不能满足进一步发展的需要。

价值链是产业中价值的传递形式,一方面体现了价值的流动方向,一方面也承载着价值的重量。企业必然处于价值链的某个或某些环节,企业市场价值的实现就是通过价值链的流动,价值在不同环节中过渡和跳跃时实现。因此,企业想要最大化地获得市场价值,首先要明确其所处的价值链中核心环节在哪,即特定价值链的价值体现主要位于哪些环节。进行市场聚焦就是将市场资源聚焦至这些核心环节,力求发挥杠杆效应,在价值链中以最集中的资源获得最大的市场效益。

二、实施产品聚焦战略的企业条件

虽然产品聚焦战略是中小企业的普遍最优选择,但并非所有的中小企业都适合产品聚焦战略。企业对产品聚焦战略的选择和实施具有一定的选择条件和因素影响。

(一)内部因素

1.企业核心产品应具有核心竞争力

实施产品聚焦战略的首要条件是企业已经具备一定的竞争优势,并且这种竞争优势主要体现在产品上。这种产品必须是企业在目前市场上的核心产品。如果企业的核心能力和竞争优势不是很突出,要在分析机会、威胁、优势、劣势的基础上,选择企业具有的潜在核心能力加以培养与提升,最终形成显性的能力。

2.基于核心产品的技术研发能力强

支持企业核心产品或核心业务的技术优势和专长是什么? 能否使单一产品具有竞争力? 这种技术和专长的难度、先进性和独特性如何? 企业能否巩固和发展自身的专长进行深入研究并满足市场多样化需求? 实施产品聚焦战略的中小企业最好具备这样的技术优势或专长,具有差异化优势,并且能将自己的专长进行巩固。实施产品聚焦战略后,企业产品相对单一,企业的核心能力将主要通过一两种产品在市场上体现。因此,核心产品必须具有绝对的竞争优势,才能满足企业接下来发展的需要,才能确保企业持续的发展。

除了研发能力,企业应具备初期的创新能力,同时管理者应具备一定的创新意识以应对瞬息变化的市场需求。

3.市场能力强

实施产品聚焦战略的中小企业由于经营产品较单一,这就对产品分销渠道提出了更高的要求,做到充分的市场渗透。首先,企业要具有强大的营销网络来进行渠道的深耕,只有将市场不断做大才能牢牢地扎根市场,保证在单一产品的情况下企业仍可以稳步发展。其次,需要较高的市场快速反应能力和信息收集能力。现阶段机会管理的好坏仍然主导着企业竞争的成败,对于实施产品聚焦战略的中小企业而言,面对的市场范围相对较窄,因而要求研究得更为深入,只有成为某一市场的"专家"才能把握足够的机会。

4. 有一定的现金流保障

实施产品聚焦战略的中小企业应具有充沛的现金流。首先,充沛的现金流是企业扩大规模,持续发展的基本保障;其次,充沛的现金能支付企业核心产品的正常研发与市场推广带来的费用,做到持续性发展;第三,充沛的现金能够抵御一定的财务风险;最后,实施产品聚焦战略的中小企业由于产品和市场都相对单一,市场风险相对较大,充足的现金能够抵御一定的市场风险。

5. 人员素质匹配

实施产品聚焦战略的中小企业不仅要求企业管理者具有良好的心态,不骄不躁;同时要熟谙相关业务,是行业"专家";企业员工应认同公司的竞争优势以及产品聚焦战略,尤其对核心产品和核心市场有深入的了解;员工学习能力要较强,依然保持创业阶段的热情。

6. 企业追求长期发展

处于成长期的企业面临着很多来自市场的诱惑,有的创业者在企业发展日益成熟时会选择将企业出售以满足个人利益,也有的创业者会满足于前期的成绩而沾沾自喜,盲目扩充。实施产品聚焦战略的中小企业管理者应具有长期发展意识,而非追求短期获利。

(二)外部因素

1. 行业环境有利于企业持续发展

行业环境是否有利于企业持续发展体现在行业前景、行业结构、行业竞争态势三个方面。企业所处行业是否为快速发展行业?如果为夕阳产业则尽早转移,企业最好选择发展前景较好的行业进入。此外,市场容量应该足够大,以实现规模经济效益,进而支撑企业未来发展。行业的产业链价值分布如何?企业位于核心价值环节吗?企业面临的来自上下游的压力大吗?行业竞争强度大吗?行业集中度如何?潜在进入者构成的威胁大吗?是否存在替代品威胁?如果以上回答都为肯定,建议企业转移市场,或重新培育自身的核心竞争力以及核心产品。

2. 企业能够把握行业的关键成功要素

任何行业都有其关键成功因素,实施产品聚焦战略的中小企业能否拥有这些能力将决定其在这个市场的成败。如果这些资源和能力是可以随着企业的发展而不断增强的,那么企业将具有持续的竞争优势,这将促进企业核心能力的提升以及进一步对核心资源的收集。

3. 有自己的战略联盟伙伴

随着全球化、信息化的深入发展,企业分工将变得更加专业化和细致化,积极寻求外部相关合作资源的能力也显得日益重要。实施产品聚焦战略的中小企业生产能力有限,很有可能要把核心活动之外的功能外包给其他企业,因此还需要依赖忠实可靠的合作伙伴来获得联盟优势,专注于核心能力的培养。此外,价值链的伙伴也尤为重要,一旦联盟关系瓦解会使企业陷入原材料供应或市场分销的危机。

第二节　案例背景:基于产品聚焦战略的超人传奇

一、雏鹰展翅 挖掘第一桶金

从剃须刀到刀片,再从刀片到剃须刀,这两次迂回转型为超人以后的发展奠定了基础。从剃须刀到刀片的生产,超人挖掘到了第一桶金。

早在 1983 年,应正和几个合伙人创办的永康墁塘五金电器厂就开始了剃须刀的生产,不过当时的经营状况并不理想,7 个多月后便被迫停产,理由是"产品得不到消费者的认同,货品发出去后货款不能回笼"。生产条件和管理水平的不足使应正不得不考虑转型。这次转型对于一个刚刚起步的民营企业而言无疑是个巨大的挑战,"当时我们需要马上抉择上马什么产品,我们首先想到的是要做别人不做的东西。"应正介绍说。

1983 年下半年,在南京的几个商场中,应正和大哥应平祥发现好多顾客在剃须刀柜台前面和营业员争吵,原因是因为当时出售剃须刀不配刀片。在徐州、郑州核实消息后,应正立即决定改做刀片。"虽然我们没有做刀片的经验,不过借助永康的五金历史优势,通过资源整合,我们还是完成了这次转型。"于是几个合伙人开始买材料、买设备,经过三四个月的努力,终于成功生产出第一片刀片。当时,对市场来说,刀片就像及时雨,解决了商场的难题,销路自然很好。这样他们一做就是 9 年,80%左右的毛利率使超人成功地完成了原始资本的积累。"商场付款很爽快,而且利润率也很高。"回忆当年,应正得意地说,"从市场调查到快速实施,是我们第一次转型成功的关键。这使我感悟到,只有好的产品才能在市场里茁壮成长,差异化让我们尝到了甜头。"

1990 年底,该厂年营业额达到 300 万元左右,赢利 90 万元。从 1983 年投资生产以来,除了第一年亏本以外,1984 年至 1990 年,一直都保持了赢利状态。

二、商标争讼 走上"超人"之路

1990 年,正当应正和应平祥兄弟对厂房进行扩建的时候,麻烦却找上了门。应正、应平祥在专心致志管理厂房建设的同时,不得不分出很多精力来应付一场突如其来的跨国官司。

状告永康墁塘五金电器厂的是日本的日立公司,因为应正他们生产的剃须刀片的包装上印有"配日立刀片",并有日本日立品牌的商标,所以日立公司认为永康塂塘五金电器厂这样的行为侵害了日立公司的权利,请求法律给予判决。

事情的起因是日立公司的代表在大连一家商场内发现了一种配件,产品外包装上注有"可配日立剃须刀"字样及日立的商标图案,当时日立在中国市场上根本就没有推出这种产品,这一发现引起了日立的警觉。根据包装上的地址,日立公司顺藤摸瓜找到了永康,告应正他们商标侵权。当地工商局封存了所有的相关产品,还罚了款,这一下公司损失了1万多元。

俗话说,"吃一堑,长一智",这一桩国际官司给应正上了一课,他明白了品牌是企业的一种无形资产,在内心深处,也萌发了创造自主品牌的渴望。

"超人"诞生于1989年,当时一部同名的美国电影正在中国火爆上映。"当时的想法不过是想贴近消费者,取一个朗朗上口的名字,于是有了'超人'这个商标。"公司在1992年3月成功注册"超人"商标,从此,超人的发展开始进入快车道,不到3年,1995年,公司电须刀的产销量就登上国内第一的宝座。到目前为止,超人剃须刀相继荣获"中国驰名商标"、"中国名牌产品"、"国家免检产品"三项行业内无上桂冠,市场占有率居国内第一,国际第四。

谈到为何取名"超人",应正介绍道:"现在的超人,已经今非昔比,这个大气的品牌也被赋予了更多的含义——不断超越自我。现在,我们的目标是做出能与国外知名品牌斗艳媲美的产品,要用超越铸造世界超人。"

三、风鹏正举 打造中国个人护理小家电第一品牌

自1995年获得全国剃须刀产品中国品牌销量第一名以来,超人牌剃须刀连续多年保持在中国国产品牌综合市场占有率第一;相继获得浙江著名商标、专利示范企业等一系列荣誉。但公司并没有自满得意,而是继续快速发展。

超人集团于2003年将市场部迁址上海,利用大上海的人才优势,开创超人市场体系建设,真正建立了产品经理、品牌管理、推广策划到零售管理四位一体的市场部组织架构;2005年更是超人厚积薄发的一年,先后获得了包括"国家免检产品"、中国剃须刀行业唯一的"中国名牌"、中国剃须刀行业唯一经国家工商总局认定的"中国驰名商标"等各项荣誉。并获"国家高新技术企业"和"中国知识产权示范单位"称号,成为行业内唯一的集全部国家级荣誉于一身的中国剃须刀行业的民营企业。

目前超人小家电产品已从个人护理电器延伸到家居生活小家电两大系列十大类500多个SKU。集团公司坚持做专做精的企业发展战略,今后将逐步开拓两大系列的产品外延,特别是个人护理系列的美容、理疗电器;生活家居电器中的环境修复调节电器等,旨在打造一个全方位改善个人护理和生活家居体验的研发生产销售帝国,为成就全人类美好生活梦想而不懈努力!

第三节 案例剖析:超人产品聚焦战略成功的 关键举措分析

从超人公司的发展历程我们可以看出,超人集团在确定公司产品战略时基本具备实施聚焦战略的内外条件。公司最初在微型刀片的生产上可以说独树一帜,具备一定的竞争优势,有了一定的资金积累,此外,公司的经营机制灵活,市场反应速度快,加上整个外部市场环境也有利于公司的高速发展,正是在这些基础上,公司的产品聚焦战略才获得了巨大的成功。

一、资源聚焦——专心做好一件事

集中资源的目标就是为特定的一个或少数几个细分市场提供最有效的和最好的服务。企业一方面吸收资源一方面要将资源进行转化,转化为能直接为企业带来经济效益的显性知识。如果中小企业不能集中使用自己的资源,就很难建立自己的竞争优势。根据聚焦战略理论,多元化一般存在于资源丰富的企业中,且这些资源能够实现行业间的转移。对于资源不足的中小企业而言,如果有多个经营领域就会分散资源。

超人集团从最初起家时的剃须刀的微型刀片,到转型回归生产剃须刀,再到今天的个人护理小家电产业,我们都可以看到其集中使用资源,专心做好企业的核心产品这一基本经营理念。

不管是生产刀片,还是生产剃须刀,在当时的浙江地区,省内同行业的厂家有20多家,光永康就有七八家。而时至今日,那些厂家或转产或退出,在永康,超人成为唯一一家生产电须刀的企业。这在永康是很难想象的,怎么会没有其他企业跟进?应正说,也许是大家看我们做得太辛苦,利润率又很低,看不上这一块吧。他说过去的确风闻一些企业打算投资,可经过一番市场调查后,都没有了下文。话虽如此,但我更相信是超人集团十几年如一日的专注使得潜在的竞争对手不战而退。

了解永康经济的特色,才能体会到这种专注的不易。永康经济被称为浪潮经济,仅1995年以来,永康全县规模产品的大上大下就有三次:保温杯、防盗门、滑板车。永康百姓将这三次"一哄而上"的浪潮形象地称为:"举国同杯"、"致富有门"、"路在脚下"。此外还有摩托车配件和整机、拖把、太阳能热水器、健腹器、衡器等,也都经过潮起潮落。一个产品浪潮袭来时,很少有企业能够做到不随波逐流的,什么畅销生产什么,什么热门做什么,谁愿与真金白银失之交臂?在这些浪潮中,应正和他的超人集团却像一个绝缘体,与所有的热都不沾边,只是埋头干自己的事儿。

应正认为，从全球经济看，专业化和多元化都有搞得好的，但相比而言，专业化的企业更长寿。

二、业务聚焦——明确企业核心业务

核心业务是指在企业所有经营领域中占据主导地位的业务，该业务具有独特竞争优势、高成长率和良好的发展前景——这也是产品聚焦战略的焦点所在。

核心竞争力就是企业在核心业务的基础上构建的。企业的核心竞争力主要通过核心产品在市场上进行有形展示，再通过核心产品的无形属性进行强化，如服务到位、品牌效益等，一旦核心产品在市场上占据了领导地位，也将带动企业在该市场上构建核心竞争力。因此，核心产品是中小企业获得可持续发展最基本、最重要的要素。此外，企业将核心产品进行价值实现的同时，也将有形或无形地促进企业对资源的吸收，有利于企业进一步的发展。

从1983年生产刀片到1992年开始生产电动剃须刀，现在，再到如今吹风机和电熨斗等产品的生产，超人一直没有偏离以电动剃须刀为主打的路线。超人对自己的定位就是走专业化道路，非小家电不做、以个人护理系列为主打，卫浴小家电为辅助。目前，超人最具有竞争力的产品是电动剃须刀和电吹风，剃须刀居全球第四位，电吹风居全国第三位。

从超人集团对其主打产品的定位可以看出，企业将现有资源通过组织运行更有效率地聚焦在单一业务的核心竞争力上，即内部的聚焦整合。而当现有单一业务或现有单一市场不能满足企业持续发展的需要，企业无法发展壮大，核心竞争力的经济效益将会压缩，企业必须扩张的时候，这种扩张则是基于核心业务的相邻扩张，从刀片到剃须刀，再到电吹风电熨斗等个人护理小家电，无一不反映这种经营哲学。

三、市场聚焦——找准市场突破口

市场聚焦首先体现在细分市场的聚焦。

无论哪种细分市场，中小企业总会面临来自资源充足的成熟型企业全盘通吃的威胁。由于中小企业短时间内很难在资源规模上进行突破，因此只能先进行细分市场的突破。中小企业可以寻求差异化或者找准竞争对手的弱点攻击。如"五谷道场"推向市场时的定位是"非油炸，健康的方便面"，这样的一种差异化市场运作使得康师傅、统一等资源雄厚的竞争对手无法发力，获得了自己独特的细分市场领导者的地位。中小企业资源的能力有限，若与对手，尤其是强大竞争对手形成正面冲突，胜算的可能很小，而差异化或者找准竞争对手的弱点攻击则是一个以小搏大的机会点。

细分市场的聚焦并不是完全拘泥于某一个市场不变，将资金全部投放在某一种产品、一类顾客上,而是要做到"战略上聚焦,战术上扩张",以某个核心市场为基点发挥扩散协同效应,将企业在特定细分市场的优势转移至边缘相邻市场,根植核心市场发展企业优势获得更多的推动企业成长的资源。

就电动剃须刀而言,应正认为,由于不同的市场对外形、尺寸大小和功能的要求都不尽相同,针对消费者需求的差异,超人注重产品的差异化生产,形成了自己的风格和定位,这就是超人的成功之处。超人的风格在于关注中端市场。过去,高端市场几乎被国外品牌垄断,国内企业都在生产低端产品。2003 年,超人集团通过对电动剃须刀 100~200 元价位的中端市场进行近两年的探索之后,决定进入中端领域。应正介绍说,由于国际品牌受品牌形象以及品质成本等因素的影响,不愿意轻易进入中端市场;而在低端市场,由于生产厂家一味追求低成本,压缩渠道费用、质量层次等方面的原因也使之很难向中高端突破,所以这块市场近乎空白。

在剃须刀的中端市场大获成功后,超人又开始向高端产品发展。目前,超人集团已经形成了价格从数十元到数百元不等的低、中、高三档系列产品,适合各个消费群体,学生、打工者、白领都是公司的消费主力。

市场聚焦其次体现在渠道的聚焦。

如何提高销售渠道上中间商的积极性,加强和终端客户的联系,整合资源提高渠道的效益和效率,这也是市场聚焦的目的所在。超人集团在渠道聚焦上面的措施一是积极培养代理商的忠诚,二是探索适合企业发展的营销模式。

超人集团在区域代理商的市场规划和忠诚度培养方面走在国内小家电厂商的前列。在超人曾经发生过这样一件事:一位陕西的商人,商店经营多年,初具规模,希望扩大业务。一次,他带着大笔现金找到永康超人集团的总部,要求直接从厂家进货,却遭到了超人的断然拒绝。经过多日的软磨硬泡还是没有达成交易。于是他在超人大厅里大骂起来,说人家的货比超人便宜,而且不用付现金就可以进货,超人大概是吃错药了,不会做生意。公司副总裁应平祥了解了情况,便请这位商人吃饭。饭桌上,应平祥耐心地告诉这位商人,要进货可以找陕西的超人代理商,那里有货。作为超人集团,不直接发货,那是因为我们不能损害代理商的利益,说到这,应平祥请商人换位思考一下。最后,这位商人敬佩地说:"超人是真正的会做生意,我本来就是听说超人的产品好、信誉好才找上门的,想节省点成本……这次是误会了。"他向应平祥表达了歉意,并且表示立即回陕西去进货,而且要争取做好超人的产品销售工作。超人集团各地办事处的员工会对当地的卖场和其他零售终端进行细致化、深度化的管理,立足企业自身的产品、定位、层次等个性化属性,实现代理商渠道的清晰布局。由于合理的规划和正确的渠道建设,代理商的忠诚度也非常高。

另一方面,超人在营销模式上也是不断探索前行,始终走在时代前列。超人早在 1993 年就放弃百货站的经销方式,转而利用小商品批发市场建设经销渠道,不仅减少了大量的渠道占用资金,而且加快了货款的回笼速度,提高了整个渠道的效率。2008年以来,"超人"加速了营销管理的扁平化、精细化进程,将原有的从总公司到省再到县的管理模式,直接变成总公司到县的管理模式,并且对县级营销机构实施培训,使其具备直接服务消费者的能力。这一领先同行的营销模式,可以使市场信息反馈与生产衔接时间缩短四分之三,提高售后服务专业化、精细化水平,降低营销成本,为"超人"赢得生存和发展的竞争力。

随着当今电子商务的兴起,超人也积极发展线上电子商务业务,从一个小网店逐步发展到四个旗舰店,数百个专卖店,涵盖了整个互联网,比如淘宝、京东、苏宁易购等电商平台,销售额也已过亿,计划到2015年实现销售超5亿,2个品类达到销售第一,4个品类进入销售前5名的销售目标。

四、提升品牌——培育企业核心能力

聚焦战略将公司资源与能力配置到核心业务,剥离非核心业务,将资源集中在最具优势的领域,培育核心竞争力,建立持续的竞争优势,企业才能获得稳定健康的发展。企业要获得持续性成长首先应该明确自己的竞争优势,是产品的价格、品质、渠道的深耕能力,新产品的研发能力还是快速反应的能力等。

这种核心竞争能力是指企业对拥有的各种技术和技能进行协调、整合的能力。核心能力具有稀缺性、可延展性、价值性、难以模仿性等特征。对中小企业而言打造核心竞争力就是立足于企业资源,强化自身能力,专注做好某一产品或服务,在生存的基础上逐步培育协调、整合的能力,并将之转化为持续的市场竞争优势,进而得到长足稳定的发展。

超人为了赢得市场竞争,非常注重品牌的建设。在成功注册"超人"之后,为了打响超人品牌,应正选择在中央电视台做广告,这在电须刀行业是第一家。当时产品毛利率较低,同行怀疑他们是赔本赚吆喝。但正是中央一套黄金时间的广告,加上征集广告语、媒体宣传、路牌宣传等途径的立体宣传,使超人品牌很快在全国市场打响了名气。随后,"超人"品牌形象迅速提升,销量也直线上升,大家才恍然大悟。5年后,"超人"商标被评为浙江省著名商标。

超人品牌成为国内电须刀行业的第一品牌后并没有停滞不前,反而更加重视品牌建设,从超人(小飞人)的商标,SID到SID超人,商标的演变证明了企业的发展和与时俱进,SUPER IDEA DESIGNER就是超人的品牌性格。无数个行业第一,足以说明超人品牌建设的决心、信心和恒心。第一个规范超人企业形象识别系统VIS,统一规范企业的理念、行为和视觉形象,把企业朝国际化方向推进;第一个聘请企业形象代言人,通过聘请国际巨星胡军——银幕硬汉形象的代言人加盟超人,让超人的品牌形象提升到了一个新的高度;2005年"男人的第一把剃须刀——U+系列上市推广活动"第一次获得中国营销策划大奖;第一个花巨资聘请国际设计大师设计超人剃须刀、电吹风,并获得了国际设计奖,借此创造超人产品的核心竞争力,提升超人产品形象;今天的超人已然成为国际知名品牌。自1995年获得

全国剃须刀产品中国品牌销量第一名以来,超人牌剃须刀连续保持在中国国产品牌综合市场占有率第一,在用户心目中建立起良好的美誉度。

良好的品牌形象背后是超人的技术实力和优秀的质量管理。

超人集团不断提升产品质量,对于质量管理一丝不苟、近乎严厉。一次,一批出口德国的产品在运输过程中,一只货箱出现破损,重新装配时,偶然发现有一件产品不合格。应正知道后,毅然要求全部开箱检验。由于交货时间紧迫,违约则会蒙受巨额损失。有人建议不要大动干戈,因为老客户不会因为一只产品不合格而退货。但这个建议遭到应正的断然拒绝,结果,全部货物被开箱检验,以确认是否合格。为了不影响交货时间,原定的海运改为空运。企业为此损失 80 多万元,但是它却换来了超人重视质量、诚信为本的美誉,为企业带来了巨大的无形资本,也为超人成为国际化的企业奠定了基础。

在技术研发方面,超人集团总裁应正明确指出:"公司必须拥有自己的知识产权。"超人集团研发部开始向着行业的核心技术——刀头技术进军。通过对不同材料和加工工艺成千上万次的试验,一次次失败,又一次次重新上路……不知走了多少弯路,最终,超人集团花了近一年的时间终于找到了优质原材料与先进加工工艺的完美结合,完成了项目的开发,使中国电动剃须刀行业向前迈出了一大步,为企业开辟了新的生存和发展空间,超人集团也成了国内电动剃须刀行业唯一在刀头上拥有自主专利的企业。

超人不仅通过技术研发追上国际名牌的步伐,甚至和他们屡次短兵相接,在某些技术方向上超过飞利浦等国际一流品牌:"超人"投入巨资,组织强大的研发力量攻关,历时 5 年,终于在 2006 年研发出长槽与椭圆组合的新型刀头,大大提高了剃须效果,赢得了竞争优势。结果迫使竞争对手改变刀头设计来绕开"超人"的专利技术;2007 年,公司经过多年研究、反复试验,采用科学的设计方案使"超人"剃须刀的磁辐射比国际知名品牌的产品还低了将近一倍。不仅如此,为了迎合市场上健康环保消费的新需求,公司的研发部门研发出全球第一把具有释放负离子功能的剃须刀,该款产品能够在使用过程中释放出负离子,净化脸部周围空气,让剃须变成一种享受。该产品一经推出,就有众多国内外客商前来订货,前景看好,很快成为公司产品另一个新的发展点。

公司组织技术人员参加浙江大学、上海交通大学等高校的专业培训,还与清华大学、浙江大学、中国美院等十多个院校及美国、法国、意大利等八个国家和地区的研究机构进行了广泛的项目合作,使"超人"品牌剃须刀的多项技术走在了世界同类产品的前列。超人集团被中国国家标准化委员会指定为小家电标准起草委员会委员。公司研发部也多次受邀参与国家标准及行业标准的起草与研究工作,真正将公司的产品与国际产品接轨并实现超越。

第四节　结论与启示

从超人公司的发展历程可以看出,虽然采用产品聚焦战略给自身带来了一定的风险和压力,但同时也为超人在同行业的竞争提供了优势。超人的产品聚焦战略使它拥有了小巧灵活的优势,进而对市场变化可以快速作出反应,加快产品开发的速度,赢得全球市场。

产品聚焦战略的目标是通过满足特定消费群体的特殊需求,或者集中服务于某一有限的区域市场,来建立企业的竞争优势及其市场地位。聚焦战略最突出的特征是企业专门服务于总体市场的一部分。这种战略的优点是,能够划分并控制一定的产品势力范围,在此范围内,别的竞争者不能与之竞争,故其市场份额较为稳定。通过对目标细化市场的战略优化,企业能够获得以整体市场为经营目标的企业所不具备的竞争优势。

对企业来说,采用聚焦战略有三大基本的优势:

一是易于突出品牌特色。聚焦战略走专业化的道路,往往是以"独"、"特"见长,因而容易引起人们的注意,以鲜明的个性凸显在用户眼前,使品牌这一观念性的东西与企业产品、服务这些客观性的东西有机地结合起来。比如说,提起微软,人们会立刻想到它的操作系统,说起英特尔,人们马上就能联想到电脑芯片……在迅速发展的行业里,吸引顾客的注意力,需要的就是这种建立在专业化基础上的鲜明特色。超人的目标是当人们提起超人时就立刻想起超人的剃须刀。

二是有助于打造竞争力。核心竞争力是企业的立身之本,形成、强化、持续发展核心竞争力是任何一个企业都孜孜以求的目标。而要实现这一目标,就必须握紧拳头,集中有限力量,专攻一点,不断创新,使企业在这一方面始终走在前列,在这一领域内实现持续发展,提高该领域的进入壁垒,有效阻挡竞争对手的进入。英特尔的芯片、微软的操作系统、戴尔的直销模式等,无不是通过对核心竞争力的持续强化而始终走在最前列,带动着相关产业的发展,使任何想进入这一领域掘金的企业都要付出昂贵的代价。超人的聚焦战略已经使超人跃居世界第四、国内第一,在国内电动剃须刀领域,其核心竞争力已无法撼动。

三是易于管理。一方面,由于采用聚焦战略,企业的各个相关部分相互有机联系;另一方面,始终是在自己熟悉的发展方向上拓展,对各方面的问题了然于心,可以在原有的管理经验基础上不断完善,形成自己特有的管理理念、科学的管理制度和高效的运作机制。正是这一点,不少人都主张中小企业更适合聚焦战略,走专业化的道路,尤其是在多元化发展遇到困难时。前文我们一直在强调,超人的聚焦战略最终锁定在电动剃须刀并始终坚持,很大的因素在于应氏兄弟对这一产业的生产技术、组织管理、销售渠道、国际前沿一直追踪掌握，进而发展到引领潮流。正因为熟悉行业，理念超前，超人才不断壮大，步步领光。这是聚焦战略的一个成功典范。

当然，我们也应该看到，明白道理容易，但为了"强"而坚持"专"的道路，采用产品聚焦战略，就意味着要割舍许多触手可及的利益，这对于我国许多中小企业的经营者来说，才是真正很难做到的。

企业家感言

超人集团应董感言

超人从创立之初的一家生产微型刀片的小工厂，在短短的 30 年内，发展到今天的规模，主要是源于我们一直遵循"三个坚持"的原则。

一是坚持"诚信"原则。这不仅体现在超人核心管理层的为人处事上，也体现在与经销商、供应商、社会各界朋友、广大消费者的合作上，我们都以诚信对待，所以我们才能有效整合各种社会资源，推动企业快速发展；

二是坚持"专业化"原则。随着社会的不断发展，企业面临选择的机会越来越多，如果企业盲目贪多，会受制于企业有限的资源和精力，会失去企业自己的特色，从而丧失竞争优势；

三是坚持"创新"原则。包括对企业管理模式和产品设计的不断创新。这一举措贯穿了企业整个发展过程。在当时环境下，其他企业很多做法是比较正常的，但是正因为大家都常态化经营，我们才能"超前一步"，走出企业自己的特色道路，发展具有特色的产品优势和服务优势。

（中国超人集团有限公司董事长：应正）

第九章　联宜电机:技术创新铸就中国微电机第一品牌

引　言

改革开放 30 多年来,浙江经济总量从全国第 12 位跃升至第 4 位,由资源小省逐步发展壮大为经济大省强省,民营企业的作用功不可没。然而浙江企业在发展中也存在着一些问题,如产业层次低、企业实力不够强、过分追求规模效应而忽视质量、自主研发能力差、产品结构重复、管理粗放等,同时随着经济全球化、科技一体化进程的加快,企业之间的竞争已由产品竞争转向品牌竞争,品牌竞争成为企业提高市场竞争力和市场占有率的主要手段,品牌竞争包含了企业在资源、能力、技术、管理方面的综合优势,是形成并实现企业可持续增长的动力源泉。因此,如何建设品牌,提升企业的品牌竞争力,是当前浙江企业急待解决的问题。品牌建设中最核心的是技术,强势品牌的建设来源于技术创新能力的不断提升,因此在省委省政府提出的"两创"战略(创业富民、创新强省)中,强调要全面推进制度、科技等方面的创新,高度重视技术创新对经济增长的推动作用,不断增加研发投入,推动产业和技术优化升级。

第一节　理论框架

一、技术创新

(一)技术创新的内涵

熊彼特将技术创新概括为:把一种从来没有过的关于生产要素的"新组合"引入生产体系,其目的在于获取潜在的超额利润,熊彼特所指的"新组合"包括以下内容:①引入新产品;②引入新技术;③开辟新的市场;④控制原材料的供应来源;⑤

实现工业的新组织。技术创新理论就是基于熊彼特的创新理论衍生发展而来。缪尔塞(Mueser,1985)对 300 余篇相关论文的技术创新概念和定义进行了比较系统的整理分析后认为,技术创新是指一系列具有构思新颖性与成功实现等特点的、有意义的非连续性事件。国内比较权威的说法是 1998 年 8 月《中共中央、国务院关于加强技术创新,发展高科技,实现产业化的决定》中对技术创新的定义。文件认为,技术创新是指企业采用新的知识、新的技术、新的工艺,运用新的生产方式、新的经营管理模式,以提升产品质量,开发新产品,提供新服务,来占领市场、实现市场价值的过程。

以上的界定表明,技术创新应包括产品的研发、中试、产业化以及商业化的各个环节,只有当技术创新的成果成功商业化,整个过程才算真正完成。在企业不同的发展阶段,技术创新的含义也有所不同。例如对于技术实力雄厚的跨国公司来说,创新意味着开发全球领先的技术、工艺和产品,但是我国的绝大部分企业,由于其技术研发的能力相对薄弱,除了一些行业的龙头企业具有技术创新能力、能够通过创新提升全球竞争力外,大部分的企业尚处于跟随与模仿阶段。

(二)技术创新模式

技术创新模式主要是指技术创新过程中有关技术的产生、选择、应用与扩散方式的总和。技术创新模式的选择将直接关系到企业技术创新活动的实施,从而影响到企业未来的生存和发展。在技术创新的过程中,技术创新模式会牵涉很多因素,有企业自身的,也有企业外部环境的,这些因素在配置和组合方式以及结构上的差异就形成了不同的技术创新模式。

按照不同的理论和标准,技术创新模式有不同的划分,其中比较常用的是由安索夫、弗里曼等人提出的,按其来源和途径,把技术创新划分为自主创新、合作创新和模仿创新三种模式。

1.自主创新模式

自主创新模式是指企业以自身的研发能力为基础,实现创新成果的产业化、商品化和国际化,并获取商业利润的创新活动。自主创新具有领先性,其核心技术来源于企业自身的内部积累,如英特尔的电脑芯片、北大方正的中文电子出版系统就是其中的典型,这是区别于其他创新模式的本质特点。自主创新的优点是:一是自主创新企业早于其他企业构建起营销网络和供应网络,取得成本和市场认知度上的领先优势;二是自主创新往往能引发一系列的技术创新,带动一批新产品的诞生,并推动新兴产业的发展;三是会推动企业在人才培养、生产管理运作以及创新机制管理等方面的提高,从而带来更多的新产品;四是可在某一阶段掌控某项工艺或者产品的核心技术,在一定程度上影响该行业的发展,从而赢得市场竞争优势。它的缺点是:①资金投入巨大;②风险高;③持续时间长;④市场开发难度大,时滞性强。对于技术基础和技术积累不雄厚,没有长期投入准备的浙江民营企业来说,是无法进行自主创新的。

2.模仿创新模式

模仿创新模式是指企业通过学习模仿创新者的方法,引进、购买或破译创新者的核心技术,并以此为基础进行改进的做法。模仿创新有低风险、低投入、市场适应性强等特点,由于模仿创新是站在前人的肩膀上,通过投入一定的研发力量,主要是针对工艺和设计进行完善,因此在产品成本和性能上具有更强的市场竞争力。其缺点是:①仿制的产品推出时间较晚,上市后将迎来激烈的市场竞争;②模仿创新不利于核心竞争力的积累,在技术上受制于人,无法引领技术发展方向;③模仿者很难跨越技术壁垒,技术突破的难度大;④获得创新者的技术会耗费大量资金,且其技术可能已经落后。

3.合作创新模式

合作创新模式是指企业之间或企业与高校、研发机构合作共同创新的做法。合作创新既包括具有战略意图的长期合作,也包括针对特定项目的短期合作。在合作期间,各个合作机构资源共享,优势互补,以实现创新目标。随着合作创新模式的发展,又出现了技术主导型合作创新、融入大企业全球创新体系等多元化合作创新模式。实践中,企业的合作创新模式主要表现为产学研联盟、技术创新联盟这两种形式。它的优点是:①分散资金和市场风险;②增强研发实力,缩短创新周期;③通过有针对性的合作,弥补自身的不足,并分享各自的优势资源;④有利于机构间的知识分享和技术交流。缺点是:①各合作机构不能独自拥有创新成果,难以获得技术垄断优势;②各机构投入的技术资源在合作中的贡献很难计量,从而产生了知识产权保护以及技术成果的归属问题;③合作方为防止本企业的核心技术外泄,可能会隐瞒一些技术信息,导致合作创新效果不佳。

二、品牌建设

(一)品牌内涵

学术界有关"品牌"的定义很多,其中比较有代表性的有如下几种,广告之父大卫·奥格威认为品牌是品牌属性、名称、包装、价格、历史、声誉、广告风格等元素的无形组合,品牌同时也因消费者对其使用者的印象,以及自身的经验而有所界定。菲利普·科特勒认为品牌是一种名称、术语、标记、符号或图案,或者这几项元素的相互组合,用来识别企业提供给某消费群的产品或服务,并使之与竞争对手的产品或服务相区别。威廉·阿伦斯认为品牌指标明产品及其产地、并使之与同类产品有所区别的文字名称、符号或花式的结合体。可以看出,这些学者都将品牌定义为一种结合体或是综合体,认为它是一个涵盖许多内容的复杂系统。

(二)品牌建设

由于市场竞争的激烈,越来越多的企业意识到品牌是扩大市场份额的利器,逐渐形成"有品牌就有市场,有品牌就有竞争力"的观念,因此品牌建设的重要性日益凸显,品牌建设是指品牌拥有者对品牌进行的设计、宣传、维护的行为和努力。企业的品牌建设一般包括品牌环境分析、品牌定位、品牌识别、品牌核心价值确定、品牌推广这几个阶段。

品牌建设首先是要进行外部环境分析。市场环境总是动态变化的，企业只有对品牌建设所处的市场环境（例如消费者、竞争者、代理商、宏观经济）充分调研，然后进行 SWOT 分析，分析自身的优劣势，才能更好地研发新产品、制定合理的产品价格以及营销方式等，只有获得这些信息，品牌建设才能建立在坚实的基础上。

第二步要准确定位品牌，让消费者看到品牌时就知道"我是做什么的"，品牌定位是品牌建设的关键。在定位品牌的同时确定品牌的核心价值，这个阶段也是以充分的市场调查为基础的，找到消费者的最佳需求点后，以创新的观念确定自己品牌最核心的价值诉求。

第三步品牌识别，是指从产品、企业、人、符号等层面定义出能打动消费者并区别于竞争者的品牌联想，与品牌核心价值共同构成丰满的品牌联想，它是对品牌定位的重要补充。企业不仅在技术上要勇于创新，而且要用创新思维构建品牌的产品识别、组织识别、符号识别和个性化识别。

最后是品牌推广，这是企业塑造自身及产品品牌形象，使广大消费者认同的系列活动过程，其目的是提升品牌知名度。它指企业通过营销方式的组合，将企业的品牌信息推广出去，以强化消费者的记忆，促使其产生丰富的品牌联想。品牌推广要以品牌核心价值统帅企业的所有营销传播活动，即任何一次营销广告活动如产品研发、包装设计、广告、街头促销甚至接受媒体采访等任何一次与公众沟通的机会，都要去演绎出品牌的核心价值。

企业的品牌建设活动要周而复始地进行，技术创新是该循环过程的基础，品牌建设的各个阶段都离不开企业的技术创新活动。因为品牌具有生命周期，会逐渐成熟、老化，甚至消失，只有通过技术创新开发出新产品，同时提高产品的质量，才能使品牌建设生生不息。

三、技术创新推动品牌建设的途径

国外研究技术创新对品牌建设的影响主要侧重案例分析，David A. Aaker (2001)、Helm Clive(2007)通过对计算机行业的分析表明技术创新成功创造了企业品牌，从而为企业带来收益；Bankston Karen(2006)研究发现技术创新是帮助电子支付渠道企业建立品牌最重要的因素；Steven J. Edelstein(2004)认为新兴的技术能够保护品牌的资产和品牌的知名度，且高科技产品能够降低顾客的选择成本，从而提高品牌的价值；Liliya Altshuler(2010)专门研究了丹麦科技公司的技术创新案例，发现领先的技术创新是品牌建设最重要的因素之一。国内学者从理论上和现实的案例中探讨了技术创新对品牌建设的影响，夏保华(2001)认为处于不同生命周期的技术创新决定了品牌的价值或知名度，持续不断的技术创新对建设品牌产生集合效应。谢洪明、刘常勇(2003)认为产品和企业所具有的各方面优势包括品牌价值都是通过技术创新创造出来的。

以上国内外学者的研究表明,技术创新推动了品牌的建设,它的影响途径可以从以下两个视角来阐述。

(一)要素视角

品牌包括三个要素:产品、质量、服务,三者缺一不可。技术创新推动品牌建设的途径主要是通过促进以下这几个方面来实现的。

1.通过加强新产品的研发来建设品牌

刘仲康(2000)认为消费者的需求是不断变化的,只有依靠技术进步,不断开发出各种新产品满足顾客的新需要,才能使品牌在与竞争对手的竞争中获得成长,这是品牌建设的一个客观规律;王志荣、段建萍(2009)认为产品市场会逐渐饱和,只要企业在产品上不断进行技术创新,新的产品市场是可以不断被创造出来的,在此基础上品牌就可以持续成长。

2.通过提高产品质量来建设品牌

质量是品牌的根基,许多品牌的成长过程都存在这样一个规律:由成功的产品形成产品品牌,再由成功的产品品牌塑造公司强势品牌(刘浦泉,2004)。在这个过程中,成功的产品是品牌成长的基础,而产品的质量则是成功产品的基础。海尔正是通过技术创新,在产品的质量、性能、外观等方面保持了先进,从而引领了潮流,实现了从冰箱品牌扩展到整个家电品牌,进而创立了中国名牌,不断发展壮大到世界名牌的一个飞跃。

3.通过提供优质的服务,包括售前、售中、售后的服务来建设品牌

海尔品牌的成功与它对客户高质量的服务密不可分,现在的服务是全方位信息化的服务,广告、销售、维修等服务都和企业的信息化技术相联系,因此企业通过技术创新来提高信息化水平,使得企业的服务能够更加高效的运行,从而提升品牌的美誉度。

4.通过积极参加标准制定,实现制度创新来建设品牌

企业参加相关标准的制定,是实力和竞争力的最高体现。随着经济全球化加深和国际贸易不断扩大,采用国际标准已成为全球普遍的发展趋势。企业通过积极参与国内外及行业标准的制订和修订,并提高企业采用国外先进标准的比例,从制度上进行创新,以提升品牌的影响力和市场竞争力。

5.通过知识产权保护,为技术创新提供保障来建设品牌

企业只有申请了知识产权保护,技术创新才能算是真正的创新。企业不论是开发了新技术、新产品,还是提供了新服务,都要通过知识产权保护,获得足够的自主权,才能通过创新给企业带来持续的利益,也为品牌的维护打下坚实的基础。另外,通过商标注册也能保护品牌的价值。

(二) 过程视角

企业技术创新对品牌建设的影响途径还体现在品牌建设的过程之中。在环境分析时,企业以消费需求为基础进行新产品的研发,拓宽品牌的覆盖面;在品牌定位阶段,企业通过技术创新建立自主核心技术,为品牌注入企业自己的核心价值,这是品牌建设的基础;在品牌识别阶段,企业加大设计方面的投入,在实用新型和外观设计方面进行创新,开发出更多符合品牌核心价值的产品,从而推动品牌建设。由于品牌建设是一个周期性的活动,因此技术创新在这其中发挥着基础性的作用,不断推动着品牌的建设。

第二节　案例剖析：联宜电机技术创新推动品牌建设分析

一、企业概况

联宜电机股份有限公司隶属于横店集团。横店集团位于浙江省东阳市,集团总产值近 2000 亿元,员工总人数达 50000 人,是我国特大型民营企业。集团下辖 60 余家子公司,业务涵盖三大产业,主要包括:医药化工、电子电气、影视娱乐。其中,英洛华电气有限公司是横店集团的支柱工业企业之一,集团拥有英洛华电气 90％的股份。英洛华电气于 2000 年收购了创建于 1968 年的原国有企业东阳仪表电机厂,通过资产重组成立了联宜电机有限公司(2012 年更名为联宜电机股份有限公司,简称联宜电机),对其拥有 90％的股权,同时,横店集团对联宜电机拥有 10％的股权。

联宜电机主要为客户提供高质量的微电机产品(微电机是指直径小于 160 毫米或额定功率小于 750 瓦或具有特殊性能、特殊用途的电机)。公司生产交流电机、直流电机、同步电机、无刷电机、推杆电机、伺服电机六个大类的微电机产品,各类产品的市场占有率如表 9-1 所示。

经过多年的发展,联宜电机现已成为行业内的一线品牌,主导产品占国内市场 70％以上的份额,企业和产品获得了社会和客户的广泛认可。公司被评为国家精神文明先进单位、全国创先争优先进基层党组织、全国青年文明号、全国模范职工之家、全国巾帼文明岗、全国劳动关系和谐企业,其产品 LINIX 微电机为高新技术产品、国家出口免检产品、中国名牌产品,获得全国守合同重信用单位、全国标准化良好行为企业、国家重点高新技术企业、国家创新型试点企业、国家信息化示范企业、国家知识产权示范企业、国家海关管理 A 类企业等称号,是中行、工行、农行等银行的 AAA 黄金客户,国家中小企业融资债券首批六家发行企业之一。

表 9-1 联宜电机产品的市场占有率(与竞争对手相比)

产品	竞争对手情况	联宜电机情况
交流电机	日本 Oriental Motor:国际上交流电机最早的生产厂家之一,40%左右的高端、精密行业都选择该企业产品。2010年总产量大约为230万台。	2010年联宜交流电机产量165万台,市场占有率约25%。
直流电机	德国 Dunkermotorn:自动门行业直流电机的始祖,专业制造自动门电机,2006年以前欧美80%以上的自动门市场被该厂家所占领。2010年自动门直流电机总产量大约180万台。	2010年联宜直流电机产量268万台,市场占有率约33%。
无刷电机	德国 Bernecker-Rainer Industrie-elektronik Gesm. b. H:欧洲第一大无刷、伺服电机生产厂家,主要是为各类精密仪器、智能监控系统、机床等行业配套。该企业产品附加值高,在行业中处于领先地位。目前欧美的智能监控系统基本上使用该厂家电机。	2010年联宜无刷交流电机产量18万台,市场占有率约8%。
推杆电机	丹麦 LINAK:专业的电动推杆生产厂家,主要是用于各类升降系统上,是办公室、各类办公家具等升降系统的龙头配套企业。2010年推杆总产量大约120万台。	2010年联宜推杆电机产量20万台,市场占有率约5%。
伺服电机	德国西门子、日本三菱、日本松下、日本三洋 该电机主要用于各种伺服控制系统和数控设备,由于我国控制技术相对落后,该电机发展相对滞后,国内市场基本被这些国际大公司占领。	近几年联宜电机与国内一流的大专院校、科研院所(如清华大学、上海大学、西安微电机研究所等)合作,联合开发了国内领先的用于服装机械、绣花机械、数控机床等的伺服电机和控制系统,取代进口。
同步电机	台湾东炜庭:该企业生产各类同步电机,主要面向国际,特别是亚洲、欧洲等国家的同步电机使用商,2010年同步电机总产量大约250万台	2010年联宜同步电机产量170万台,市场占有率约15%。
齿轮箱	德国 IMS Gear GmbH Planetary Gears:该企业专业制造行星齿轮箱,为汽车行业配套,如宝马,奔驰等高档车上很多减速装置都是由该公司提供的,在德国、美国、日本、意大利等都有生产基地。	2010年联宜电机齿轮箱产量15万台,市场占有率约18%。

作为横店集团及英洛华电气的子公司，联宜电机在发展过程中，不断受横店集团文化的影响，以英洛华电气为平台，充分利用各方的资源和优势，业务发展迅速。目前公司的注册资本为 5000 万元，拥有员工 1300 多人，销售额从 2000 年的 1800 多万元增长到 2013 年的 8.1 亿元，增长了 40 多倍。面对当前国内外恶劣的市场环境，当众多企业举步维艰之时，联宜电机的业务依然保持着稳步增长的势头。

二、技术创新情况

公司深刻认识到技术创新在企业品牌建设中的重要性，为此公司采取各种措施积极创新并取得了良好效果。目前，联宜电机已设计开发 1 万多种电机产品，为全球 150 个国家和地区的 8000 多家不同需求的客户提供个性化服务。公司参与了两项国际标准的制定，起草了 63 项国家、行业标准，与 20 多家全球 500 强企业建立了合作，拥有自主知识产权的国内外专利 2000 多项。目前公司专利产品的产值占总产值的 60％以上，发明专利、实用新型专利、外观专利的实施转化率分别为 97％、93％和 83％。"整体式直流无刷电机"和"可拆卸式齿轮减速机构"等多种专利产品获得了各级政府颁发的专利实施奖。目前承担国家 863 计划项目、火炬计划项目、国家星火计划项目、国债项目、国家信息化示范工程项目等 35 项国家级项目。

这些成果的取得是跟公司强调技术创新、注重研发分不开的。

首先，公司每年吸引和招收各类大专院校本科和研究生几十人，充实到研发和技术工艺团队，成为开发新产品和发展自主知识产权的生力军。

其次，公司还与国内一流的大专院校、科研院所进行科研合作或共建研究所，同时还引进外国专家和在国外建立实验室，是国家认定的电机技术中心，公司先后与清华大学、浙江大学、西安电子科技大学、上海大学、浙江工业大学、信息产业部电子第二十一研究所、西安微电机研究所共建研发中心，建立了博士后科研工作站、院士专家工作站、国家稀土电机工程中心联宜研究院、中国科学院联宜研究院和清华大学、浙江大学、上海大学联宜研究院以及西安电子科技大学研究生院联宜实习基地和 UL、CE 认证联宜实验室及美国明尼苏达州联宜电机实验室、德国慕尼黑联宜电机控制实验室、日本东京联宜电机材料实验室。

再次，公司还从组织制度方面来保障创新和研发，制定了创新管理制度和创新办法，鼓励员工提出各种类型的建议。公司于 2005 年设立"创新管理办公室"，广泛征集员工的创新建议，并发放创新奖金。2005 年设立创新奖金至今，创新奖励近三千项，共计发放创新奖金近百万元，每月公司宣传栏上张贴有公司月度创新汇总及奖励。员工的建议通过评审后，一方面在公司范围内推广，另一方面公司按建议的意义和作用，发放金额不等的奖金，并对能产生重大影响的建议以提出者的姓名命名。在此制度的激励下，公司的创新建议层出不穷，创新氛围热烈，公司的这一独特创新方法曾被金华市有关报刊报道。公司还开设了"员工意见箱"，鼓励所有员工真实反映问题。

联宜电机采用的创新管理流程如图 9-1 所示。员工将日常工作中发现的先进方法以个人或部门名义提供给办公室。办公室(创新办)每月按《创新管理办法》组织评审小组对创新项目进行评审,对评审通过的项目进行分类和奖励。同时办公室总结超额完成的创新计划的经验,分析未达成目标的原因,并针对性地制订改善措施及计划,以监测推进创新的实施和应用。

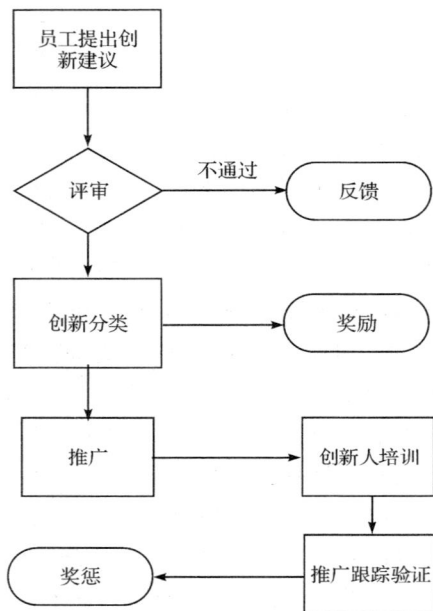

图 9-1　创新管理流程

三、品牌建设之路

品牌建设的第一步是环境分析,这方面联宜电机非常重视,公司董事会、高层领导采用五力模型、SWOT 分析、PEST 和 KSF 等分析工具对企业的外部环境和内部能力进行了战略分析,认为在世界工业自动化的不断发展导致微电机需求量不断增加及微电机制造产业整体向中国和第三世界国家转移的特殊情况下,公司需要重新进行战略定位。

通过五力模型分析,公司发现微电机行业的竞争特点为:在公司合理的供应商管理策略及现实情况下,公司对其产品价格影响最大的原材料供应商拥有较强的议价能力;与国内外不同的竞争对手相比,公司有着自身的优势,这些优势可以转化为其在各行业及市场相应的竞争优势,与竞争对手相比总体竞争形势较好;在客户方面,根据公司采取的规模化、标准化生产与客户定制并重的策略,在标准化的产品进入市场时,采用市场价格,在面对要求定制化的客户时,公司凭借以上优势,拥有较强的价格谈判能力;在目前行业成长环境下,新进入的企业由于规模较小,技术含量不高,并没有对本公司产生较大影响;以目前企业所拥有的产品系列基础,考虑到其应用行业的广泛性,基本无替代品威胁到企业已有产品的发展。同时,为更好地了解公司自身的优劣势及发展过程中面临的机会与威胁,公司还编制了 SWOT 分析表(见表 9-2),即通过研究宏观经济发展趋势、国家产业政策,对企业进行内部调研等方式,对企业有一个更加清晰的认识。

表 9-2　SWOT 矩阵分析

外部机会与威胁	机会(O) O1 国家"十二五"规划; O2 世界工业自动化的发展,对微电机的需求量不断增加; O3 我国已成为全球微电机的主要生产基地,行业发展前景广阔; O4 微电机产品应用范围广泛; O5 国家积极的货币与财政政策; O6 国家基础设施建设的进一步深入; O7 对微特电机技术要求的不断提高,致使行业出现整合的机会。	威胁(T) T1 微电机行业内企业众多,行业竞争较为激烈; T2 铜、铝等原材料价格波动较大; T3 能源短缺导致能源价格波动; T4 精密高档产品主要由外资企业提供; T5 周边居民对企业环保提出更高的要求。
内部优势与劣势	优势(S) S1 公司发展时间长,文化底蕴较浓厚; S2 拥有品牌优势,用户认可度较高; S3 知识产权和研发团队优势; S4 战略执行能力较强; S5 产品设备与技术较先进; S6 产品结构多样化,性价比较高。	劣势(W) W1 员工人数较多,整体素质不高; W2 管理水平不高,影响企业进一步发展; W3 营销网络不完整,制约企业销售额进一步提高; W4 近年负债规模上升,有息负债占比较高。

除此之外,公司还进行了 PEST 和 KSF 分析,综合这些分析,将公司战略确定为:以国际化眼光、未来眼光融合创新型思维,实施从产品买卖向品牌营运的转型,从产品制造商向以技术为核心的综合服务商的转型,打造具有金融营运背景的微特电机行业龙头企业。整合全球优势资源,抓住世界产业分工合作重新洗牌的有利时机,大力发展和创新应用技术,发挥自身的比较优势,全力打造国内一流国际知名的电机品牌。

从以上可以看出,为了打造好公司的品牌而进行环境分析的重要性。同时,在联宜电机 30 多年制造微电机的发展历程中,公司早期侧重产品制造,对品牌建设关注不足。2000 年,许晓华就任公司董事长、党委书记、总经理后,经过一段时间的探讨和实践,许总认为要以"品牌发展"为中心创建先进制造业。中国的制造业更多地重视产品的生产和销售,相对忽视品牌的创建和建设,结果虽然有很好的产品,但绝大部分利润都让外商赚走,沦为外商的制造工厂。他认为品牌是企业核心竞争力中最重要的因素之一,因此提出了"基于自主知识产权的品牌建设"为核心的发展战略,将创建"LINIX"作为企业的生产经营中心,此后一直致力于将"LIN-IX"打造成国际一流的微电机品牌。现在,"LINIX"牌微电机已成为中国名牌产品,国家免检产品,是国内电机行业最值得信赖的品牌,是"中国驰名商标",已在66个国家注册,并在国内对十大类商品进行了注册。其品牌引起国际市场的广泛关注,"欧元之父"罗伯特·蒙代尔曾专程到联宜电机考察"LINIX"的创建发展历程。

联宜电机的品牌建设包括企业形象和产品形象建设,公司采用了以下三种方法来提升企业形象。(1)提升企业的知名度,就是让大家知道我们。一方面培养认同"开放、包容、创新"的公司理念的干部员工,让大家通过公司的员工认识我们的企业;另一方面注重商标建设,通过网络、展会、电视、报刊等开展商标、品牌推广。(2)提升企业美誉度,让大家说我们好。一方面公司80%以上产品为客户定制产品,通过个性化服务提升客户价值。在提升有形价值的同时附赠无形价值,提升企业的美誉度;另一方面,通过争创各项先进荣誉,取得各界的关注和帮助支持。(3)提升企业的信任度,让客户信任我们。公司提倡终身服务,让客户拥有受尊重的感觉。通过"LINIX"品牌创建和"联宜电机,平衡动力"的品牌文化及其承诺,联宜电机和"LINIX"品牌的知名度、美誉度和信任度都在不断提高。

四、联宜技术创新推动品牌建设的路径

联宜电机利用技术创新,对品牌的三个要素:产品、质量、服务进行改进,最终推动了"LINIX"品牌的成长。

(一)通过不断推出新产品来建设"LINIX"品牌

联宜电机通过技术创新,已设计开发了1万多种电机产品,为全球150个国家和地区的8000多家不同需求的客户提供个性化服务。这样,新的市场就不断被创造出来,推动了品牌的持续成长。

(二)通过提高产品质量来建设"LINIX"品牌

高质量的产品是品牌建设的基础,为提高产品的质量,联宜电机采取了以下两大步骤:

1. 首先对企业的组织结构、生产结构、产品和市场结构进行调整。设立了直接面对市场的客户服务部、客户发展部、知识产权部、供方服务部、供方发展部、项目发展部和产品研发中心、技术中心、各电机事业部等,提高了企业对市场变化反应的灵敏度和适应市场变化的运行效率。在生产结构上,将那些普通的、通用工艺生产的、简单的、技术含量低的零部件全部委托加工,公司对这些零部件实施组织协调配套和质量监控,组织起严格的供应链。而电机的关键零部件和核心技术由公司内部生产制造,保证了电机产品的质量和技术上的先进性。

2. 建立了完善的绩效改进系统。包括设定公司级/一级KPI以及部门级/二级KPI;为指标设定目标和标准值;定期对指标进行监测和分析;根据分析结果实施改进;评审改进实施结果。在具体改进方法上,主要运用ISO1900、ISO14001、OHSAS18001质量和健康环境管理体系来不断提升公司的绩效水平;同时还对公

司和全体员工的业绩和能力进行评估和改进；引入了 QC 小组、现场 6S、精益生产等多种改进形式；从 2004 年起，公司就开始导入"卓越绩效评价模型"，2011 年与浙江大学管理学院合作，借用管理学专家的视角，按照国家《卓越绩效评价准则》对公司经营管理的全过程及其结果进行了系统的评估，确定了改进的方向，以此推动公司整体的绩效改进。具体的绩效测量、分析和改进流程如下：

公司首先从长远战略规划出发，按"六合文化"的要求，综合考虑各利益相关方的平衡与和谐，制定公司层面的 KPI，并结合各价值创造过程和价值支持过程的要求，将公司 KPI 分解到部门 KPI，继续向下分解至岗位 KPI；公司在日常运营过程中，不断监测各 KPI 完成情况，并定期组织各种形式、各种层次的绩效评审会议，分析 KPI；公司将 KPI 的分析结果作为未来改进的依据。在改进过程中，公司不断积累、传递、共享知识，逐步促进公司走向更高层面。整个组织绩效管理体系见图 9-2。

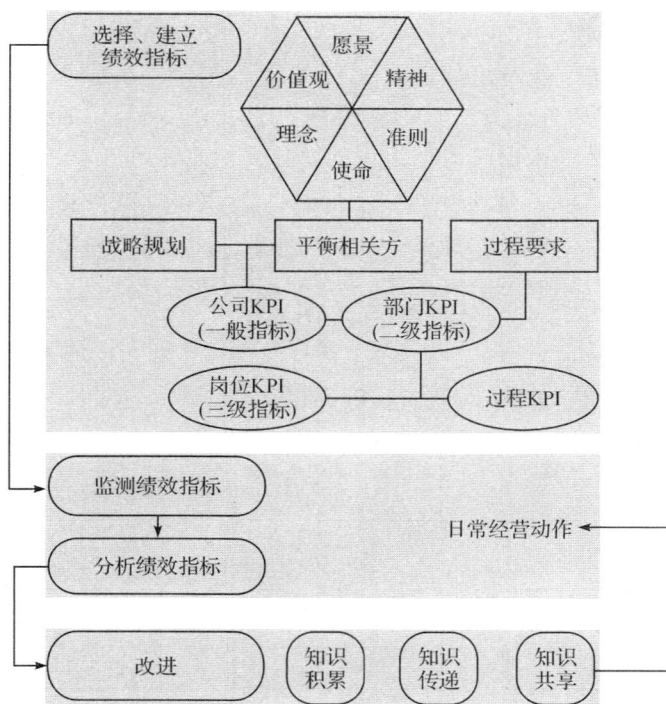

图 9-2　联宜电机绩效管理体系

在绩效测量阶段：公司将平衡记分卡与公司的"平衡"理念相结合，通过关键成功因素分析将战略目标从财务、顾客与市场、内部过程绩效、员工学习与成长、社会责任等五个维度展开（参见下图 9-3），并同时仔细分析指标对于战略的作用，确定出公司层面的关键绩效指标 KPI。进一步地，将公司层面的 KPI 分解至部门 KPI 以及岗位 KPI。各部门还根据其职责、设计的过程要求，制定反映过程有效性的过程绩效指标，形成了覆盖组织绩效和日常运营的绩效指标体系。

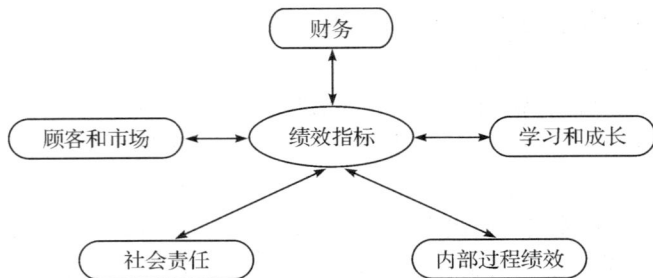

图 9-3　联宜电机绩效指标维度

在绩效分析阶段：联宜电机针对不同的绩效类别采用不同的分析方法，从而有效评价和分析组织绩效，例如针对质量问题，采用水平对比、因果分析、汇总分析、帕累托图的分析方法，针对战略 KPI，采用 SWOT 分析、水平对比、纵向对比、趋势分析、绩效面谈的方法。

在绩效改进阶段：公司采用整体流程效益（Global Process Efficiency，简称GPE）作为公司改进的整体方法。GPE 是一种自我评估工具，通过衡量组织内部的各项综合性质量活动来反映出该组织的总体质量水平和流程效益。顾名思义，这是针对组织内的所有流程而开展的一种质量改进活动。GPE 关注的是和我们的产品、服务有密切关系的那些流程，旨在通过对企业关键流程的改进，调整组织的战略、顾客和市场定位、资源配置并最终实现组织的改进质量管理，提高客户满意度。公司通过 GPE 来建立一个完备的、有机的、系统的质量改进体系，使组织的预防性流程体系日趋成熟，从而提高组织自身的流程效益和核心竞争力，最终整体上使组织的综合运营更加有效，从而获得更好的市场认同，公司改进流程见图 9-4。

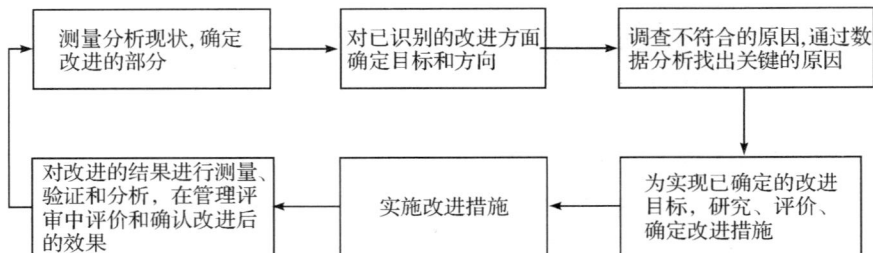

图 9-4　改进流程

（三）通过提供优质的服务来建设"LINIX"品牌

在技术创新的基础上，联宜电机加强了为客户服务的力度，其服务理念是"个性化服务"加"终身服务"，为客户提升价值。公司配备了二十多人，为各国各地区客户提供良好的售中和售后服务。同时加强对世界 500 强企业和重点客户的关注度，提高服务质量。客户服务部通过多种渠道受理顾客投诉，然后投诉被分类递交到相应的责任部门按规定的期限进行处理，同时按照对顾客和公司的影响程度进行评估,将其级别分为红色级别和黄色级别,每天、每周对处理进展进行评审,以保证投诉的尽快解决。对于每一个投诉,客户服务部和品管中心要与责任部门一起进行原因分析和定期统计。通过分析顾客投诉的类别、产品分布及平均解决时间,及时发现共性问题并予以改进。为保证客户投诉渠道的畅通,公司客户服务部设立了顾客投诉热线,由专人对客户投诉信息加以收集,并反馈至品管中心,由品管牵头解决客户投诉问题,相关责任部门必须在72小时内采取纠正或预防措施。

在处理过程中,客服经理负责收集、整理顾客投诉信息,品管中心负责处理或牵头处理顾客投诉,并对投诉处理情况进行跟踪,以保证投诉的尽快解决。对于未能按期解决的投诉,要上报公司高层领导。当投诉处理完毕后,由客户服务中心进行顾客回访,只有经顾客确认后,过程才终止。

同时,由于微特电机行业技术含量低、产品同质性强,竞争激烈,因此公司非常重视通过营销网络来为客户提供服务。为了使公司的产品信息更方便地到达客户,公司除了在国内外设立办事处和选择品牌运营商外,还采取杂志、网络、展会等多种途径。对于战略性客户,公司非常重视与他们建立全面战略合作伙伴关系,通过联合开发,增加互动,建立更加长远、稳固的客户关系。公司建立了以品牌部和市场发展部为主导的售后服务系统,通过信息网络、短信平台等跟踪服务,赢得顾客满意,从而为建立持续、稳固的客户关系奠定基础。

(四)通过积极参加标准化制定,申请专利来建设品牌

联宜公司参与了两项国际标准的制定,起草了63项国家、行业标准,这些活动扩大了品牌的知名度,同时拥有自主知识产权的国内外专利2000多项,其中发明专利近300项。目前公司专利产品的产值占总产值的60%以上,发明专利、实用新型专利、外观专利的实施转化率分别为97%、93%和83%。"整体式直流无刷电机"和"可拆卸式齿轮减速机构"等多种专利产品获得了各级政府颁发的专利实施奖,通过申请专利,从法律上保障了技术创新的知识产权,增加了品牌的附加值。

同时,公司还通过完善的营销网络来进行品牌推广。现客户已遍布一百多个国家和地区,客户有8,000多个,其中世界500强企业25家,例如Panasonic、Lenze、CHAMBERLAIN、ABB、SAMSUNG等著名公司。结合公司的市场战略目标,围绕"重点发展30%的客户,占领70%的市场"的拓展思路,联宜电机一方面拓展以北美、欧洲、南非、东南亚等地域为主的国外市场,另一方面拓展以浙江、广东、江苏、福建、北京、天津、上海等地市为主的国内市场。公司的营销方式包括设立办事处和业务员直销,以及在国内外多个地方通过经销商进行经销。当前在国外市场设立了5个销售区,在美国、意大利、德国、韩国设立了分公司和经销商。公司同时也很重视国内市场的开发,目前公司的主导产品占国内市场70%以上的份额。公司把营销的主要精力放在华东和华南,因为华东和华南是国内微机电产品的制造和生产集散中心,物流系统发达,而且是公司总部所在地,具有较好的经济基础。

第三节 结论与启示

从以上联宜电机的案例剖析中可以看出,企业要有效地以技术创新推动品牌建设,需注意以下几点:

一、要建立起有效的组织制度和文化环境

有效的组织制度可确保技术创新的顺利实施,技术创新的发起需要员工的积极参与和投入,必须以一定的制度体系为基础,特别是在员工的管理和激励方面。要在企业内部形成一种崇尚创新的文化氛围,鼓励员工发现潜在市场,并保持对开拓新市场的兴趣。要理解创新、重视创新和参与创新,形成鼓励与容忍创新失败的文化环境。

二、技术创新要与员工绩效挂钩

对创新行为的效益要准确测量,应建立对技术创新进行奖励的正式机构,例如联宜电机为此成立了"创新管理办公室"。要容忍创新失败,建立鼓励技术创新的薪酬体系。企业对技术创新的奖励应该公开宣传,不仅重视精神鼓励,也要高度重视物质激励,大量的事实证明,科技人才收入低是最主要的消极因素,因此应努力提高其收入水平,促使科技人才积极创新。

三、企业的人事部门要为技术创新和品牌建设提供支撑

要促进企业内部之间的沟通,例如联宜电机经常通过微博等工具进行技术创新的交流,只有加强对信息和技术的共享广度和深度,才能产生好的创意,产生创新思维,同时通过广泛的培训,使员工理解品牌建设的重要性。

四、重视品牌和知识产权的保护

为加强对技术创新的知识产权保护,联宜电机专门成立了品牌管理部和知识产权部来做这方面的工作,一方面可以保护本企业技术创新的成果,另一方面防止侵犯别人的知识产权,把知识产权管理工作贯穿于技术创新的全过程。

参考文献:

[1] Museser R. Identifying Technical Innovation [J]. IEEE Transactions on Engineering Management,1985, EM—32(10):158—176.

[2] David A Aaker. The Value Relevance of Brand Attitude in High Technology Markets [J]. Journal of Marketing Research,2001,38(4):485.

［3］Helm Clive. From Tech—led to Brand—led has the Internet Portal Business Grown Up ［J］. Journal of Brand Management,2007(14).

［4］Bankston Karen. Technology Behind the Brand ［J］. Credit Union Management,2006(29) .

［5］Steven J. Edelstein. Brand Marketers Seek Emerging Customer Care Technology ［J］. Response,2004(13).

［6］Liliya Altshuler. Branding Capability of Technology Born Globals ［J］. Journal of Brand Management,2010(18).

［7］谢洪明,刘常勇.技术创新类型与知识管理方法的关系研究［J］.科学学研究,2003(10):539 —544.

［8］夏保华.企业持续技术创新的结构［M］.沈阳:东北大学出版社,2001.

［9］王俊峰,程天云.技术创新对品牌价值影响的实证研究［J］.软科学,2012(9):10—14.

［10］刘仲康.试论品牌成长战略［J］.南开管理评论,2000(1):24—27.

［11］王志荣,段建萍.试论技术创新与品牌管理的关系［J］.科技创新导报,2009(28):198—199.

［12］刘浦泉.从一份报告看中国企业的品牌竞争状况［J］.商业文化,2004(7):29—32.

［13］刘婷.基于技术创新的高技术品牌成长研究［D］.北方工业大学,2012.

［14］时玉婷,刘家顺.企业技术创新提升品牌竞争力的机制与路径—以海康威视为例［J］.河北联合大学学报,2012(3):26—29.

［15］刘立治.企业自主品牌创新核心技术开发路径与模式研究［J］.技术经济与管理研究,2008 (6):26—55.

企业家感言

联宜电机许董感言

联宜电机自 2000 年重组，至今已过去 14 年，从当年的一家销售额只有 1000 多万元的企业发展到现在年销售额近 6 亿，这其中既有政府和横店集团的大力支持，也离不开全体员工的努力奋斗。

这 14 年来，我们坚持以微电机制造为核心的一体化经营，坚持以技术创新推动企业的品牌建设。现在，LINIX 微电机已成为中国微电机知名品牌，产品出口到欧洲、美洲、东南亚等 100 多个国家和地区，客户中有 20 家世界 500 强企业，公司已经形成了节能电机、减速机构、电子制品、电气产品 4 大类 300 多个规格 3000 多个品种的 680 万台年生产能力，拥有各项专利 2000 多项。

在企业 14 年的发展历程中，我们还逐渐发展了联宜特有的"六合文化"（愿景、价值观、精神、理念、准则、使命），它是企业发展之魂，是联宜技术创新和品牌建设的根基。为了实现联宜的持续发展，我们将继续坚持六合文化、技术创新和品牌建设三者的统一。

（浙江联宜电机股份有限公司董事长：许晓华）

第十章 西贝虎公司：横空出世的"西贝虎"特种车辆

引 言

几十年来，中国汽车行业得到迅猛发展。中国已经在次贷危机中跃居世界最大汽车生产国和汽车销售市场，这一成就即使仅仅在新世纪之初也令人难以想象。2011年，我国汽车生产1841.89万辆，汽车销售1850.51万辆，虽然产销增速13年来首次低于3％，但产销总量继续位居世界第一。然而，由于缺乏核心技术，我国的汽车工业相当一部分还只是组装业，而非真正的自主发展产业。

中国市场上乘用车销售多年来一直由外资品牌占据大头，自主品牌所占无几，并且在市场波动中往往显得相对脆弱。更令人忧虑的是，技术缺口有可能成长为长期困扰中国汽车工业发展的难题。

在我国汽车产业，引进技术带来的直接结果是，我国汽车技术自主创新的能力提高与体系建设缓慢，赶不上跨国公司对我国汽车技术市场垄断的速度。外资企业凭借其设计技术、营销技术及品牌等技术领先优势控制并占据了我国汽车行业的国内市场，挤压了我国汽车民族品牌创造的空间。我国汽车产业对外国技术的依赖日益加大。这既不利于我国汽车产业以技术为核心的国际竞争力的持续提高，也将进一步拉大我国与发达国家在汽车技术上的差距。

在汽车行业，尽管我国已形成一批有经济实力和竞争力的国有大企业或企业集团，但由于行政体制分割的制约，它们往往难以自主地合理调整企业发展的组织规模，导致在与跨国公司的竞争中很难形成强有力的生产体系，结果是我国的单个企业在同跨国公司的全球生产体系竞争中处于劣势地位。这将可能使我国的产业结构升级及产业发展失去自主的微观基础。

2000年前后，是中国汽车行业发展的一个重要时期。这一年，中国民营汽车企业吉利光芒四射。后来，吉利在香港借壳上市、在马来西亚建厂、参加法兰克福车展……李书福和他的吉利，燃起了男人追梦的热情。浙江有很多企业家开始涉足汽车业，有很大一部分原主业是汽配，以造SUV为主。

贾文良,同样是浙商,毫不掩饰他对李书福的推崇。"李书福能做到的,凭什么我们不能?"然而,如果进入的行业技术含量较低,竞争对手太多,必定举步维艰,因此必须另辟新径。他要做别人没有想和不能做的事业,做附加值高、生命力强的高科技产品,这样可以避开和减少竞争。

带着这样的理念,贾文良通过一位朋友的推荐,开始研发当时在国内还没有的项目——水陆两栖全地形特种车。他毅然决定把在广东东莞办了7年的"通达合板公司"迁回了浙江义乌。同时,他还把自己的房地产和加油站交给了两个弟弟和一个妹妹来打理,自己全身心地创办了"义乌市西贝虎特种车辆有限公司"。

与国内外其他大型汽车企业相比,民营造车企业往往在资金、技术等方面面临着劣势,处于一种非平等竞争状态,不少民营企业从汽车产业进而又退。民营企业造车难,说到底是这个行业太大,门槛太高,技术要求高,与大品牌差距大。要想跟上去,需要不断投入,而这需要大量资金。民营企业毕竟底子薄,很难经受这样的折腾。再加上银行对民企造车的信任度不高,不肯轻易放贷。

有激情,有钱还不够,还需要持久的坚韧。在贾文良的坚持下,义乌西贝虎成功实现了转型升级。他的成功转型升级,对于研究中国汽车产业转型升级具有典型的意义。

第一节　理论框架

中国汽车行业的发展,是一个引进和吸收外国技术加以创新和发展的过程。

在传统的国际经济学理论中,关于国际产业发展、技术转移的研究,较早形成理论的是20世纪30年代的日本经济学家赤松要提出的雁行发展模式。此外,还有弗农(R. Vernon)在20世纪60年代提出的产品周期理论。这些理论对地域间或国际间产业与产品的周期性发展进程,以及由此导致的产业和产品的转移作了系统的描述和理论上的总结,对本案例的分析有着重要启示。下面作一概述:

一、雁行理论概述

雁行理论是日本经济学家赤松要教授1932年最早在《我国经济发展的综合原理》一文中提出的。他在30年代研究日本的棉纺工业历史时,发现一个趋势:明治维新后由于日本经济的发展,国内需求增加,促使棉线、棉织品的生产不断扩大,并逐步取代了棉线棉织品的进口,实现了进口替代。随后,由于国内生产的数量急剧增加,不但满足了国内消费的需求,还有剩余的用于出口,导致出口量不断扩大。因此,赤松要认为,日本的产业通常经历了进口新产品、进口替代、出口、重新进口四个阶段并呈周期循环,在图表上呈现出倒"V"形,酷似飞行中的雁阵。基于此,赤松要教授提出了有关后起国家的典型产业发展模式理论——雁行形态产业发展论。此后，由另一位日本学者山泽逸平将这个理论进行了扩展和修改，提出了引进、进口替代、出口成长、成熟、逆进口五个阶段。典型的雁行理论四阶段如图 10-1 所示。

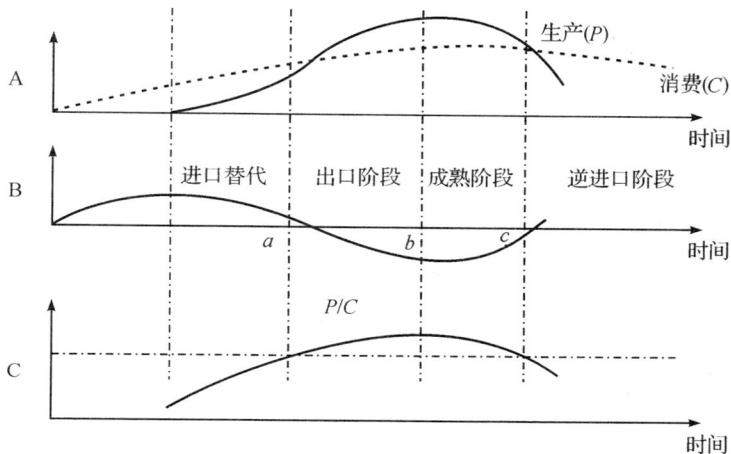

图 10-1　雁行形态发展的四阶段分类

从图中可以看出，当生产小于消费的时候，一国需要进口来满足国内的消费，随着生产的增长，当其超过进口时，就实现了进口替代。到达某一点的时候，生产和消费相等，表明此时国内的生产已经可以完全满足国内的消费了。此后，国内生产的产品不但可以满足国内消费的需要，还可以提供出口，出口因此增长。到达 c 点的时候，消费和生产再度相等，此后，消费的增长超过国内可以提供的产品的增长速度，新一轮的进口将会再次出现。

与此同时，一国的进出口也会相应地发生变化。首先，存在着进口替代阶段，其次是出口阶段，然后是产业成熟阶段，最后则是逆进口阶段。

图中 C 部分表示该产业国内生产和国内需求的比值，小于 1 的比值被称为自给率。刚开始的时候，比值小于 1，说明该产业在此阶段供给国内。随后的阶段其比值大于 1，说明不但可以自给，还可以供给他国。最后，比值再度小于 1，表明新一轮进口再度出现。

雁行理论原来属于国际贸易理论，是用于说明一国对某一同类商品在不同的经济发展阶段出现进出口变化的理论。但这个理论也可以用来解说各国在国际经济中产业状态的变化及其原因。该理论对后起国家在制定贸易与发展战略时能够起到参考作用。

从产业技术国际转移的角度看，雁行理论是投资国和被投资国之间的动态产业转移理论，它给我们的启示是：首先，从进口外国商品到实施进口替代生产是产业发展的必经之路，后起国家要有志于将先进国家原来占领国际市场的产业引入到本国来,将国内市场作为培育本国新产业的土壤;其次,重视规模生产与增强国内竞争对出口的基础作用,把出口产业的成长壮大建立在国内生产自然的外推趋势之上,顺应市场机制的作用。有这样的作用,政府鼓励出口措施就是一种有效的"顺水推舟"。世界贸易大国没有一种大宗商品不是建立在社会化大生产和国内相当程度的消费基础上的。重视了这一点,就能找到"内向型生产"与"外向型生产"的衔接点。

要注意的是,雁行理论揭示的发展轨迹是产业发展的后进国家追赶产业发展的先进国家,并未揭示后进国家如何在产业发展上创新的轨迹,也就是说,雁行理论所描述的过程是建立在追赶和模仿的基础之上的,这就决定了后进国家在新技术、新产品的引进过程中对先进国家有依赖性。处于雁阵最低梯级的国家如果只是单纯依赖从先进国家的劣势产业转移中获取利益,而不具备创新意识的话,将无法走出"引进—落后—再引进—再落后"的恶性循环。

二、产品生命周期理论概述

该理论是由美国哈佛大学教授弗农提出来的。原是用于阐明产品生命周期的,后来运用到产业上,成为分析产业转移的重要理论解说。该理论认为,如同人体要经过出生、生长、成熟与衰老一样,任何产品都有一个从产生、成长、成熟到衰退的过程。市场营销理论把新产品从投入市场到退出市场的整个过程分成四个阶段,即导入期、成长期、成熟期与衰退期。

弗农把产品生命周期分为四个阶段,分别为:

(1)产品的导入阶段。由于发明制造此新产品的公司独有此项技术,因此,其新产品出口量将不断增大,获得超额利润,甚至具有垄断地位。

(2)产品的成熟增长阶段。由于产品的利润高,导致仿冒者甚众,产品创始国在国外开始面临众多的竞争对手,利润开始下降。

(3)产品成熟阶段。产品生产技术已经标准化,原创始国不再具有技术优势,产品开始大规模的生产,产品创始国在国外市场的出口量逐步减少。

(4)产品进口阶段。此时产品创始国已经没有比较利益了,为了获得最后的增值,便将生产基地迁移到国外成本低的国家,同时开始新产品的研究开发。

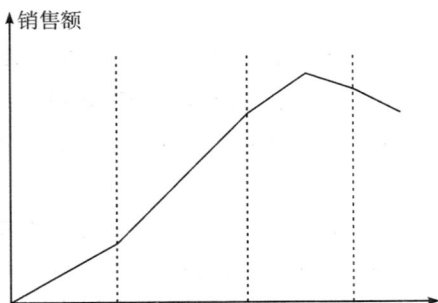

图 10-2　产品生命周期的四个阶段

在导入期，由于新产品刚刚投放市场，企业存在两方面困难。一方面，消费者与经销商对新产品不了解、不信任，存有戒备心理；另一方面，这个时期的新产品生产无论在所使用的设备、工艺，还是工人操作技术的熟练程度与规范方面，都还未定型，存在着许多问题。于是，产品质量不稳定，成本偏高。这也反过来更增加了消费者与经销商对新产品的不信任。于是，许多新产品在这一阶段夭折了。企业要渡过这个阶段的层层关口，就要下决心完善设备与工艺，提高工人的操作技术水平，以提高新产品的质量。同时，企业要投入大量资金进行有力的促销活动，以打开销路。

在成长期，成功渡过导入期的产品已被广大消费者所接受，市场全面打开，销量急剧上升。此时，企业也已克服了产品首创初期所存在的设备、工艺不成熟，工人的技术培训还来不及展开的局面，产品的质量大幅度提高，销售额与利润迅速增长。从产品生命周期图看，此时为销售曲线陡峭上升。

在成熟期，产品的销售量达到顶峰，此时的销售量主要靠消费者的重复购买来维持，产品的销售增长速度缓慢，市场净扩大率几乎为零。

在衰退期，又有更好的新产品出现，促使消费者的消费需求发生变化，转而弃之他投。产品因无利可图而退出市场，完成自己的使命，企业放弃该产品后，转而开发新的产品。

三、小结

由于产业是由产品构成的，因而产业生命周期与产品生命周期有相似性，但其也有着与产品生命周期不同的地方：

（1）产业生命周期的曲线变化率更为缓慢。因为某一产业是由众多的产品组成的，是众多产品生命周期的汇总集合，因而必然会比产品生命周期曲线变化率要小，这从产业的形成发展过程总要慢于产品的投入和生产过程中得到验证。

（2）产业生命具有明显的衰而不亡的特征。产业结构的演进历史表明。相对于新产业的不断形成，真正死亡的产业却并不多见，更多的产业是衰而不亡。导致这一现象出现的主要原因是技术进步，技术的进步常常可以使某一产业起死回生。

（3）产业生命周期和产品生命周期相比，具有不规范性。这也与技术进步有关。有些产业已经进入衰退期了，但是由于技术的原因，也往往会焕发青春，再次显示出成熟期甚至是成长期的一些特征。

对于本案例而言，全地形车作为特种车辆，其发展已经进入成熟阶段。

作为特种车辆，全地形车（All Terrain Vehicle，适合所有地形的交通工具），俗称为"沙滩车"，车辆简单实用，越野性能好，是一种集娱乐和运动于一身的车辆产品，主要在雪地、沙滩、泥沼、高尔夫球场等场地载人行驶，在欧美市场广受欢迎。全地形车用途广泛，主要应用领域涵盖了农业、畜牧业、林业、狩猎、景观美化、经营牧场、探险、工业、建筑及军事等。

在国外,水陆两栖全地形车发展到民用领域已有几十年的历史,两栖特种车被广泛应用于森林消防巡逻、矿物勘探、水上救援、防洪抢险、雪地探险、室外游乐等各种野外作业,而且还成了警方、军方执行任务时的好帮手,此外,它还曾多次跟随科学探险队赴南极、北极,作为考察活动的必备交通工具。除了军用、警用、探险、救灾等实际用途外,水陆两栖特种车还被更多追求高品质健康生活的现代人在户外运动时所钟爱。

与国外相对成熟的市场相比,中国两栖特种车市场仍然处在不断发展的朝阳阶段。国内这个领域尚在萌芽期,其发展前景将非常广阔。这正是义乌西贝虎进入该市场的重要原因之一。

第二节 公司发展历程

一、创业历程简述

公司董事长贾文良,浙江义乌人。他是家中长子,下有兄弟姐妹。十来岁时,去外地打工,先后干过泥瓦工、木工、油漆工。攒到一点本钱后,回到家乡做起了建材生意。1990 年前后,贾文良决定开一家专业卖三合板的店,不消几年就赚得了一笔钱,完成了资本的原始积累。1996 年,贾文良的第一家工厂开工,投了 1000 多万元,生产各种各样的花色板,"就是对三合板进行二次加工,那时候我厂里的品种在全国都是最多的,到现在也是最大的。"

2003 年左右,贾文良开始人生新的创业。他在杭州造了一幢酒店式公寓。

2004 年,经朋友介绍,贾文良开始代理海外品牌的水陆两栖车,花了数百万美元钱从加拿大进口了 30 多辆"ARGO"牌两栖车。

随着对水陆两栖车认识的加深,贾文良知道了这种水陆两栖车全世界只有加拿大和美国生产,而中国国内市场将会有广阔的需求前景。于是,贾文良希望在短时间内实现自主生产,中国制造。随后,他注册了自己的商标。

2005 年 10 月 24 日,贾文良成立了义乌西贝虎特种车辆有限公司,专业从事水陆两栖特种车辆的开发、生产和销售。

2007 年 11 月,这家民营企业联袂解放军装甲兵工程学院合作研发的首辆"西贝虎"水陆两栖特种车成功下线。它是一款我国具有完全知识产权的全地形作业的车辆,并于当年 12 月中旬我国第 24 次南极科学考察队"海冰探路"作业中,首次登陆银装素裹的南极,以其在冰面上自由行走和原地 180 度转弯的灵活性能,配合我国"雪龙"号大型科考船成功地完成了破冰之旅的各种科考物资运输任务,接受了最严峻的严寒作业测试,受到科考队的高度评价和赞赏。其后,"西贝虎"还成功地参加了四川汶川特大地震等救灾运输工作。

经过多年坚持不懈的努力，"西贝虎"逐步发展壮大，成为一家专业从事水陆两栖特种车辆的开发、生产和销售的高科技企业，目前已研发出多代车辆，国内外订单纷至沓来。义乌西贝虎特种车辆有限公司先后获得了1项国家发明专利、30项实用新型专利和6项外观专利，他们在没有国家标准、没有行业标准的领域里做出了很高水准的企业标准。2011年4月，"西贝虎"顺利通过国家机动车产品质量监督检验中心检测，产品符合欧Ⅳ排放标准。2011年8月，"西贝虎"整车出口检验合格，同月，"西贝虎"首次出口中国台湾，随即又成功进入美国、澳大利亚、俄罗斯、瑞典、泰国、朝鲜等市场。

图10-3　2008年1月18日，"西贝虎"在南极科考

二、公司发展大事记

2005年10月，义乌西贝虎特种车辆有限公司正式成立

2007年5月，"西贝虎"全地形车研制成功。11月，"西贝虎"成功下线，填补了我国在水陆两栖车领域的空白。12月，我国第24次南极科考队登陆南极，购买了两辆。

2008年汶川大地震，无偿捐赠两辆性能技术最先进的两栖运输车到抗震第一线。

2010年，为黑龙江大兴安岭开发出专用的消防款水陆两栖特种车，现已成为日常开展林业工作的必选装备。

2011年，为广东省公安消防总队研发生产了12台水陆两栖全地形车，装备国家陆地搜寻与救护基地。4月，"西贝虎"顺利通过国家机动车产品质量监督检验中心检测，产品符合欧Ⅳ排放标准。8月，"西贝虎"整车出口检验合格，同月，"西贝虎"首次出口台湾，随即又成功进入美国、澳大利亚、俄罗斯、瑞典、泰国、朝鲜等市场。2011 年底,"西贝虎"正式启动了引进自动化生产线的"大工程"。

2012 年,为浙江省军区物资采购中心和司令部动员处研发生产两栖专用车辆 8 台。2012 年生产的 120 余台水陆两栖全地形车,70％以上销往俄罗斯、瑞典、英国等国家。

2013 年 1—4 月份,出口"西贝虎"30 台,货值为 384734 美元,同比分别增长 100％和 158％。10 月 18 日,在浙江股权交易中心挂牌成长板。

第三节 案例剖析

一、"西贝虎"推动中国市场走向成熟

贾文良对于中国两栖特种车辆市场的良好发展前景具有十分坚定的信念。

他认为,两栖特种车除了上天,各种地形地势无所不及,具有广泛的市场。"这个车什么地方都能用,沼泽、馒头形山坡、水库、山林,总之别的车进不去的,我们可以进去,没有道路都能去。"

事实表明,中国对特种汽车的需求正迅速发展。例如,以往的车型比较注重满足客户的野外探险等娱乐需求。为适应国内市场特别是东北林业地区森林防火的需要,西贝虎开发了一款新产品——小型森林防火全地形车。这款车型明显更加实用,价格也更加实惠,更加符合中国市场的特殊需求。

经过义乌"西贝虎"的努力,中国水陆两栖全地形车的发展已经越过了最初的起步阶段,正在逐渐走向成熟。

从生产规模来看,刚开始由于资金较为短缺,贾文良选择自己开发所有的零件。但是,这样的生产效率很低,年产量也很少。这是因为该车有 800 多个零部件。而且,许多零部件跟小轿车基本不通用。为了解决产量少的问题,2009 年,贾文良把变速器这个关键部件委托给了一家与德国合资的国内汽车制造厂开发生产。产能得到了提升,每年有百余台。到 2011 年底,"西贝虎"正式启动自动化生产线引进的"大工程"。如今,"西贝虎"水陆两栖全地形车的车身、底盘成型、除锈和喷漆以及一部分零配件的装配在新车间基本实现了自动化。"西贝虎"的生产效率得到了飞速提升。原来制造一台水陆两栖全地形车需要两三天时间,但 2013 年 1 月开始,每天都能生产出五六台。这样,产能增加到千余台。按每台均价 8 万元计算,2013 年的产值突破了亿元,在生产线正常运转后有望实现年产 5000 台的目标。2014 年,公司上马了一条年产 1 万台新车的自动化生产线。

从产品的市场来看,"西贝虎"在着重发展国内市场的同时,还深挖境外市场,将产品出口到国外,与世界老牌的生产企业相互竞争。2011 年 4 月,"西贝虎"顺

利通过国家机动车产品质量监督检验中心检测，产品符合欧Ⅳ排放标准；8月，"西贝虎"整车出口检验合格，"西贝虎"首次出口台湾，随即又成功进入美国、澳大利亚、俄罗斯、瑞典、泰国、朝鲜等市场。

贾文良对自己的产品征战国际市场很有信心："西贝虎"的动力性能和性价比已远远超过加拿大有40多年历史的ARGO公司生产的同类车辆。"我们生产的和国外产品性能相同的车辆，每辆价格只要16万～18万元，他们却要23万～24万元。"目前，普通配置"西贝虎"全国统一卖价10万元，而加拿大ARGO卖2万多美金一台。另外，"ARGO"虽然历史较长，品牌较响，但是它的思想陈旧，创新意识不强。"西贝虎"特种车辆成为堪与匹敌的强有力竞争对手，特别是在俄罗斯广大地区很有市场，客户对"西贝虎"的表现也很满意。

二、从模仿到创新的技术与人才战略

在决定上项目之后，贾文良找到同村一名开过拖拉机的机修工，另外招了两名汽修工。他们把国外买回来的车辆拆了装、装了拆，反复琢磨，然后照猫画虎。变速器之类的，都是自己照着样子做的。

第一辆车捣鼓出来了。然而，车子只是响，不会动。最初的失败，让贾文良认识到制造汽车是"高科技"的事。高科技的发展，绝非一日之功，需要经过长期的积累。

技术的问题，说到底就是人才的问题。贾文良曾两次为人才匮乏产生过退缩念头。但最终他认为，开弓没有回头箭。为此，贾文良采用两条轮子走路的方法，一是通过企业自身去培养人才，积累技术，尽管这需要花费较长的时间和资金成本。在关键技术、特种工艺和产品销售方面，公司都需要高素质的人才。为此，贾文良以每人三万元的高昂学费将十余名技术人员送到清华、北大等著名学府按照其专业进行不同类别的培训，提升他们的理论、创造和实践水平，贾文良本人也在清华学习了三年企业管理学科。这些人才在各个关键岗位解决了数百个难题，发挥了重要作用。

另一方面，引进人才，更好地组合社会资源是一条捷径。经过多方联系，解放军装甲兵工程学院贾小平教授加入了贾文良的研发设计团队，保证了公司的研发能力和技术水平。贾教授在水陆两栖全地形车辆设计中，采用了8×8全轮驱动、无级变速和差速制动转向等先进技术。

车辆整体方案设计完成后，最困难的工程技术难题莫过于车体材料和加工工艺的选择。水陆两栖车很容易受到淡水和海水的侵蚀，如何制成韧性好、防腐性能好、耐高低温的车体材料？科研团队最终选用了耐腐蚀的高密度线性聚乙烯材料，并率先在国内使用全塑车体滚塑成型工艺。车辆的底盘选用全密封性PE材料滚塑成型，不生锈，也不透水，这样车辆就能在水里"行走"，像一艘船一样。

以水陆两栖车为例，车在水中行，底盘全封闭，把发动机、变速箱放在哪儿是个大学问,这直接关系到舱内散热问题。研发人员将之称为"挖洞"问题,就是根据发动机和变速箱的位置,通过热能、空气流量的科学计算及风道的技术分析,在车身开孔,布置机舱零部件结构,加强空气定向流动,使车辆动力舱温度得到有效控制。前置和中置,看似简单,却牵一发而动全身。一个点的变动,整个动力系统设置就会因此改变。光解决这个问题,贾文良和他的同事们就费了好多年的劲,几千万元的研发投入就悄无声息地没了。

2007年5月,"西贝虎"全地形车研制成功。该车的成功开发,填补了国内水陆两栖全地形作业车辆的空白。"西贝虎"能够全轮驱动、原地转向,具有40度的极限爬坡和横跨1.2米壕沟的能力,陆地每小时行驶60公里,水上每小时行驶15公里,陆地载重500千克,装上水下螺旋桨后能在水上载重700千克,能在湖泊、山丘、森林、沼泽、沙漠、雪地等各种复杂的地形行驶自如,并能在±40℃的超常规温度环境下连续作业,各项关键技术指标达到并超过国际先进水平。"西贝虎"完全能满足空投作战、边疆巡逻、科考探险、森林防护、治安防暴、抢险救灾、水上营救等特殊作业的需要,同时能在工农作业中发挥重要作用,也为喜欢户外运动的人们带来野外旅游、水上垂钓等众多乐趣。

尽管有部队的骨干与他们合作,贾文良仍然十分渴望"高精尖"人才的加盟,为此他几乎踏遍了全国的人才市场。2011年7月底,经过义乌劳动人事部门牵线搭桥,贾文良与美国达特茅斯大学高级研究员施东庆博士签约,年薪达26万元。施东庆主要负责水陆两栖车的内部电子智能化研发,实现水陆两栖车无人遥控。

只要研发成功,"西贝虎"的产品品种将更加丰富,科技含量更高。贾文良说:"知识是无价的,这点年薪一点也不贵。一旦科研成果转化为现实生产力,创造的价值不得了。"经过多年坚持不懈的努力,"西贝虎"获得了将近40项发明专利,全车综合性能达到了国际先进水平,已经可以完全满足空投作业、科考探险、森林防护、抢险救灾、线路检修等特殊作业需要。

经过多年的发展,"西贝虎"公司目前拥有160多名研发人员,其中本科学历占七成,这些宝贵的人力资本为企业的发展打下了坚实的基础。

目前,"西贝虎"研发出了16代,已经比较成熟了。"我知道有好几家在模仿我们的。但现在就是竞争我也不怕,我第二系列的产品出来后,在全世界都是走在前面的,他怎么赶? 这个东西技术成熟有个过程,他们要想到我们这个地步起码还得要两年。技术研发是有段过程的,他们现在很多理念都还没有,还早呢。"

三、积极利用内部和外部资金

有激情有梦想,还要有支撑激情梦想的资金。玩汽车是个烧钱的活儿。汽车的设计开发,需要有大量资金做支撑,而这个时间又很长,钱少了不但玩不好更玩不动,这也是民营企业造车之路走得异常艰难的主要原因。

从 2005 年开始,西贝虎公司投入 1 亿元用于研制水陆两栖车,八年多,共计投入了 3 亿元左右。随着产品成功研发,销路也在渐渐打开。这时,贾文良面临着一个重要问题:产品无法大批量生产,而要引进自动化装配流水线又需要大量资金。特种车有 800 多个零配件,精度要求又非常高,所以开始的时候年产量只有几百台。随着供给与需求之间的矛盾越来越大,提高产能迫在眉睫,贾文良谋划起了引进自动化生产线的事。2011 年底,"西贝虎"正式启动这项既费财力又耗精力的"大工程"。从设备引进到生产线组装,从设备调试到生产线试运行,贾文良足足折腾了一年多,光是前期投入就用了近 3000 万元。

汽车是个烧钱的行业,钱从哪来? 一是依靠企业自身的资金,二是从外部获取发展资金。"西贝虎"的发展正是得益于企业自身资金和外部资金相结合。

集团化企业的发展模式能有效抵御市场风险,这是"西贝虎"成功的重要因素。贾文良经营了多年的贾氏实业投资有限公司,这是一家涉及特种车辆、装饰板材、房地产、油品贸易等多个行业,集科、工、贸为一体的大型企业。其中,通达公司已成为浙中最大的经营高档装饰板企业。在巩固主营业务的同时,涉足第三产业的发展,开拓杭州房地产业。杭州市中心,距离西湖咫尺之遥的"仙林福座"酒店式公寓就是贾文良所在的贾氏通达集团所开发的。

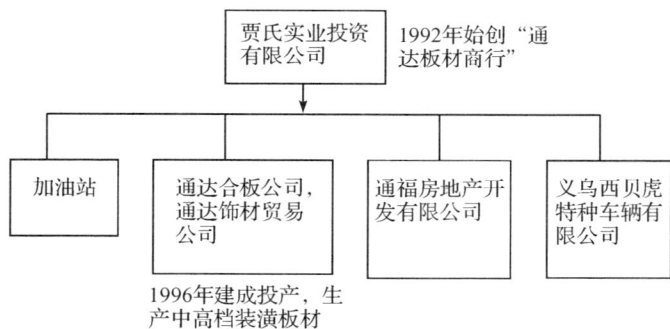

图 10-4 贾氏实业投资有限公司

贾氏企业具有跨行业的集团化发展优势,企业可以调动其他行业积累的资金打一场硬仗,改变我国在特种车辆方面的空白历史。为了研发"西贝虎",贾文良将贾氏集团之前在建材、房地产挣的钱基本上都投入进来,为其发展打下了良好的资金基础。在困难时刻,贾文良说服了兄弟姐妹,整个家族企业倾力相助,帮他挺过了最艰难的岁月。

企业自身资金的积累是有限的。贾文良也积极利用外部资源,筹措资金,扩大企业的发展。当然,目前中国的金融环境仍然有待改善。相对来说,银行对大的企业政策上会优惠一些,对微小企业、小企业政策各个方面就不太到位。很多中小企业,大银行支持不到或者支持的力度有限。"我们也想过与风投对接,但是接触的风投很现实,投资量太大,回报周期长,他们就不是很愿意。"贾文良说。

2013年10月18日,西贝虎公司在浙江股权交易中心"成长板"挂牌(企业代码,815101)。挂牌浙交中心成长板的企业,今后可以在浙交中心这一平台上进行股权转让、定向增资以及股权质押融资等业务,完成规范和培育后,企业可从成长板这一"预科班"转向全国性证券市场,实现更大跨越。

义乌的大多数企业为有限责任公司,要想在股交中心上市,必须要股改。"从6月份开始股改到10月18日上市,西贝虎用了三个多月的时间。"在西贝虎的这一股权融资过程中,中新力合义乌分公司承担的是"推荐商"的角色,承担辅导企业建立规范的法人治理结构,进行规范运作,帮助企业寻找合格的投资者,到股交中心挂牌融资,并进行持续督导及服务的责任。

浙江中新力合科技金融服务有限公司由浙江省科技厅牵头,全省各市县科技局支持,联合中新力合股份有限公司、浙江省科技风险投资有限公司以及16家股东共同发起成立,致力于为全省科技型企业提供综合金融服务,目前在全省各地都有分公司,义乌分公司在2012年6月成立。中新力合义乌分公司的使命,就是背靠科技资源,牵手金融机构,探索支持义乌科技型中小企业的科技金融服务机制。根据义乌市发布的《关于支持企业进场浙江股权交易中心挂牌的若干意见》规定,成功进入股权交易中心挂牌的企业,可给予一次性奖励50万元;重点培育进场企业创造条件上市,并优先列入上市培育企业、拟上市公司名单,享受相关的企业上市扶持政策等。

对于"西贝虎"来说,浙江股权交易中心是一个良好的企业形象展示窗口,也是接触和引入战略投资者的上佳平台,未来他们将用活用足用好浙交中心融资、展示、集聚、辅导等集成功能和组合优势,推动企业进一步规范治理结构,建立现代企业制度,拓宽融资渠道,树立品牌形象。

四、重视品牌,开拓市场

用创新的眼光为客户提供用途更广、价格合理的水陆两栖车,让更多的中国消费者了解两栖车,力争成为全球最大、最具品牌影响力的水陆两栖车生产企业,用"西贝虎"的民族品牌征服世界,这是贾文良的梦想。

贾文良的头脑中,具有非常深刻的现代品牌意识。创业初期,贾文良就注册好了自己的商标。他别具匠心地把自己姓氏的上下部分和自己的生肖结合起来,把产品注册为"西贝虎",意在中国的土地上用虎的威力、虎的精神、虎的气势、虎的速度来打造这种具有完全知识产权的新产品。

贾文良认为,从做品牌到争名牌要有一个过程,要在技术、质量和服务上狠下功夫。"西贝虎"不只是一种商品,更是一种服务。通过把服务捆绑到产品及其质量当中,使产品的附加值得到极大的提升。在服务的过程中,重视客户意见和建议,不仅解决了客户的难题,而且使产品的技术性能更加完善、更加先进。凡是卖出去的车,贾文良和他的同事都会系统跟踪,发现问题及时解决。由于"西贝虎"都是在一些特殊的地理环境中使用，有时候贾文良还会去实地"考察"。有一家企业，在澜沧江开发水电站项目，购买"西贝虎"用作前期勘探。"为了了解地况，我自己去走了一趟，那地方没有路，走下来感觉就跟一路长征似的。"贾文良回忆。饿着肚子沿着江边走了两天，在丛林中穿梭，由于气候潮湿，蚊虫都硕大无比。"惊险，还眼睁睁看着一个人滚下去了。"回想起来，贾文良还心有余悸，"但我得去，我要感受一下，看看我这个车在这种地方到底能不能用，我一定要对自己的产品负责。"

2007年12月，中国第24次南极科考队赴南极考察，南极的气候条件及交通环境十分恶劣，以前南极科考队在南极的交通工具主要是从日本进口的专用雪地车，安全系数不高。我国南极科考队得知"西贝虎"下线，要买两辆。"其实那时候我还不想卖，因为还没有完全造好。但南极考察队听说了我们在搞这个车，一定要买两台带到南极去，我只好硬着头皮弄出来了。但我跟他们说好，这车用起来有任何问题，我们包，而且只要我们换代了，就给他们免费换。"贾文良说。"西贝虎"首次配合"雪龙号"大型科考船成功地完成了物资运输任务，在零下40摄氏度的严寒环境中正常作业，受到科考队的高度评价。

早在2007年，"西贝虎"就获得了整车出口资质。到了2008年下半年，国外客户咨询、订货信息越来越多，而贾文良仍用"技术不成熟、还没造好"婉言谢绝。他认为，"西贝虎"只要一出国就带着民族品牌的色彩了，无论内在性能还是外观设计，都一定要做到非常好，才敢放心卖出去。现在，"西贝虎"凭借其优良的性价比已经成为世界特种车辆市场上的一只猛虎。

第四节　结论与启示

经过十年的发展，"西贝虎"有望成为义乌的龙头企业之一。义乌从此也可以出口高科技产品，一举改变了只出口小商品的局面。据统计，2013年1—4月份，公司出口"西贝虎"30台，货值为384734美元，同比分别增长100%和158%。

义乌西贝虎成功地实现了转型升级，从最初的手工模仿，到最终现代化自动化的高效率生产，在世界市场上与国际知名品牌同台竞争。它的成功，是中国汽车产业引进与创新的经典案例。

经历了长期的发展，中国汽车行业已经积累起了雄厚的技术。特别是在2002—2005年，中国汽车市场出现"井喷"，民企造车也如雨后的春笋，势不可遏。其中，浙江民企更显来势汹汹。这些民企基本上都是与造车相关的汽配行业，是整车制造企业的上游企业，有制造整车的技术基础。实际上，浙江民企支撑着整个中国汽车零部件产业的半壁江山，这些有雄厚的零部件制造基础的浙江民企并不甘心只行走于汽车产业的边缘。他们渴望成为中国汽车产业的"主角"——进入整车制造。然而，对于两栖特种车辆的技术却是当时很缺乏的。

西贝虎公司所在地义乌市，是一个发达的小商品城市，大多数从事袜子、内衣、饰品等小商品加工。这些行业资金较少、技术较低，因而竞争壁垒也较低，市场竞争也更为激烈，其在转型升级过程中因此也面临着资金、技术两大难关。

"西贝虎"成功的经验有很多值得寻求转型升级的中国企业特别是民营企业借鉴：在做好内功的同时，善于利用外部资源是克服产业转移过程中的劣势，塑造自身优势的重要战略。

在"西贝虎"的发展过程中，贾文良高度重视技术和人才的作用，尊重人才的价值，既大力培养企业自身的人才，又重金奖励引进人才，使"西贝虎"的技术获得了飞跃式发展。

打造"西贝虎"自主品牌需要大量资金投入，贾文良同时利用企业自身积累的资金和外部市场的资金，抓住机会扩大"西贝虎"的发展。

在市场开拓方面，"西贝虎"不但重视品牌效应，而且更重视品牌背后的服务，卖的不仅仅是车辆，更是服务。公司深入开拓国内和国外两个市场，使"西贝虎"走出了义乌，走向了世界。

企业家感言

西贝虎公司贾董感言

自古以来，成就事业的道路就是崎岖的，企业的发展之道也注定崎岖不平。对西贝虎来说，一路走来遇到的问题不少：技术含量高，与大品牌差距大，相关政策空白……但我们还是憋着一口气，一路坚持下来。因为我们深信：专注是一种强大的力量。我们有梦想，那就是要把中国制造的水陆两栖特种车做得越来越完美，把西贝虎的市场做得越来越兴旺。

任何产品和技术都不可能使企业处于一劳永逸的状态，随着时间的推移，经营环境发生了很大变化，技术革命和竞争者的加入导致某个阶段的领先和优势渐渐被侵蚀，乃至颠覆。要做一个有远见的企业家，就必须储备新的技术和产品，以新产品、新技术创造出新的优势和价值，弥补原有优势丧失带来的损失。唯有如此，才能使企业不至于陷入大起大落，从而经久不衰。

我坚信：企业只有坚持不懈，顺势而为，不断创新和学习，才能在瞬息万变的环境中处于不败之地，才能生存发展。我认为：不仅要把企业做大做好，还要为国家为社会作贡献。人类的物质资源是有限的，只有知识会越来越多，唯有文化才能生生不息。企业的文化是企业立足的根基。西贝虎时刻把每一个员工当作家人，他们也信任我、支持我。现在，我们的产品已经出口国外了，带着一种民族品牌的色彩。我们的责任更重了，我们更要在质量上做到完美，要向全世界展示我们民族的文化。

（义乌西贝虎特种车辆有限公司董事长：贾文良）

第十一章　东精集团："稳、实、细"战略铺就的可持续发展之路

引　言

日历翻到 2012 年的下半年时,股市不景气,房地产市场发展滞缓,一批批的民营企业倒而不闭沦为僵尸企业……在这样苍凉的大背景下走进东精集团有限公司,直让人觉得恍如置身桃花源,这里风景居然独好:生产井然有序,销售节节攀升,资金充裕,利税上缴正常,一切都在掌控之中。现在,光阴的沙漏不紧不慢地指向 2014 年,随着调研的深入,我们对这家企业有了更多的了解,我们发现,东精集团能处变不惊,经营状况逆势增长并非得益于幸运之神庇护,而是与企业一直恪守的战略定位(稳)、经营理念(实)和运作管理模式(细)紧密相关:稳、实、细,铺就了东精集团有限公司的可持续发展之路。

第一节　东精集团概况

东精集团有限公司位于金华市金东工业区,前身是浙江东精工量具有限公司(成立于 1994 年),目前已经成长为一家设备先进、管理一流的生产制造型轻工企业,注册资本 5000 万元,占地 300 余亩,厂房宽敞明亮,厂区布局合理;设有员工就餐休闲区,如花园般秀丽宜人,设施齐全。公司于 2006 年组建了东精集团,旗下有浙江金华托派特工具有限公司、金华市康斯特对外贸易公司、金华市东精担保有限公司、金华市东方精工量具有限公司、金华市东方精工科技有限公司等。

一、外向型的产品与市场

产品主要包括水平尺、安平仪、扫平仪等水平测量工具,广泛应用于建筑、装潢、室内装修等领域的水平、斜面、垂直面的测量。公司于 2001 年 12 月获

ISO9002:1994 质量保证体系证书,2004 年 2 月换版为 ISO9001:2000。同时,公司产品通过了 CE、FDA、TUV、GS、UL、FC 等国际认证。水平尺系列产品居国内同类产品领先水平。

公司产品在欧美等手工具市场具有极大的需求量,大部分销往国外,如法、德、英、比、荷、卢等国,还有一部分销往中东、东南亚的一些国家。公司产品的市场占有率和知名度居行业前茅,用户满意度高,具有较强的市场竞争力。近几年来,产销量连续位居全国水平尺行业第一,成为名副其实的国内水平尺制造业的龙头和骨干企业。

二、良好的信用

公司自成立以来就非常注重信用(合同)管理工作,有较完善的信用(合同)管理制度,配备了信用(合同)管理人员,统一管理信用(合同)工作,公司法定代表人及高层管理人员个人信用良好,没有失信记录。公司在订立合同过程及履行合同中都能切实地按照相关法律、法规、规章的管理执行,并遵守诚实信用原则,在生产经营活动中遵纪守法,经营信用良好。坚持"合理不合法的不做,合法不合理的不做,所作所为既合理又合法"。

东精集团公司表现突出,屡获殊荣,是浙江省金华市政府重点扶持优势工业企业、金华市纳税大户、浙江省工商企业信用 AAA 级和浙江省诚信示范企业、浙江省高新技术企业、公司产品及商标被评为浙江省名牌产品和浙江省著名商标,荣获金东区政府质量奖。

三、"高质量＋高利润"的绩效

公司自成立以来,产值利税实现了跨越式的发展,主要产品水平尺,年生产能力达 1500 万支,1999 年以来产销量在同行业中雄居第一。2007 年,创工业总产值18403 万元,实现利润 1682 万元;自营出口额达 1602 万美元;纳税超 1000 万元。2009 年以来,实际上缴税金突破 1000 万元,2011 年逼近 2000 万元。近 3 年来,虽然欧美经济不景气拖累了公司的业绩,但实现的净利润仍然保持较高水平,2011年实现净利润 179 万元。近 3 年经营状况的主要指标见表 11-1。

表 11-1　2009—2011 年东精集团公司经营状况　　　　（单位:万元）

科　目	2009 年	2010 年	2011 年	科　目	2009 年	2010 年	2011 年
资产总额	25421	23480	26399	产　值	9801	12917	15245
负债总额	10574	8310	9885	营业收入	9801	12917	15245
实际上缴税金总额	1074	1119	1820	净利润	308	298	179

第二节　战略管理的基本逻辑

一、企业战略管理的基本逻辑

公司战略是关于如何在市场和产业中获取更佳绩效的理论,要想对战略进行评估和选择,就需要对战略如何形成的战略逻辑、战略如何实施的组织逻辑有深入的理解。

企业的战略应给予企业使命,或给予企业根本意图及远期目标。企业的使命涵盖了一系列目标(具体的可量化的绩效任务)、一系列战略(企业实现使命和目标的方式)以及策略和政策(企业实施战略所采取的措施)。使命是核心目标,战略与策略是实现使命的方式与措施。

二、战略管理的过程

企业通过战略管理过程实现战略目标。战略管理过程指的是有助于增加企业选择好战略的可能性,并为此所采取的一系列分析和选择的过程。具体可以分为三大步:战略定位、战略选择与战略实施。

(一)战略定位

战略定位是战略过程的起点,根据企业的长期目标(企业使命),明确企业在长期内希望成为什么样的企业以及同时要避免什么样的问题。在对企业进行战略定位时,可能改善,也可能损害企业绩效,不过也可能没有影响。因而,仅有战略定位还难以确保企业在竞争中保持优势。

(二)战略选择

根据对企业外部与内部环境的分析,结合战略定位给出的具体目标,选择在竞争中胜出的策略。在理论研究中,战略选择非常复杂,分为公司层战略和业务层战略。但其潜在的基本原理并不复杂。在战略选择时需要做到的是:(1)与企业战略定位一致;(2)利用企业优势抓住外部环境中的机会;(3)避开企业劣势消除外在威胁。

(三)战略实施

仅仅选择了一组战略而不加以实施是毫无意义的,因而第三步就是采用适应战略的组织政策和措施进行战略实施。

通过战略定位、战略选择和战略实施三个步骤的有序开展,获取企业可持续竞争优势,顺利实现企业的目标与使命。

第三节　东精集团"稳、实、细"的战略管理

一、战略定位：稳健

"做中国最好的水平尺"，这是东精集团创始人吴东明先生自企业创立之初就定下的战略目标。令人印象深刻的是，他并没有人云亦云地草率地提出"世界最好的"，而是定位为先在中国做到第一。这让人领略到这位企业家一贯的稳健风格。

短短十几年间，成立于1998年的东精集团有限公司现在已经成为世界上生产规模最大的水平测量工具制造商，产品全部出口到欧、美、日等发达国家，产品有100多种型号、1000多种规格，其制造技术与工艺名列全球前茅。现有专利100余项，且专利产品的产值占公司总产值的70％以上。公司的快速发展，得益于决策者的正确定位，企业赢得了市场，也赢得了发展。稳健的战略定位具体体现为：

（一）正确的产品质量定位

公司将质量目标定位在专业级，市场占有率超以色列，赶美国、德国同行，经过几年努力已达到预定目标，现在公司产品已进入美国、欧洲的前三大超市，并且全部上了显位货架。由于产品质量好，售后服务好，得到了客户真诚的信任，每年在德国科隆五金展和一年两届的广交会上，摊位上都会出现客户排队等候洽谈的场面。

（二）正确的市场定位

产品质量的不断提高，使得其更有信心，将产品与美国、德国、日本的同行进行市场比拼，公司所有产品市场定位在欧、美、日等发达国家，加强国际贸易、产品开发人才培养，加快产品研发，实现了从"市场要什么我们生产什么"，到"我们生产什么市场卖什么"的根本转变，现已与德、美、日同行全面合作，优化了客户群，有效地改善了产品结构。几年来的诚信经营，赢得了国内外客户普遍信任。

（三）正确的管理定位

产品有了，市场有了，怎么保证产品的持续稳定和提高，怎么改善和提高售后服务成为首要问题，为此，企业经过努力顺利通过了ISO9000质量保证体系的认证，做到所有的程序文件都是直接岗位责任人编制，制定了切实可行的具有自己特色的企业管理制度。

良好的产品质量定位、市场定位和管理定位为企业的前行指明了方向，企业能够据此整合各种资源，用质量、诚信和高效开辟市场，赢得客户，获得了宝贵的发展机会。

二、战略选择：踏实

东精集团在发展过程中，始终把夯实企业基础、提升企业综合实力的工作放在首位，因为他们深深认识到，企业的竞争，市场的竞争，无非是企业综合实力的竞争（人、财、机、料、市场），因此通过各项有效的工作，使企业始终保持最佳状态，保持清醒头脑，进行理性扩张就显得尤为重要。

东精集团的工人大多文化水平不高，如何提高每位员工的工作有效性是关键。调研中我们看到，在东精集团的各个车间随处可见标语，这些标语并非是庆典或领导们视察时临时布置的应景点缀，而是车间有机的组成部分，以妇孺皆能懂得的直白的语言，将经营理念准确地传达给每一位员工，因地制宜、因陋就简地让企业员工于不经意间就深刻地牢记并践行企业的基本规范。细细琢磨这些朴实的短语，不难发现，此时此刻，寥寥数语远比那些洋洋洒洒长篇大论更为实用。这些短语涵盖了计划管理、生产流程管理、价值理念管理等方方面面，很合时宜地诠释着企业踏实的经验理念：

（一）计划管理：井然有序

（1）做好计划，均衡生产；

（2）比计划早三天；

（3）不拖计划一分钟；

（4）缩短交货期；

（5）车间零库存。

（二）生产流程管理：追求完美

（1）日清，不留一个零件；

（2）轻拿轻放，不增一条划痕；

（3）多节约一分钱就多一分成功的机会；

（4）产品零缺陷；

（5）产品是生产出来的 而不是检验出来的；

（6）以最低的成本生产最好的产品；

（7）严格根据标准生产，一切行动听指挥。

（三）价值理念管理：担当责任

（1）赢者有计划，输者有借口；

（2）诚信是最低的成本；

（3）自我完善自我提高，变被动提高为主动提高；

（4）善待员工，提高信誉；

（5）讲过不等于做过，没做到等于没做过；

（6）功劳是结果，苦劳是任务。

三、战略实施:细致

"管理无大事,关键要细致",这句话就铭刻在东精集团朴实无华的办公楼大厅显著位置上,这条标语的角度很特别,更方便看到的是二楼的各个办公室工作的管理人员。或许是为了时刻提醒公司的每位管理人员秉承细致管理的工作作风吧。在更进一步的了解中,我们发现公司的运作环节处处体现出细致的特质,突出表现在产品创新与信息化改造方面。

(一)产品创新:悉心体恤客户需要,研发一系列新产品

公司负责人吴东明董事长带领研发小组进行了新产品开发,主要动机就是为了更细致地满足客户的实际需要,克服传统产品缺陷,研发功能更完备的新产品,于是 EPT-97A 激光水平尺等一系列新产品应运而生了:以吴东明董事长为总设计研制开发的 EPT-97A 激光水平尺项目在 2002 年度被列入国家火炬计划项目,在 2003 年度获得省科技型中小企业创新基金,并被评为 2003 年金华市科学技术进步奖二等奖;以吴东明董事长为总设计开发的激光安平仪项目在 2005 年 3 月荣获 2004 年度金华市职工经济技术创新活动优秀成果二等奖;吴东明董事长与浙江大学合作开发的水平尺电脑检测仪在 2007 年被列入金华市重点产业关键共性技术(产品)攻关项目并在 2008 年通过验收。

每一项新产品的创新无不体现出研发人员对客户需求的悉心体恤,以 EPT-97A 激光水平尺为例,这项新产品比原有产品有了许多方面的突破:

1. 高水平定位精度

在工作时不仅能打出普通激光水平尺水平参考点,还能根据需要打出水平参考线、垂直参考线、十字参考线,具有点线水平参考功能,水平定位精度高。

2. 活用光束转换器

采用激光点、线转换机构——光束转换器,达到激光点、线的转换;同时通过开关组合控制来按需要任意地打出激光点,激光线(水平线、垂直线、十字线)。

3. 提高便利性

采用三面铣加工技术,具有三个基准面,配合优质水准泡,提高了水平尺使用的方便性。

4. 降低系统误差

采用了合适的球面放大结构,使水准泡有一个合适的放大,便于清晰观察,降低了系统误差。

5. 多角度测量

采用了特殊设计的旋转底座,能测量多平面及进行多角度测量。

6. 组合设计技术应用

采用了水平基准盘和激光水平尺组合设计技术,使发射的激光能在物体上形成与激光发射孔水平的点或水平的线和垂直的点的图像,且可调水平显示盘可作

360 度旋转。

东精集团产品创新的过程就是企业研发人员对客户需求提供更细致服务与优化产品的过程。为客户着想的新产品为企业带来了经济效益和社会信誉双丰收，步入良性发展的轨道。

(二)管理增效：明察运作环节漏洞，依托信息化步步降成本

东精集团管理增效的实现是基于对公司现行运营环节漏洞的细致了解和准确把握，依托信息化的先进管理手段对症下药，克服(弥补)了原来运作模式的缺陷，使管理效率上了一个新台阶。

1. 找出原先不是问题的问题

在我国的民营企业中，信息化管理水平相对滞后，企业领导人及中层管理人员对传统运营模式中的问题往往视而不见，容易错失优化管理的先机。这一点东精集团非常有效地避免了，抓住了依托信息化优化运营流程节约成本的先机。集团领导层敏锐地看到了下列原先不是问题的问题：

(1)销售订单如何快速匹配资源？

(2)生产进度情况如何掌握？

(3)仓库越来越不够用，库存的物料越来越多。

(4)怎样才能杜绝材料浪费？

(5)车间在制品数量现在有多少？

(6)财务成本核算统计不准确，无法细化产品分析。

(7)人员流动风险。

2. 依托信息化步步降成本

在意识到上述问题对企业绩效的影响后，企业决定依托信息化逐步降低成本，提高企业经济效益，企业的信息化过程并非一蹴而就，根据实际情况，信息化过程是一个渐进的细致的运营环节优化的过程。

(1)运营环节"三化"，为信息化做好基础工作

企业对运营环节实行了"三化"，即制度化、流程化和标准化，为下一步的信息化做了充分的前期准备工作，如图 11-1 所示。

图 11-1　企业对运营环节实行的"三化"管理

（2）逐步推进信息化，优化管理增效

公司自 2003 年 5 月开始启动信息化改造，信息化管理流程对原有运营流程带来了很大的冲击，车间主任等中层实施人员比较抵触，一度陷入僵局。公司从企业的长远利益出发，果断推进信息化进程，历时近 10 年终于于 2012 年在企业深化运用，不是问题的问题得到妥善解决，管理效率与国外接近，显著提高了企业的经济效益，如图 11-2 所示。

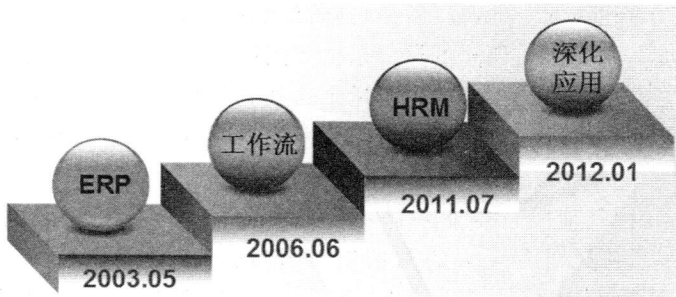

图 11-2　2003—2012 年企业的经济效益

第一，库存准确率与库存控制改善：清理库存，及时处理呆滞，库存准确率已达到 98％以上；控制库存从源头抓起，合量请购与采购，仓库核对采购收货，系统上线 3 个月，借助 ERP 的运作原理及系统支撑，库存金额下降 1580 万。

第二，订单交付更及时：订单交期达成率维持在 90％以上，有效支撑了公司业绩增长的需求，实现柔性生产，随时接单，按时交付，便于更好地控制库存。

第三，人工等生产成本大幅下降：实现计划、生产、回料管理一体化，并依托鼎捷软件计划控制模式，原来 175 人、65 台机、24 小时开机；现在 38 人、40 台机、11 小时开机，仅电费每月节省 10 万度，总体成本大幅下降。

第四，工序管理优化：通过工艺系统进行车间作业过程的管控，记录每道工序的完成状况，有效评估生产绩效，有效管控生产过程及异常。产品"零"报废，生产线"零"库存。

第五，模具管理细化：模具实行库存及库位管理，监控模具品质，监控修模效率，有效配合生产计划的执行，确保订单交付 90％以上的达成率。

公司依托信息化实现了对运作环节的精细化管理，精确控制了成本与费用，实现企业 20％的净利润率（明显高于一般制造业净利润 3％～5％的水平），公司发展势头良好，2012 年的目标是净利润率达到 25％左右，依托信息化向管理要效益。

第四节　结　论

现在,做到了中国最好水平尺的东精集团已经升级了今后的战略定位:发挥企业优势,做百年企业,做专、做精、做强,创诚信纳税企业,打造水平尺世界品牌。这样的一个定位一如既往的稳健可靠。东精集团最为可圈可点之处在于它在国际市场上的立身之本在于"最好",是"高质量+高利润"的良性可持续业态,颠覆了中国制造的价格低廉、数量庞大、利润微薄甚至亏损的既有形象。这应该是我们中国企业努力的方向。

不过,与我国其他民营企业一样不可回避的一个问题是企业的二代传承,以稳、实、细的一贯作风走到今天的东精集团因为企业二代的加入而带来若干的悬念。2001 年,集团董事长吴东明的儿子赵学灏学成回国,担任了销售副总经理,他运用在国外所学的先进管理和营销知识,结合企业的实际,对"东方精工"运作进行了一系列的调整。技术专家型的吴东明董事长与国际贸易专业背景的二代管理人之间的分歧毫无疑问或多或少地存在着,那么这些分歧将会对东精集团的发展带来什么样的影响呢? 我们拭目以待。对东精集团的明天我们总体上持乐观的态度,并对企业的传承与转型予以密切关注。

企业家感言

坚守本行　深耕细作
——东精集团吴董感言

改革开放三十五年，我们这一代人遇上千载难逢的好时光，国家强大了，人民安居乐业，我是改革开放的受益者。

改革开放三十五年，各行各业蓬勃发展了，行行出状元，业业出名企，数不清的诱惑考验着我们，是选择捷径发财，还是踏踏实实做好自己能力范围内的每件事，我们选择了后者。

艰苦创业的二十年，我们坚守制造业，坚守本行，科学管理，深耕细作，赢得了市场。

这二十年我们耐住了寂寞，不受丰利行业的诱惑，诚信经营，我们的企业健康地活下来了！！！

为了“中国梦”，为了中华民族的伟大复兴，继续坚守本行，继续耐住寂寞，为实现“百年企业”的梦想，继续坚守本行。

（东精集团有限公司董事长：吴东明）

第十二章　安冬电器：思维创新引领企业转型升级

引　言

中小企业在经济成长、扩大就业中占有极其重要的地位。当前我国经济正处于转型升级时期，受金融危机的影响，加之国内外经济发展不确定因素的增加，浙江省中小企业发展面临许多新情况和新问题。在新形势下，劳动力供给增量结构性减少，能源资源和环境压力日益加大，低资源成本、低人工成本、低环境成本的"三低"时代已经结束，已经到了必须加快转变发展方式、调整经济结构的新阶段。如何加快中小企业发展，是我省经济发展的一个重大课题。浙江安冬电器有限公司董事长朱宏锋带领他的企业进行的转型升级之路也许值得借鉴。

第一节　案例背景：创新思维引领的转型升级之路

一、公司介绍

浙江安冬电器有限公司（以下简称"安冬"）作为全球最大生物质能炉灶制造商之一，成立于2008年，位于以"小商品海洋，购物者天堂"著称的义乌市，是一家集生物质能炉灶技术研发、生产与销售的大型企业。安冬旗下产品获得了国家相关权威部门的检测认证，受到了国家领导人、国家有关部门、新闻媒体的广泛重视。

经过多年的开拓与发展，无论在软件上还是硬件上都取得了长足的进步，安冬在全国多个省市拥有多家直营门店，年销售额过亿。企业通过GB/T1900—2000和ISO9001：2000标准认证，多次被评为义乌五十强及百强企业。2008年安冬被评为义乌市科技创新创优示范民营企业，2009年与浙江工业大学成立安冬电器联合研发中心，同年被评为浙江省专利示范企业，现拥有两百多项国内国际专利。安冬生产的生物质燃料颗粒壁炉和生物质燃料颗粒炉灶等产品被评为"第五届中国可再生能源及节能产品技术博览会优秀产品"，"生物质燃料节能炉灶关键技术研究与产业化"被列入国家级星火项目。2011年成为CCTV央视网企业频道合作伙伴。

安冬秉承"兼善天下，融合共生"的企业文化，依靠准确的市场定位和不断创新的经营策略，并斥巨资致力于生物质能新能源领域，历经3年的时间，成功研发出一系列生物质能应用产品，并推出梦之焰、炉生宝、燧人、果木香等品牌，不断实现品牌和企业规模的跳跃提升，向国际化现代企业迈进，并立志成为生物质能产业发展的强劲助推器，打造生物质能产业链航母！

二、首次创业：小气球大故事

1982年，年满19岁的朱宏锋作为中国恢复高考后第一批毕业的大学生，跟大部分同学一样被分到了国营单位。他在国企一待就是十几年，随着时间的推移，他觉得国企的各项体制越来越跟不上时代的发展，也束缚了他很多梦想的实现，于是他选择离开。

起初，朱宏锋创立了义乌市欢乐球厂。气球在以前还只是小孩子的玩物，而当时，大商场开业时的庆典气球，印有各公司名称和标徽的广告气球，以及婚宴上渲染喜庆的装饰气球，已使气球成为一种可产金生银的新型赚钱门路。辞职后的朱宏峰正是看中了这一商机，在义乌开了一家欢乐球厂。

朱宏锋认为企业在发展的过程中，不能盲目做大，而是要在不断的调整中稳步地可持续发展，因为盲目做大会很容易导致企业缺血。他总会在机遇来临时及时地分析判断，适合把握的，会牢牢抓住，不适合的，就果断放弃，一切以大局和长远利益为根本立足点。经过对广告气球生产及气球表面印刷技术的研究，朱总研制成功了气球表面彩色印刷技术，并已获得国家发明专利（专利号：99108758.5）。其显著特点是图像逼真、色彩饱满，可印刷剧照、卡通、公司徽标等。气球彩印技术的问世，极大地提高了朱总的声誉，他的气球生意也很快遍及全国各地。

三、首次转型：一万元的艰难起步

人们常说，没有一条通往成功的道路是铺满鲜花的。随着越来越多同行的加入，朱总的生意开始面临严峻的考验，之后，他就开始寻找其他的出路，在原来公司的基础上成立了安冬电器有限公司。

2004年，启动电壁炉生产项目的时候，朱宏锋的账户里只有一万元钱。就是区区一万元，朱宏锋圆了一个梦。那年9月，朱宏锋突然被告知，他在机场路约二三千平方米的场地被退租了。场地空了出来，又一下子找不到合适的人租出去，于是朱宏锋想到了电壁炉。

朱宏锋结缘电壁炉可以追溯到1995年。那时，朱宏锋为外地一家电壁炉企业做经销。对于当时的市场,电壁炉还太新潮,按朱宏锋的话说,这是五年十年后才该出现的东西。即使认知到这一点,朱宏锋对电壁炉还是情有独钟,除了积极做销售,朱宏锋也很热情地收集市场信息和客户反馈给厂家,但厂家对如此宝贵的信息却置若罔闻,不但品质上未改进,价位也不做调整。一年后,朱宏锋不得不结束了与该厂家的合作,产品滞销让朱宏锋亏了 10 多万元。

之后,朱宏锋从未放弃过对电壁炉的关注。与市场打了多年交道,朱宏锋渐渐领悟市场有其内在规律,产品不畅销,很多是时机问题。就在别人为着大单小单忙乎的时候,朱宏锋把电壁炉拆了又装,装了又拆,有一天,他发现只要改变一下电壁炉的火焰发生方式,火焰就像被赋予了生命一样跳跃起来,也点起了朱宏锋的希望。

场地有了,产品也有了,朱宏锋强烈地预感到——是时候了。没有资金,这不算什么,只有时机是把握市场的准绳,早干不行,迟了更不行,朱宏锋等不及了。

2004 年 10 月,第一台电壁炉诞生了。与以往的同类产品相比,改进后的电壁炉火焰更为动感自然,且千变万化,说到底就是仿真程度更强。朱宏锋通过演示向记者描述自家产品的特点:"别人的生产线只能生产一个样式的产品,每台电壁炉的火焰形态都一模一样。但在我们这里,没有一台是重样的。"

踌躇满志的朱宏锋当下决定外出找市场。一月 10 万公里的行程,让朱宏锋明白一件事:这样的电壁炉产品国内不能销。为什么?若单单作为取暖产品,电壁炉价高而功能并不突出;若作为家庭摆设,这么乌漆抹黑的电壁炉裸机,就像光着身子没穿衣服的乞丐,不美。

就这样,朱宏锋背着被人称作"四不像"、"怪物"的电壁炉回家了。换了别人,也许就此放弃了。但朱宏锋却并未因此怀疑电壁炉的生命力,相反地,他更急于寻求破解的办法。转眼到了 2005 年,朱宏锋决定包装电壁炉——要给它穿上"衣服"。朱宏锋的想法很简单:好姑娘是不愁嫁的。

后来的事实证明,这是一个"伟大的创意",它不但为困境中的"安冬"指出了发展方向,也为单调的电壁炉市场增添了亮色,甚至开创了壁炉文化的另一分支。

只是,企业的运作真的非常困难,因为没有足够的资金和生产能力,朱宏锋便把所有配件包括"衣服"的生产外包给别人。朱宏锋至今非常感激这些合作伙伴的支持。"我们去下单,都是赊账的,但他们还非常相信我。产品销出去货款一回拢,我就跑去还钱。因为还要再生产,如果对方催得不是很急,我就缓一缓,但是还钱的时候我通常会多还一些。"

"那时候,我只是想银行要是能放我 50 万元贷款就好了。"为了维持和扩大企业的运转,朱宏锋不得不用"拆东墙补西墙"的办法维持资金和货物周转。"别人是把一个子儿掰两半花,我是把一块钱当十块钱花,真是把钱的作用发挥到极致。"有时候,一种精神可以感动很多人。在这样的艰难岁月里,朱宏锋对电壁炉、对安冬电器始终乐观自信,他马不停蹄地奔波在市场与合作者之间,这种联系超越了钱和物的交易，让更多人看到了"安冬"的努力和真诚。

就在这当儿，朱宏锋又做了件让人瞠目结舌的事情：为产品做安全认证。当时做一个美国的 UL 认证起始费用就要 20 万元，那是朱宏锋能拿出借到资金的全部。2006 年，"安冬"拿到了国内电壁炉行业第一张美国 UL 认证。此后，"安冬"又获得了欧洲 TUV 认证及国内 CCC 认证。

真是把身家性命都"赌"上去了——日后，朱宏锋对自己当时的这一"壮举"给出了这样的评价。而这一次，朱宏锋又赌赢了。也就是在产品获得认证后不久，情况发生了转机。

2006 年底，一位欧美客商来到"安冬"，看了朱宏锋提供的全套证书后，下了20000 台电壁炉的订单。因为数量太大，完成不了，朱宏锋只接了 5000 台，这个数目在当时看来已经是不得了。现在这个数量，"安冬"只要两天就能完成。而朱宏锋的目标是，到下半年，一天就能生产 5000 台。

"当时'安冬'从规模上讲，充其量不过就是个小作坊。这么大的订单，没落在那些大企业手上，很大程度上是因为我们有了产品安全认证的优势。"为完成这个订单，朱宏锋整整做了一个月，连春节都没有休息。回想过去，朱宏锋说，真的每一步都走得很艰辛，甚至有些后怕。那么久的时间里，我都是用"热脸去贴人家的冷屁股"，但我从来没想过放弃，我的理念是"做叫花子也要做最出色的"。

让"最好的钱"生出更多更好的钱，"这就好比是在造火车，大家一起来搭建，等火车造好开动起来，大家都动起来了。而'安冬'是火车头，一开始我们就要当火车头。"朱宏锋用这样的比喻来形容他的企业运作模式，这样"动"起来的不是一家企业，而是一条围绕壁炉生产衍生出的巨大的产业链。产业链中的每一家企业都可以从"安冬"爆发出来的动能中获益。"当然也允许这个机体是流动的，有人上来也有人下去。而合作，靠的就是共同成长的理念。"

"市场有多大，产能就有多大。""安冬"有这样的气度，源自公司董事长朱宏锋对企业发展模式的概念性创新。"'安冬'的优势是研发，我们掌握电壁炉产品的核心技术，而其他所有的外部配件都由其他企业来完成，我们要做的就是产品最后的整合和品质管理。"

这样做的好处是显而易见的，不但可以整合现有的闲置的制造业资源，短期内突破单个企业产能的局限，还可以根据订单需要变化增加合作伙伴，扩大产品的外延，为客户提供更多样的选择。"只要给我 3 个月时间，"朱宏锋说，"什么样的产品样式我都能生产出来，多大的订单也能接。"

可是别的企业凭什么要为"安冬"做加工？如果所有的企业都不为"安冬"提供产品配套，"安冬"岂非一个产品都生产不出来？面对旁人的质疑，朱宏锋的回答充满自信，"凭什么，一凭我们手头的订单，它可以让合作的企业满负荷运转，这本身就充满诱惑；二凭我们给出的价格，比他们生产原来的产品更有利润。就凭这两点，他们不做，别的企业也会抢着来做。"但朱宏锋不否认，平时除了专注于产品的研发,到各合作企业走走,交流信息和联络感情也是工作的重要内容。这种联络是必要的,朱宏锋认为,维护联合体的稳定和强壮直接关系到"安冬"的产能和制造水平。

虽然企业确实在高速发展,但在朱宏锋的脑海里却有着更宏伟的蓝图:通过整合各种制造业资源,串联起庞大的资金流和人力物力,"安冬"成为一个巨大磁场的中心,既满足了自身发展的需要,也带动了一批企业。接下来,朱宏锋要做的是,让"最好的钱"生出更多更好的钱来。怎么来实现,朱宏锋的想法是用两条腿走路:

第一是建一个室。目前,"安冬"正在与美国安全认证机构 ETL 联系,设立其在义乌的实验室。ETL 和 UL 为同级别认证,在美国都具有权威性。实验室若顺利建成,义乌及周边县市企业生产的小家电、电动玩具等都可以在"安冬"完成ETL 安全认证的实验室工作部分,不必再往杭州、上海跑了。

为了做好实验室的前置工作,朱宏锋已经在厂区内新辟出数百平方米的实验工作区。"这项工作从 2008 年 2 月份就开始筹划了,初期投入是 100 万元。"从产品认证中尝到甜头的朱宏锋希望,更多企业获得必要甚至是高等级的安全认证,以应对现在国际市场上针对中国产品而设立和提高的进入门槛。

同时,实验室也将成为企业的技术研发中心,"安冬"现有专利 30 项,其中申请发明 7 项、实用新型专利 14 项、外观设计专利 9 项。不断创新,是企业的活力源泉也是立足之本。"有了这样的条件,那么我们的产品从原材料把关到生产各工艺,都是可控的。就像是树了一面镜子,我们可以通过实验数据确切了解自己的产品处于什么水平。"朱宏锋说。

据了解,每年"安冬"为各项认证给付的维护费就要几十万元。几年来,"安冬"光为科技创新、产品认证等"埋单"就花费了上千万元。

第二是造一个园。这就是朱宏锋的"安冬壁炉园",它以"安冬"为龙头,围绕壁炉类产品的生产,带动一批企业高速发展,以团体的力量获得一定的话语权,从而在市场上占有更大的主动权。

关于园区的设想,朱宏锋认为电壁炉不是传统产品,甚至可以说还是一个处于婴儿期的新品,内销外贸前景巨大,联营做市场比竞争毁市场更有利于市场和谐,也更有利于多方互利共赢。这里当然还是要强调共同成长的理念。

"很多企业产值做得很高,但没有话语权,这只不过是做代加工,自己的存亡命运取决于他人的成败,这很悲哀。"在朱宏锋的概念里,园区是一种实力的物化,是科技软实力与生产硬实力的综合表现,建园区的目标,就是要获得定价的权利、选择客户的权利。

用知识生钱,让创新生钱,这就是"安冬"的境界。朱宏锋对创新的孜孜以求,必然伴随"安冬"始终。

四、企业升级——从电壁炉到生物质灶具

与朱宏峰交流惊叹于他的奇思妙想,惊叹于他主导打造的各式炉具对细节的

注重和功能的拓展,继而更感叹他面对产业发展和社稷民生时的开阔视野和责任心怀。这位从小气球起家,转而生产电壁炉的民营企业家看上去总是精神饱满,行事风风火火,但在生物质能开发和炉具研制领域却是非常耐得住寂寞,因为他知道他导演的一部关于生物质能的宏伟巨作已经悄然开幕。

(一)行业背景

我国能源结构与其他国家不同,世界各国能源结构中煤炭的消耗平均只占25％,而我国煤炭在能源消费结构中占 70％左右。我国煤炭资源虽然丰富,但近些年国家为保护煤炭资源和保障生产安全,已开始限量开采,所以供需矛盾比较突出,煤炭价格逐年上升就是一个很明显的事实。而煤的开采与燃烧都会对环境造成极大破坏。所以,其经济性、环保性等方面都远远不及清洁型生物质能源。但现状是,目前世界上没有哪一个国家像中国这样,广大农村地区的百姓仍然以煤作为主要燃料。而丰富的生物质能却被白白浪费,不但没有效益、没有好处,反而起负作用。

我国有 70％的人口在广大农村地区,而农村地区拥有丰富的秸秆等生物质能资源,但农村秸秆大多是直接在柴灶里燃烧,其转换率仅为 10％至 20％,效率低下。朱宏锋通过调查发现,随着农村经济的发展,农村生活用能中商品能源(如煤、石油液化气等)的比例正以较快的速度增加,以传统方式利用的秸秆首先成为被替代的对象,致使被弃于田间地头、直接焚烧的秸秆量逐渐增大,许多地区废弃秸秆占总量的 60％以上,既危害环境,又浪费资源,因此合理利用资源,加快秸秆的优质化转换利用势在必行。

(二)开发设计产品——生物质灶具

对于进入生物质炉具行业,朱宏锋称并非心血来潮,也不是突发奇想。“我做壁炉时就开始关注到了生物质炉子的发展,整个行业的走向和趋势也逐渐在头脑中清晰起来。”

“我到北方农村调研时,各个村庄甚至是一些城镇大多是以煤作为取暖燃料。屋里院外都弥漫着浓烈的二氧化硫味道,居民不得不在这样的环境里度过寒冷而漫长的冬季,还要承担着一个冬季 3000 元左右的煤钱。与此同时,城市街头巷尾的餐馆、酒店、小吃店以及众多的大排档,大多仍然在使用煤甚至还是柴草做燃料,即使有一些规模大点的餐饮企业用上了油或气,但逐年猛涨的燃料价格也让他们叫苦不迭,难以承担。”朱宏锋的言语中透露出一种使命感。

朱宏锋坦言,投身生物质炉具行业,除了改善农村环境,让老百姓过上干净舒心的日子外,很关键的一点就是想帮助那些陷入困境的生物质燃料颗粒厂、压块厂摆脱窘境。“很多这样的厂子都在惨淡经营,原因就是他们的燃料卖不出去,没有炉子就没有消化燃料的市场。”说这话时,朱宏锋特别加重了语气,言辞中饱含责任感。

“没赚钱时当然主要是想着去多赚钱,但真赚到钱了,又觉得要用这些钱做点什么。我不抽烟、不喝酒,也不喜欢穿金戴银买名牌,对娱乐方面更是没兴趣,我其实是个很无趣的人。但我又闲不下来,那就用这些钱去做点有用的事了,当然肯定是要对社会有意义、有好处的事情。即使是开始不赚钱甚至是要往里赔点钱,我觉得也值。"

虽然做生物质炉具又得要从头开始、从零做起,但化工学院毕业并拥有几十项专利的朱宏锋并不畏惧。2010年底,历经一年的技术攻关、产品试验、改进升级,朱宏锋主导研制的生物质节能炉灶成功问世。中国农村能源行业协会经过技术和产品鉴定,认为义乌安冬电器有限公司生产的ZF型生物质颗粒燃料炊事取暖炉品位较高,具有炊事、采暖、热烟气进炕三功能,独特的创新设计使产品集进料、点火、配风、燃烧、除渣于一体,流程衔接得当,结构合理,使用方便,具有自主知识产权,在同类产品中居国际领先水平。鉴定结果表明,节能灶燃料综合热效率达92%、二氧化硫零排放,适合北方广大农户使用。专家组建议尽快形成批量生产,满足市场需求。

此后,朱宏锋一发不可收拾,继续开发集做饭、炒菜、烧水、烘烤、供暖、洗浴、热炕于一体的生物质多功能集成炉。中国农村能源行业协会节能炉具专业委员会组织的专家对生物质多功能集成炉进行检测后,认为"安冬"多功能集成炉采用生物质燃料,强制供风,半气化燃烧、燃料燃烧充分,热效率高,污染物排放低,属于高效低排放炉具,是企业在充分调研的基础上研发出的生物质炉具新产品。该炉灶的推出,对改善和提高农民生活用能水平,提高农户室内空气和助推新农村建设都有着积极促进作用。

2008年,朱宏锋带了30余台炉子在河北省霸州市和吉林省农安县农村找了30多户普通农户进行免费试点,综合反馈很好。因为有了这样的试点基础,今年已有400多台炉子名花有主了。随着多功能炉具性能和功能进一步改善,市场反馈越来越肯定和积极。朱宏锋相信下一步市场会有几何倍数的增长,因为手头有一个8000多台的订单正在接洽落实中,而且客户求代理和合作的电话也是不断。尽管仍旧马不停蹄地奔走在农村和城市,出现在各种展会上,但乍现的行业曙光让朱宏锋倍感欣慰。"这个行业值得我去坚持,是个值得我去做一辈子的事情。"朱宏锋说。

技术创新、专利发明不能为了发明而发明。如果发明出来的东西不实用,难以被大众认同和接受,那就没有什么意义。朱宏锋搞技术创新和发明,都是从市场的实际需求出发,为的是解决人们生活中的麻烦,降低对环境资源的应用成本,同时又能为社会创造更多价值。所以,朱宏锋的发明不会刻意去追求难、怪、奇,而是以实用为主。他认为,一个原理很简单的专利发明,但却是人们很需要的,这就是好的专利。

朱宏锋现在将目光瞄向了遍布街头巷尾的餐饮食品炉具这个大市场,针对城市餐饮商户的特点,研制开发了适合工厂、学校、餐饮和小食品加工经营户使用的商用多功能生物炉。2011年8月初,中国农村能源行业协会炉具专业委员会专家在义乌调研期间,就对朱宏锋主导研制的商用多功能炉具评价颇高。专家认为,这些具有独特功能和具体市场指向与定位的多款农用、商用生物质炉子,很好地结合了市场需求,目前在市场上还不多见,这就避免了产品同质化的市场竞争,独辟蹊径的创新思路,为炉具市场实现差异化发展起到了很好的启示作用。

在安冬多功能炉具样品间可以看到,造型各异的多功能炉具展示了功能的多样性,以及性能的优越性。小笼包、瓦罐汤、沙县小吃、兰州拉面、河南烩面、山西刀削面、卤菜、炖菜、炒菜、鸡蛋灌饼、烤地瓜、烤玉米等,只要想得到,就肯定能在这里找到相应的炉具。

为了适应不同炉具的设计制造要求,朱宏锋还特地引进了一条钣金制造流水线,请来专门的钣金工程师配合多功能集成炉具的开发。朱宏锋说,以前义乌没相应的钣金流水线,企业主商户要打造样品或是订制相应的金属配件一般都要跑到宁波等地,自己既然已经串起了从炉具到秸秆颗粒的一整条产业链,也有必要将钣金这一环节补上。不想,此举却填补了义乌金属器件样品制造的空白。于是,一向认为予人方便就是予己方便的朱宏锋又开了思路,让义乌的广大商户企业主知道,他这里有好师傅好设备,打几个样品就不用出义乌了。谁说,予己方便不能予人方便的。

然而,这种产品功能设计方面的变化还只是朱宏锋带给行业的"餐前开胃小菜",他还想通过整合生物质产业中农户、成型燃料厂、炉具企业上下游各环节,发挥政府相关部门、科研院校、行协机构等多种资源优势,为行业发展摸索出一套全新的运营模式,从而实现他所期望的让生物质能产业更好更快地造福百姓、造福社会的心愿。看来,喜欢"玩火"的朱宏锋,准备继续着他的"不安分"。

(三)市场推广上的创新——合作营销

"如果你想整合上下游产业链,如果你想让别的企业按照你的模式运营,那就要让人家不但能看到'钱景',而且也要人家拿得到、赚到'真金白银'。"朱宏锋说:"2009年,我投了好几个成型燃料厂,没投之前,这些小厂不相信,等我真把钱给他们,他们才相信'馅饼真掉到头上了'。而且,我会把我的思路原原本本地告诉我的合作伙伴,不会有一点保留。因为我是希望,我们能捆在一起,能够共赢。不过,前提是他们是我要找的优质合作商。"

朱宏锋把专门针对北方农村地区特点的生物质多功能集成炉比喻成"牛",一群既能"吃掉"成型燃料厂所产的"草",又能为百姓带来安全卫生、节能环保、经济实惠的"铁牛"。

"我的做法就是把我造的'铁牛'交给成型燃料厂,由他们去放这些'牛'。这样,他们一手放'牛',一手产'草',两边都有钱赚。这样的话,农户买了'牛'就不会为'草料'发愁了,形成了一个积极的良性循环、互为促进的链条。我的专业是生产炉子,那我就做好我的专业,不断创新技术,向市场提供优秀实用的炉具产品。同时,通过我的思路来整合更多、更广的资源,让更多地方的成型燃料厂也加入其中,共同参与到将市场蛋糕不断做大的产业化工程中来,这样大家分到的蛋糕也就会越来越大,越来越多。"朱宏锋认为,对成型燃料厂而言,他们放的牛越多,种的草就越多,二者相互促进,相互作用。等到成型燃料厂所能辐射的放"牛"半径之内的"牛"达到饱和之后,其"草料"的产量可能已超过"牛"的消耗量,到那时,就可以将多出的"草"拿到商用炉市场上来了,这也就解决了城市商用炉的燃料问题了。这就是一种产业运营的创新模式,而要实现这一切,就先要让成型燃料厂有钱赚,先赚到钱。"如果这样运营,赚到钱是很简单并能持久的轻松事。"

朱宏锋认为,一个新兴产业要想做大、做强,必须要有一个完整的产业链,有一套成熟的商业模式,让生物质炉具、成型机、成型燃料包括使用炉具的用户及拥有秸秆的农户等各环节都能从中得到益处,同时,打造以产、学、研及政府相关部门参与的联盟体,共拓市场,这样产业才能做大做强。

以整个产业发展视角来勾画未来,现在的朱宏锋已经有了一个清晰的产业模式,其中涉及的有农户、炉具厂、成型燃料厂、政府相关部门、金融机构等。在这个模式中,链条上的各环节都没有额外拿出钱来,而是所有一切都围绕着秸秆来做文章,让秸秆这个以前的废弃物变成为一个具有经济价值、成为新的经济增长点的"宝贝",让以前白白焚烧掉既污染又浪费、其效益为"负数"的秸秆,变成了可以节能环保、创造效益的"正数"。

国家发改委能源研究所秦世平研究员指出,在绿色能源示范县建设的项目设计当中,生物质固体成型燃料及配套炉具将是一个不可缺少的项目。在其他项目建设完不成规定指标的情况下,都要用这个项目来补充。由此可见,炉具及成型燃料将在"绿色"建设中大有作为。

蛋糕大了、链条长了、通道顺了,自然就可以轻松撬动农村户用炉和城镇商用炉两个市场,这样对于包括炉具企业在内的整个生物质能产业而言,快速发展壮大,从而实现产业化,并非梦想。

第二节　案例剖析:新思维铸就企业发展的强大动力

一、正确的企业发展理念

由于新媒体、新技术的不断涌现,传统营销的4P理论与新的经营思维融合,出现了诸多新的营销模式。合作营销就是其中的一种。所谓合作营销就是指两个或两个以上相互独立的企业为增强企业的竞争能力,实现企业营销战略目标,而在资源或项目上开展一系列互利合作的营销活动方式,它涉及伙伴间在一个或更多的营销领域的合作,并且可将合作扩展到研究、产品开发甚至生产领域。合作营销是企业之间更加战略性的营销合作关系,是两个或两个以上的品牌或企业,为了实现资源的优势互补,增强市场开拓、渗透与竞争能力,达成的长期或短期的合作联盟关系,共同开发和利用市场。

一个品牌的成功,源自一个强大的品牌价值体系的建立。"1＋N"产业链运营模式,是以安冬为核心企业的一种商业形态。"1"是一个新能源标杆企业! 一个行业领导品牌! 一个具有巨大产业价值潜力的蓝海品牌 —— 安冬!"1"也是一个基于强大母品牌的子品牌高度占有市场的共赢战略,一套基于强大母品牌的"1＋N"模式,与志同道合之士共赢天下!"N"则是安冬上下游的供应链成员企业和品牌。

安冬通过大市场运作以及自身技术的发展,收购和整合资源,同时通过全产业链这个开放的动态系统,以参股、联盟、上下游整合、合作等诸多商业模式,通过调配或可影响的资产,凭借低消耗、低排放、高效率可持续发展理念的创新型经济发展模式,实现整体产业链条的整体掌握,与其子品牌相结合,形成一个集"三农、新能源制造业、品牌运营、流通、商业、金融"等领域为一体的全产业链。同时各领域之间联系紧密,互为补充。

构建以安冬企业为平台的"1＋N"的全产业链运营模式,成就具有市场规模复制优势的新能源应用品牌,实现安冬母品牌持续增值,是安冬品牌战略全面升级的核心目标。

二、先进的企业文化

企业文化是企业的灵魂,是企业制度创新与经营战略创新的理念基础。安冬秉承"地善人和、与人为善、善言善行、以善为美"的"善文化"内在基因和历史积淀,通过对安冬企业特质的凝练,提炼了"兼善天下,融合共生"的"善文化"精髓,把"善文化"打造成为安冬企业文化的标志,形成安冬人特有的人文精神。

"文化是熔铸一个企业心灵的凝聚力,必然表现为企业发展的强大动力。"这是安冬董事长朱宏锋的感言。企业文化是企业的灵魂和命脉,是企业核心竞争力形成的基础。安冬自成立以来,始终致力于人与自然和谐共生,潜心开发、研制了一系列高效节能生物质能炉灶,变废为宝,造福人类社会。更以"善"为核心要义来作为企业的至高追求,做到"文化治企,文化立企",体现了一个企业大真、大爱、大诚、大智的风范,开启了一个全新的新能源时代,并仍将怀着至诚之心,善尽经济、社会与环境责任,以品质铸造卓越,实现人与自然和谐共生。正如董事长朱宏锋所说:"一个企业的价值并不在于拥有了多少财富,而在于创造更大价值的社会资源及履行社会责任。"

三、"以人为本"的人才观

安冬一贯坚持以人为本,尊重人才,鼓励人才干事业、支持人才干成事业、帮助人才干好事业。建立科学的人才管理新机制。对人才要有宽容度,要在不违反原则的情况下保护好人才。扬长避短,让各种人才能够成长起来并发挥作用。最合适的人才就是最好的人才,将合适的人安排在合适的岗位,实现人尽其才,才尽其用。

四、企业家精神引领

安冬电器的成功转型升级之路无不体现出董事长朱宏锋的企业家精神。从他的首次创业到放弃气球生产电壁炉,再将产品延伸到生物质灶具。那么什么是企业家精神呢?企业家精神是企业家特殊技能(包括精神和技巧)的集合。或者说,"企业家精神"指企业家组织建立和经营管理企业的综合才能的表述方式,它是一种重要而特殊的无形生产要素。

(一)创新是企业家精神的灵魂

一个企业最大的隐患,就是创新精神的消亡。创新是企业家活动的典型特征,从产品创新到技术创新、市场创新、组织形式创新等。创新精神的实质是"做不同的事,而不是将已经做过的事做得更好一些"。所以,具有创新精神的企业家更像一名充满激情的艺术家。朱宏锋带领他的团队拥有二百多项专利就是很好的证明。

(二)冒险是企业家精神的天性

没有甘冒风险和承担风险的魄力,就不可能成为企业家。企业创新风险是二进制的,要么成功,要么失败,只能对冲不能交易,企业家没有别的第三条道路。从安稳的国有企业辞职下海到放弃稳定的业务转行到电壁炉就是很好的诠释。

(三)合作是企业家精神的精华

企业家在重大决策中实行集体行为而非个人行为。尽管伟大的企业家表面上常常是一个人的表演,但真正的企业家其实是擅长合作的,而且这种合作精神需要扩展到企业的每个员工。企业家既不可能也没有必要成为一个超人,但企业家应努力成为蜘蛛人,要有非常强的"结网"的能力和意识。不管是利用高校资源还是和公司同事、经销商之间的关系无不体现朱宏锋的合作精神和能力。

(四)敬业是企业家精神的动力

"在生活中,一个人为了他的事业才生存,而不是为了他的生存才经营事业。"货币只是成功的标志之一,对事业的忠诚和责任,才是企业家的"顶峰体验"和不竭动力。

(五)学习是企业家精神的关键

学习与智商相辅相成,以系统思考的角度来看,从企业家到整个企业必须是持续学习、全员学习、团队学习和终生学习。

(六)执着是企业家精神的本色

英特尔总裁葛洛夫有句名言:只有偏执狂才能生存。在发生经济危机时,资本家可以用脚投票，变卖股票退出企业，劳动者亦可以退出企业，然而企业家却是唯一不能退出企业的人。正所谓"锲而不舍，金石可镂；锲而舍之，朽木不折"。

(七)诚信是企业家精神的基石

诚信是企业家的立身之本，企业家在修炼领导艺术的所有原则中，诚信是绝对不能妥协的原则。市场经济是法制经济，更是信用经济、诚信经济。没有诚信的商业社会，将充满极大的道德风险，显著抬高交易成本，造成社会资源的巨大浪费。

第三节　结论与启示

企业之间的竞争归根到底就是能力之争，企业要想屹立于商界就必须要有竞争优势，而且必须要将这种竞争优势转化为企业的核心竞争力。企业要想经营成功或者要想成功进行转型升级必须要建立自己的核心竞争力。浙江安冬电器通过营销创新发展，建立自己的竞争优势，并持续发展成为自己的核心竞争力，为企业转型升级的成功创造了良好的条件。那么，安冬电器的核心竞争力是如何培养的呢？

一、注重企业文化建设

企业文化是指企业在经营中长期形成的共同理想、基本价值观、作风、生活习惯和行为规范的总称，是企业在经营管理过程中创造的具有本企业特色的精神财富的总和，对企业成员有感召力和凝聚力，能把众多人的兴趣、目的、需要以及由此产生的行为统一起来，是企业长期文化建设的反映，包含价值观、最高目标、行为准则、管理制度、道德风尚等内容。它以全体员工为工作对象，通过宣传、教育、培训和文化娱乐、交心联谊等方式，最大限度地统一员工意志，规范员工行为，凝聚员工力量，为企业总目标服务。

二、注重并鼓励创新

正是由于有了优良的企业文化，使得安冬电器拥有了大量的专利技术。

三、善于整合资源

每个企业，特别是中小企业的资源其实都是有限的，在经营中如何合理分配资源，对企业的运营效率是非常重要的。安冬电器运用"1＋N"的经营模式就很好地将资源进行了优化。

尽管每个企业所从事的行业不同，所处的经营环境也有差异，但是他乡之石可以攻玉，安冬电器的成功转型升级值得众多中小企业借鉴。

企业家感言

安冬电器朱董感言

一个新兴产业要想做大、做强,必须要有一个完整的产业链,有一套成熟的商业模式。

安冬就是通过产业链这个开放的动态系统,以参股、联盟、上下游整合、合作等诸多商业模式,通过调配或可影响的资产,凭借低消耗、低排放、高效率可持续发展理念的创新型经济发展模式,采用"1+N"产业链运营模式,实现对产业链的整体掌握。"1+N"产业链运营模式,就是以安冬为核心企业的一种商业形态。"1"是一个新能源标杆企业!一个行业领导品牌!一个具有巨大产业价值潜力的蓝海品牌——安冬!"N"则是安冬上下游的供应链成员企业及其品牌。一套基于强大母品牌的"1+N"模式,与志同道合之士共赢天下!

当然,如果你想整合上下游产业链,如果你想让别的企业按照你的模式运营,那就要让人家不但能看到"钱景",而且也要人家拿到、赚到"真金白银"。

(浙江安冬电器有限公司董事长:朱宏峰)

第十三章　步阳集团：多元化经营战略推动企业转型升级

引　言

　　中国步阳集团坐落于中国著名的五金之都——浙江省永康市,是专业设计生产和销售安全门、钢质进户门、防火门、装甲门、不锈钢门、室内门、全自动车库门、汽车零部件、电汽动休闲车、房地产开发的大型集团公司。拥有固定资产 22 亿元,集团占地面积 45 万平,6000 多名员工,产品远销美国、加拿大、俄罗斯、新加坡等100 多个国家和地区,是中国大企业集团竞争力 500 强(排名 67 位)和中国最具成长力民营企业 100 强企业。

　　纵观步阳集团的发展史,我们毫不夸张地可以将其称之为一个奇迹:步阳集团从当初几个人小打小闹的小作坊,发展到现在中国民营企业 500 强、中国最具成长企业 100 强、永康市首家"航母型"企业;做金属门业,步阳集团是永康防盗门浪潮经济的"跟风者",却以"后发者"的身份一跃成为销量"全国第一"的行业冠军;做休闲运动车,步阳集团是永康市滑板车行业的"跟进者",但又从滑板车转身为中国休闲运动车的外销冠军;做汽车轮毂,步阳集团是中国汽车零部件产业的"跟随者",然而却能换一种角度逐浪,实现产品 100％出口的国际化战略。我们不禁好奇,究竟是什么神秘力量,让步阳集团从一家小规模的民营企业,成功转型成为一家资本实力雄厚、经营范围广泛、行业地位显著的现代化大型集团公司? 这种神秘的力量,我们认为就是步阳集团成功实施了多元化经营战略。

　　企业多元化经营战略一直是理论界和企业界重点研究的一个课题。目前,对于企业实施多元化战略,主要存在两种截然不同的观点。一种观点认为:企业开展多元化经营,可以有效利用闲散资金,分散投资风险,发挥协同效应,产生 1＋1＞2的效果,是现代企业转型升级的必由之路。而另一种观点则认为:企业开展多元化经营不仅会造成人、财、物等资源的分散化,还会给企业带来新的风险,还会带来管理难度增加、经营困难等问题。其实,多元化作为一种企业经营战略,其本身并无优劣之分。企业运用这种战略,成败的关键在于企业所处的外部环境及所具备的内部条件是否符合多元化经营的要求。若符合，就能成功；否则，就会走向失败。本案例旨在通过对中国步阳集团发展历程的追根溯源，从多元化经营战略的角度来总结其转型升级的具体举措，希望能够为浙江省其他中小企业的转型升级之路提供一些可借鉴的经验。

第一节 理论框架

一、多元化战略的含义

多元化战略又称多角化战略，是指企业同时经营两种以上基本经济用途不同的产品或服务的一种发展战略。学者伊戈尔·安索夫（Igor Ansoff）认为，新产品进入新市场的这种扩大化可称为多元化战略。即多元化战略是企业同时在新产品和新市场方面开拓的战略，它是指企业加入到新的行业进行市场竞争。企业多元化经营意味着企业组织新的发展方向，即企业从现有的产品和市场中分出资源和精力，投入到企业相关甚至毫不相关的产品和市场。

多元化战略的实质就是以大企业为依托，充分发挥其资本雄厚、市场开发力强、风险分散力强的优势，通过纵向上经营品种的扩充，或横向上经营领域的扩展，从而在更大范围内满足消费者多样化的需求，使企业在获得高额利润的同时，形成优势互补、技术关联、风险分散的整体。多元化战略的内容包括：产品多元化、市场多元化、投资多元化和资本多元化。所谓产品多元化，是指企业新生产的产品跨越了并不一定相关的多种行业，且生产多为系列化的产品；所谓市场多元化，是指企业的产品在多个市场，包括国内市场和国际区域市场，甚至是全球市场；所谓投资多元化，是指企业的投资不仅集中在一个区域，而且分散在多个区域甚至世界各国；所谓资本多元化，是指企业资本来源及构成的多种形式，包括有形资本和无形资本诸如证券、股票、知识产权、商标和企业声誉等。

二、多元化战略的具体模式

（一）纵向多元化（Vertical Diversification）

即企业从事与业务范围有关的经营活动，可分为后向多元化和前向多元化。对原有的原材料进行新的加工利用，开发新的用途，进行新的经营或开发新的原材料，称后向多元化。用其产品或副产品生产其他产品，进行产品的深度加工，以提高产品的附加价值，称前向多元化。纵向多元化经营除了可以消耗本企业本身所生产的原料外，还可以节省很多不必要的浪费，其中包括推销、公关、广告、运输等费用，由于共同分摊，所以能节省许多单位产品的开支，因而能降低成本，增加产品在市场上的竞争力，并且能开发新的市场机会。

（二）横向多元化（Horizontal Diversification）

即企业利用原有市场，针对原有顾客的其他需要，采用新的技术跨行业发展新产品，增加产品品种。如大型购物中心中的百货商店、美容院、娱乐中心的顾客可能是同一顾客。水平多元化的特点是原产品与新产品的基本用途不同，但存在较强的市场关联性。企业利用这种方式可以减少部分市场开发费用，凭借已有的分销渠道和已成名的企业形象来吸引消费者购买新产品。水平多元化意味着向其他行业投资，有一定的风险，必须具备一定的能力才能实施。但由于服务对象未变，处理好了易于稳定顾客。

（三）同心多元化（Concentric Diversification）

亦称同轴多元化，即企业利用现有的技术、特长、经验及其资源等发展新产品，增加产品种类，以辐射四周的方式，从同一圆心向外扩大业务经营范围。同心多元化主要是企业以现有的产品、技术为中心，在相关领域内实行多元化经营。同心多元化的特点是原产品与新产品虽然基本用途不同，但有着较强的技术关联性。选择这种方向进行业务突破，企业可以充分利用已经拥有的生产技术条件，从而达到事半功倍的效果。例如：生产冰箱的企业开始生产空调；某生产收音机的无线电厂，同时生产收录机和电视机等。

（四）混合多元化（Mixture Diversification）

即大企业通过收购、兼并其他行业的企业，或者在其他行业投资，把业务扩展到其他行业，开展与现有技术、产品、市场没有联系的经营活动，开拓新的经营领域。也就是说，企业即不以原有技术，也不以原有市场为依托，而是立体突破，全面出击，实行综合无关联多元化。集团多元化是实力雄厚的大企业集团采用的一种经营战略。

三、多元化战略成功需要具备的条件

（一）企业需要具备足够的资源和管理水平

雄厚的资金支持、专业的技术支持、高素质的人才队伍支持等资源是企业实施多元化经营战略的直接条件。如果缺乏企业资源的支持，企业实施多元化经营战略必然会失败。同时，企业本身所具有的管理水平也会影响多元化经营战略的实施，多元化战略要涉及新的行业和领域，必然会使企业的管理难度加大，这就要求企业具备较高的管理水平。只有企业的管理水平与企业所进行的多元化经营战略的程度相符合，多元化经营战略才能够成功。

（二）企业需要有强劲的主导产业作支撑

一方面，在企业实施多元化经营战略的初期，由于进入新的领域缺乏充分的知识和管理经验，而面临比较高的风险和经营成本，进入新领域的投资回收期也相对较长,这就需要企业原有的主导产业作支撑,也需要凭借企业早期形成的企业品牌和核心竞争力,来支持企业在新市场的发展。另一方面,企业实施多元化经营之后,必须保证主导产业得到充分的发展,集中力量继续把核心产品做大做强,成为主导产业市场的领导者。只有主导产业做大做强,培养核心竞争力,才能继续为企业实施多元化战略提供坚强的后盾。

(三)企业多元化尽量围绕相关产业展开

多元化经营进入的领域必须以战略关联产业为主攻目标。与原有业务领域战略关联程度的高低,是确定多元化方向的主要依据。如果某产业的技术结构呈收紧型,该行业的企业就不太适合多元化而应该实施专业化,尤其是主导技术变化快、产品更新周期短的行业更是这样;如果某行业的技术结构呈发散型(指产品技术可用于较多的产品之中),该行业的企业相对就适合多元化经营。围绕主营业务实施相关多元化发展的战略,通过多元化经营,拓展企业的业务范围和经营规模,为企业可持续发展奠定坚实的基础。

(四)企业的多元化应是动态的、适度的

企业实施多元化战略成功的必要条件是企业必须能够把握产业变化的趋势,顺应产业演变的规律,综合考虑拟进入产业的发展态势(包括行业生命周期、竞争程度、需求状况、进入壁垒等)及企业核心竞争力这两个因素,在两者之间寻找最佳切入点。如果某一行业的确属于可拓展的朝阳产业,企业在进入之前,还需要将产业机会与企业的整体目标结合起来综合考虑,如果企业缺乏必要的能力,无法在市场上创造某种形式的优势地位,也不应贸然进入。此外,企业的多元化必须适度,过度的多元化只会分散企业的力量和资源。

我们说,企业开展多元化经营,科学的思路应该是在突出核心竞争力的基础上,重点发展2~3个具有一定规模和相当实力的项目,形成对主业的强大支持,主业与多元化经营协调发展才是正确的发展思路。

第二节 案例背景:基于多元化战略的步阳转型之路

一、初入市场 探索主业

1992 年,"南巡"讲话的春风吹到了徐步云先生(步阳集团的创始人,现任董事长)的家乡——永康,让这个内陆地区也感受到了明媚的春风。徐步云先生在他哥哥徐步升(群升集团的董事长)的支持下,创办了城中铸造厂,主要生产灶具炉头等压铸产品,为广东灶具生产基地生产配套产品,成为当时众多厨卫知名品牌的供应商。1994 年,徐步云先生又成立了镜王光学仪器有限公司,主要生产各种品种规

模望远镜，品种系列多达 100 个，产品在 1998 年的亚特兰大奥运会上被广泛使用，成为当时的佳话。1995 年，浙江飞神车业有限公司成立，该公司主要是生产各种电汽动滑板车、ATV 沙滩车，并经过不懈努力，以优异品质及时尚新颖的款式使企业取得迅速的发展。

这五年的时间，可以说是徐步云先生决心创业、探索主业的一个阶段，同时也为后期的大展拳脚积累了一定的资本。

二、确立门业为主业　建立"步阳"品牌

五年时间的探索与辗转，让徐步云先生尝到了创业的甜头，同时也深刻地感受到了创业的艰辛与不易。他知道，要想成就更大的一番事业，就必须要重新规划自己未来的发展方向。正当此时，徐步云先生看到了哥哥徐步升先生创办的群升集团在 1996 年进入防盗门产业后，发展得十分顺利，产业投资效益很好。他又仔细地分析了当时的国内市场和环境，认为随着改革开放的不断深化，市场经济体制的逐步完善，城镇化浪潮势不可挡，而这势必会推动国内房地产市场的快速升温；再加之全国供销社的网络正在渐渐退出历史舞台，取而代之的是私营门业市场的网络正风生水起地铺开。所以，他毅然决然地决定进军门业市场。

1997 年，徐步云先生创办了上海步阳防撬门有限公司，专业设计、制造各类钢质门，并正式创建了"步阳"品牌，在短时间内形成了多种系列、近百种的产品线，适应各地建筑风格的步阳门业产品在市场上一炮而红。从此，步阳的发展势头锐不可当。1998 年，步阳正式进军安全门行业。1999 年，徐步云又创办了浙江步阳门业有限公司，并把生产基地移回永康。2002 年，正式创建"步阳集团"，成为一家全国无区域限制的集团企业。步阳集团正是利用了永康五金加工工业的技术优势和上海地域的销售品牌优势，迅速在国内打开了市场，并不断地扩大市场份额。

三、立足主业　寻求多元化发展

在门业站稳了脚跟之后，徐步云先生又将眼光投放到了其他相关行业。2003 年，公司投资设立了步阳铝轮有限公司，专业生产汽车铝轮毂、家用轿车刹车系统、助力转向系统等轿车零部件，产品畅销美国、意大利、德国、日本等 20 多个国家和地区。步阳铝轮有限公司于 2006 年改革成为浙江步阳汽轮股份有限公司，提升成为一家集自主研发、设计、自制模具、自主生产和销售一条龙的铝合金汽车轮毂专业制造商。步阳汽轮的变身，也是步阳集团发展过程中具有里程碑意义的一步，意味着企业的规范化管理上升到了一个新的台阶，也为将来引进战略合作伙伴和资本运作开了一个好头。

2004 年，步阳集团看到了房地产行业对门业的影响，于是审时度势，毅然决定进军房地产行业。该年 4 月，步阳集团投资成立了浙江步阳置业有限公司，投资 4 亿元人民币通过土地公开招投标，一举取得了永康当前占地面积最大、环境最优的

溪心 B 地块土地开发权,开发永康目前最高档的江景住宅小区——金水湾国际社区。此后,步阳集团以此为契机,以敏锐的市场分析能力寻求更多更长远的开发项目,相继又成立了江西步阳置业、福州步阳置业、上海步阳置业、沈阳步阳金钻置业。开发的房地产项目主要有:沈阳的江南甲第和步阳国际、江西的金钻广场、福州的群升国际和上海的御江金都等,在房地产市场中占有了一席之地,同时也增加了与其他房地产企业的合作机会。

2006 年 9 月,步阳集团同时还创建了步阳车业有限公司,凭借从创业初期就开始累积下来的多年车业制造经验,以及强大的技术、资本和营销实力,主要生产电汽动滑板车、电动自行车、电动摩托车、四轮电动车和休闲车等,产品畅销美国、日本、意大利、德国等 20 多个国家和地区,逐步成长为步阳集团旗下一家集研发、生产、销售于一体的大型综合性外向型出口企业。

在这个多元化发展的阶段,汽轮、车业和置业快速发展的同时,门业作为步阳集团的核心产业板块,也保持了迅猛的发展势头,"步阳"品牌深入人心,尤其是步阳的安全门,多年来始终引领着行业的潮流和发展。2005 年,步阳安全门荣获"中国名牌";2006 年,步阳商标被认定为"中国驰名商标"。2007 年,随着"国家免检产品"落户步阳,步阳集团拥有了经济界最具有权威的三块奖杯牌(中国名牌、中国驰名商标、国家免检产品),名副其实地成为中国门业的领军企业,也印证了步阳多年多元化战略实施的成功,同时也对企业进一步发展提出了更高的要求。

四、完善企业组织结构 发挥协同效应

获得协同效应是企业实施多元化战略的主要驱动因素之一,多元化战略可以使企业获取管理、技术、营销等方面的协同效应。

企业实行多元化战略,需要有适应性的组织结构。多元化战略拓宽了企业的业务领域,增加了业务单元,原有的企业组织结构必须不断优化以适应这些变化。步阳集团在发展中不断建立健全公司的组织结构,从原先简单的直线型组织机构转变为了事业部制型组织结构,成立了钢门生产事业部、室内门生产事业部、汽车铝轮生产事业部、物流事业部、进出口事业部。多元化战略促使企业组织结构优化,使得管理资源效用放大,从而获得管理上的协同效应。

近几年来,步阳集团还增加了哈尔滨、兰州、北京、新疆、长春等多个办事处,旨在不断拓展市场份额、完善营销网络,通过企业的市场关联(比较固定的顾客群或分销渠道)将业务扩展到新领域,使企业从中获得良好的营销协同效应。

此外,步阳集团也越加重视技术的创新和整合,使技术优势在企业内部得到最大限度的扩散和利用,大力提升技术协同效应。步阳集团始终走在市场的前端,从顾客的迫切需求入手,以生产让顾客满意的产品为根本宗旨,不断破旧立新,不断超越自我,真正做到以创新作为企业的核心竞争力,带动企业的发展。

第三节　案例剖析：步阳多元化战略成功的关键举措分析

一、从多元化战略的内容上来看

(一)致力于主营业务的产品多元化

产品多元化是步阳集团多元化经营战略中的一个重要方面。门业、车业、汽轮、置业是步阳集团的四大主导产业,产品多元化尤其在步阳门业和步阳车业中体现得特别明显。

步阳门业是步阳集团的核心产业,主要生产防盗安全门、实木复合门、钢木室内门、装甲门系列、防火门系列、原木门系列、不锈钢门、铜门、非标门、车库门、楼宇门等 15 个系列 262 余种款式,满足了全国各地不同的建筑风格需求。尤其是安全门产品,同时拥有"中国名牌产品"、"中国驰名商标"、"国家免检产品"三大权威奖牌,产销量连续七年全国领先。除了安全门系列的产品,步阳生产的钢门窗、木质门、钢质门、车库门等各系列的产品都引领了行业潮流。步阳多次参与了国家、国际门业标准的制订和修改,已经从经营产品成功过渡到了经营品牌的发展阶段。

步阳起先只是永康市滑板车行业的"跟进者",但它在经济全球化的浪潮中,凭借敏锐的市场嗅觉,抓住了一次次的机会,成功开发了电动自行车、电动摩托车、ATV 全地形车、休闲车、车模等多款不同的产品,打开了国内和国际广阔的市场,满足了不同地区、不同客户的不同需求。目前,步阳拥有 30 多项车类设计专利,产品畅销美国、日本、意大利、德国等 20 多个国家和地区,在行业中也具有"领头羊"的地位。

(二)遍布全球的市场扩张多元化

步阳集团以事业部为主体,构建了强大的营销体系,市场营销网络覆盖全国,触角遍布城乡。目前,步阳在国内建立了 3000 多个零售网点,30 多家省级技术服务中心,1000 多家技术服务网点,拥有数千人的专业营销队伍。步阳在立足国内市场的同时,还积极拓展国际市场,产品远销美国、加拿大、俄罗斯、新加坡等 100 多个国家和地区,并加速了与跨国公司的合作,共建营销平台。

(三)基于自主品牌战略的投资多元化

步阳集团在重视对国内市场开拓的同时,也在积极地开拓海外市场,提高出口销量。步阳集团从 2001 年开始做出口,当时在永康是第一个安全门出口企业。但是,相对于国内市场而言,出口面临着几个特殊的问题:第一,面对全球经济危机,出口明显受到影响,整体需求下降非常明显;第二,出口主要还是做贴牌,没有自己的品牌,很大程度上影响了效益;第三,国内市场是比较稳定的一个市场,因为公司始终掌握着终端销售网络,而出口往往得依赖一个市场的少数几个大客户,有时候一个客户的丢失对公司的影响就比较大。面对这些存在的问题,步阳集团及时调整思路,考虑将国内的营销模式用到国外渠道的建设,直接在国外投资设立分支机构,争取在销售上有更大的主动权,提高出口效益。

2001年8月,步阳集团投资成立美国分公司,主要负责 ATV 全地形越野车、休闲运动车的研发、生产和销售。2003年9月,步阳集团与 TALAN 大学机械动力系合作成立 ASUN 发动机研发中心,与美国 AIX 工艺设计所合作,以每年200万美元的经费,在 ATV 及小跑车的外观设计、动力改进上取得了重大突破。目前公司自主研发的 ATV-C 系列,在美国市场赢得广泛好评。2008年10月,步阳集团又投资设立了俄罗斯分公司,主要负责销售门类产品,采取稳步发展和本地化策略,拟在俄罗斯及周边国家推广自主品牌开拓市场,建立庞大的分销商网络,更好地满足客户的需求,为客户提供更优良的服务。步阳集团作为俄罗斯最大的门类供应商,近20年的持续稳定发展,使公司成为技术领先、品质卓越和具有良好服务意识的集团公司。

如今,"步阳"牌商标已在美国、俄罗斯、意大利等8个国家成功注册,并远赴哈萨克斯坦、迪拜、美国等不同国家参展,为步阳品牌进军国际市场奠定了坚实基础。

二、从多元化战略的模式上来看

(一)发展以核心技术为轴心的同心多元化

"培养一批人才,培育一个市场,铸就一个品牌,任重而道远,而辉煌的未来由此开始。"这是总裁徐步云先生的自信,也是他对企业的希望。说到品牌,步阳一直很重视品牌培育,徐步云认为企业发展和品牌建设是相辅相成的,他笑言品牌是步阳的第二生命。而品牌的建设归根到底离不开技术的支撑。这么多年来,步阳一直致力于技术的研发。作为浙江省的专利示范企业,步阳集团每年投入资金5000万元以上,专门用于开发新产品、研发新技术。2001年,步阳集团开展新型的产学合作模式,与浙江大学合作,成功研发了木纹转印技术,改变了安全门的单色外观,也实现了安全门销量的巨大飞跃。这项技术使步阳门业的销售量在2002年首度超越当时的龙头企业盼盼,成为销量全国领先的行业冠军,此后连续八年夺冠,也同时奠定了步阳成为全国行业龙头的基础。2002年,步阳率先在国内首推80毫米厚的扣门,加厚门面并增加三折防撬扣边,这种门将防撬性能升级一个档次。2003年,步阳又先后推出"十八学士"系列和"吉福门"系列,特别是后者,将中国书法元素和传统的"吉"、"福"文化融入产品,带有浓郁的中国文化气息和吉祥寓意,在市场上引起了强大反响。

正是基于这不断的技术研发,步阳集团生产的门类产品已代表了国内乃至国际的先进水平。但是,步阳并未就此止步,而是更加锐意进取,它以在门类产品掌握的核心技术为轴心，不断地向边缘产业开拓，大力发展同心多元化。近几年来，步阳集团新增了高档智能门、智能锁、高档橱柜等产业项目。2004 年，步阳推出双制动锁具，使客户能更方便地将所有锁点锁到位；2012 年，步阳推出的高档智能门与国家工信部中小企业局签订了合作意向；2013 年，又启动了高档橱柜项目。据悉，这三个新项目将新增销售收入 18 亿元。步阳的每一次出新，都会掀起市场的一朵朵浪花。

（二）转向弱相关或非相关产业的混合多元化

企业多元化经营应尽量沿相关产业实行，无论是产品多元化、市场多元化、投资多元化还是三者的交织进行，主要还是围绕门业这一主导产业。门业作为步阳集团的主导产业、核心产业，门业的健康、持续、快速的发展才是步阳集团制胜的关键所在；发展多元化的同时，必须要确保主导产业的持续发展。门业虽然是一个独立的经济体系，但是在这个经济链比较复杂的时代，蝴蝶效应非常明显，门业经济与房地产关联甚密，房地产市场的动荡会直接影响门业发展；反之，房地产市场的高速健康发展也能反过来促进门业的快速平稳发展。规模门业经济的复苏和进一步发展，不可能仅靠一己之力就能实现，最终还是要和房地产结合起来。

正因为如此，步阳集团才毅然决然地进军房地产行业。进军房地产行业，不仅体现了步阳集团多元化发展的战略眼光；同时，也体现了步阳集团希望通过进军房地产行业，加强与全国一批地产龙头的合作，通过强强联合来达到"集团式采购"的非常营销理念，以进一步扩大门类产品的销售额，尤其是安全门，提升企业的行业地位。2009 年 10 月，在广东恒大地产集团主办的战略合作伙伴交流会上，步阳集团董事长徐步云与恒大集团董事局主席许家印一次就签订了 10 万樘装甲门的订单。2010 年下半年，步阳集团还与三江房产、苏宁置业、苏宁环球、名流置业等地产大型企业签订了战略合作协议。门业是与房地产密切相关的产业，与地产龙头企业紧密合作，抓住大订单，这不仅使渠道得以拓宽，更使营销成本大幅下降，大大地提高了企业的经营效益。

第四节　结论与启示

企业选择以多元化战略推动转型升级，主要可以使企业降低交易成本，获得协同效应，分散和降低经营和财务风险，增强市场力量，提高企业核心竞争力，获得长远的竞争优势。但同时，多元化战略也可能会给企业带来因进入新领域而产生的新风险、资产分散化、管理难度增加等问题。因此，企业应该客观、辨证地看待多元化战略的利与弊。

企业发展战略的选择，一方面取决于企业发展的外部环境，另一方面则取决于企业内部核心能力与企业自身资源、组织和技术相匹配的程度。企业制定和实施多元化战略，应基于自身的核心竞争力，从动态的角度，把多元化战略作为一项影响企业持续发展的长期战略来研究，使多元化战略能适当超越企业现有的资源和能力，从而达到一种具有前瞻性的战略适应。我省中小企业在转型升级过程中，应充分考虑企业自身的实际情况、多元化战略的进入方式、重点影响因素以及相应的外部环境，实施符合市场发展规律的多元化战略，这样才能克服逆境，不断完善，获得更强的竞争实力。

参考文献：

[1] 李敬.多元化战略[M].上海：复旦大学出版社，2002.

[2] 郭亚玲.多元化规则：规避多元化经营风险　提炼多元化成功法则[M].北京：地震出版社，2004.

[3] 周军，王文岩.多元化陷阱[M].北京：中国物资出版社，2004.

[4] 邵长建.山东黄河集团产业多元化战略研究[D].山东大学，2010.

[5] 褚平忠.中小化工企业突破发展瓶颈的对策研究——以润鹏化工多元化战略实践为例[D].复旦大学，2010.

[6] 柳燕，吴广伟.成熟期企业转型发展的一种路径——多元化战略的实施[J].商场现代化，2012(1)：9-11.

[7] 陈兮.刘化集团多元化战略研究[D].兰州大学，2013.

[8] 周习华.铁路建筑企业多元化战略转型研究[D].北京交通大学，2012.

[9] 汤幼平.经济转型期多元化经营的风险及对策[J].企业经济，2011(12)：97-99.

[10] 朱颖.基于核心能力的 CSSD 多元化战略研究[D].苏州大学，2010.

[11] 段利.我国民营企业的产业转型问题及研究[J].特区经济，2009(6)：117-118.

[12] 步阳集团新闻中心.步阳集团参与 6 项国家行业标准修订——是行业参编标准最多企业[EB/OL].hhttp://www.buyang.com/newsdetail.asp? id＝266.

[13] 步阳集团新闻中心.步阳安全门被评为中国房地产 500 强企业首选品牌[EB/OL].http://www.buyang.com/newsdetail.asp? id＝265.

[14] 步阳集团新闻中心.步阳集团与央企签订 300 万樘智能自动门产业化项目[EB/OL].http://www.buyang.com/newsdetail.asp? id＝227.

企业家感言

步阳集团徐董感言

　　22 年的拼搏，我们经历了无数的艰难，我们越过了无数的险滩；22 岁的步阳，青春四射，激情勃发，干劲冲天，意气风发。步阳通过 22 年努力，3000 多个营销网点，已星罗棋布在神州大地，步阳的产品已走出国门，畅游在世界 60 多个国家，现在步阳已经拥有"中国名牌产品"、"国家免检产品"、"中国驰名商标"三大权威奖牌，已经成为中国五金之都的航母，已经成为中国安全门行业的领头羊。

　　22 岁的步阳，可能说是硕果累累，果实飘香。但成绩都成了过去时，我们面对的是社会发展的进行时。我们反思着过去走过的路，我们深思着未来的路，"创一流产品，铸百年步阳"才是我们的"梦想"。步阳现在和未来，还面临着各种复杂的挑战，步阳不能放缓脚步，不能孤芳自赏，"沉舟侧畔千帆过，病树前头万木春"，步阳还要继续在市场激流中努力拼搏。

（步阳集团董事长：徐步云）

第十四章 立马控股:"扬鞭策马"精心打造 企业核心竞争力

引　言

　　二十几年前,一群朴实的农民聚集在贫瘠苍凉的白马山下,开始了艰苦卓绝的创业跋涉,开始了事业的艰难起步⋯⋯涅槃20载,立马由一个年产水泥1.5万吨、产值150万元的小厂发展成为年产值超30亿元,拥有8个子公司的,集建材、纺织、金融商贸、实业投资为一体的国家大型综合性企业集团,实现了跨世纪的飞跃。集团公司现有从业人员达2800人,拥有总资产26亿元,利润3亿元,上缴税金2亿,成为浙江省"五个一批"重点培育骨干企业和金华市50强民营企业之一。公司生产的主导产品"立马牌"水泥是农业部、浙江省名牌产品,也是国家质量技术监督检验检疫总局命名为"国家免检"产品,"立马"牌商标是浙江省著名商标、中国驰名商标。公司还被评为浙江省"首批诚信示范企业"、全国第三批"守合同重信用"先进企业、省建行"AAA"企业和重点客户等。

　　纵观立马控股集团的发展历程,就是一部不断创新的"转型升级发展史",每一个阶段的跨越提升,都离不开创新的推动。无论是创业初期"无工不富"的创业勇气,还是从水泥行业进军纺织行业的开拓精神,乃至企业经营管理中坚持的"五高"思想,都反映了公司管理层坚定实施企业转型升级以提升核心竞争力的决心,推动立马控股集团实现了可持续发展。本文旨在通过对立马控股发展中的经验总结,为浙江省其他中小企业的转型升级之路提供一些可借鉴的经验。

第一节　理论框架

　　企业的生命如同人的生命一样,每个企业都各不相同,有百年老店式的"长寿星",也有半路夭折的"短命孩"。这其中,企业的兴衰更迭、大小变化根源何在?决定企业的生存和发展的最根本因素是什么? 长期以来,这一直是以企业为主要研究对象的企业经济学和管理学必须回答的一个至关重要的问题。当然,我们所研究的企业生存和发展是在竞争下的生存和发展,因此,关于企业竞争优势的源泉以及怎样获得可持续的竞争优势的问题是研究企业生存和发展的关键。而核心竞争力理论的提出正是试图分析和解决这些问题的。

一、核心竞争力的概念

核心竞争力的概念是 1990 年美国密西根大学商学院教授普拉哈拉德(C. K. Prahalad)和伦敦商学院教授加里·哈默尔(Gary Hamel)在其合著的《公司核心竞争力》(*The Core Competence of the Corporation*)一书中首先提出来的。他们对核心竞争力的定义是:"在一个组织内部经过整合了的知识和技能,尤其是关于怎样协调多种生产技能和整合不同技术的知识和技能。"从与产品或服务的关系角度来看,核心竞争力实际上是隐含在公司核心产品或服务里面的知识和技能,或者知识和技能的集合体。

在英国学者普拉哈拉德(C. K. Prahalad)和英国学者哈默尔(G. Hamel)看来,核心竞争力首先应该有助于公司进入不同的市场,它应成为公司扩大经营的能力基础。其次,核心竞争力对创造公司最终产品和服务的顾客价值贡献巨大,它的贡献在于实现顾客最为关注的、核心的、根本的利益,而不仅仅是一些普通的、短期的好处。最后,公司的核心竞争力应该是难以被竞争对手所复制和模仿的。正如海尔集团总裁张瑞敏所说的那样:"创新(能力)是海尔真正的核心竞争力,因为它不易或无法被竞争对手所模仿。"

核心竞争力是企业竞争力中那些最基本的能使整个企业保持长期稳定的竞争优势、获得稳定超额利润的竞争力,是将技能资产和运作机制有机融合的企业自身组织能力,是企业推行内部管理性战略和外部交易性战略的结果。现代企业的核心竞争力是一个以知识、创新为基本内核的企业某种关键资源或关键能力的组合,是能够使企业、行业和国家在一定时期内保持现实或潜在竞争优势的动态平衡系统。

二、核心竞争力的特征

企业核心竞争力作为竞争优势的本源应该具有以下五个基本特征。

(一)价值性

核心竞争力是富有战略价值的,它能为企业创造更高价值;它能为企业降低成本;它能为顾客提供独特的价值和利益,最终使企业获得超过同行业平均利润水平的超值利润。核心竞争力的价值性主要是通过市场检验实现的。企业所开发的资源要素,必须在各个方面满足市场所需,才具备了企业向顾客提供产品的基础,企业才能在满足顾客需求之中实现价值,才可能从中获利,实现企业的生存发展。符合市场需求程度越高,核心竞争力的价值性越大,企业的竞争优势也就越显著。

(二)独特性

企业核心竞争力是企业在发展过程中长期培育和积淀而成的,企业不同,它的形成途径不同,它为本企业所独具,而且不易被其他企业模仿和替代。"它必须是独一无二的,并能提供持续的竞争优势。"核心竞争力是特定企业的特定组织结构、特定企业文化、特定企业员工群体综合作用的产物,是在企业长期经营管理实践中逐渐形成的,是企业个性化的产物,因此,竞争对手在短期内也很难超越。不同研究者对"独特性"有不同的表述,如"特定性"、"专有性"、"途径依赖性和累积性"、"异质性"等。对这些不同的表述,从其具体阐释来看,基本上却是一致的。值得注意的是,衍生出"独特性"特性的核心能力中难以用语言、文字、符号表征的部分内容,更造成了核心竞争力的不可交易与不可模仿。因此,有人将其表述为"不可模仿性"、"整体性"或"暗默性"。

(三)延展性

在企业能力体系中,核心竞争力是母本、是核心,有溢出效应,即核心竞争力的延展使企业获得核心专长以及其他能力,它对企业的一系列能力或竞争力都有促进作用,为企业打开多种产品市场提供支持,必须为各种产品或服务提供支持。核心竞争犹如一个"能量源",通过其发散作用,将能量不断扩展到终端产品上,从而为消费者源源不断地提供创新产品。也有研究者将延展性表述为"持久性、衍生性"。

(四)动态性

企业的核心竞争力虽然内生于企业自身,但它是在企业长期的竞争发展过程中逐渐形成的,是与一定时期的产业动态、企业的资源以及企业的其他能力等变量高度相关的,随着彼此相关的变化,核心竞争力内部元素动态发展,导致核心竞争力动态演变,这也是一个客观必然。

(五)长期培育性

对于企业来讲,如果企业核心竞争力能够在短期内培育出来,那么其他企业可以很容易复制或模仿,企业核心竞争力的独特性便不会存在,企业之间竞争优势的差异也就不会长期存在。可见,企业核心竞争力不是一个企业能在短期内形成的,而是企业在长期的经营管理实践中,逐渐形成并培养发展的,其他企业不容易复制或模仿。而核心竞争力具有的独特性、动态性的特征也都与其长期培育性有直接的关系。

三、核心竞争力的具体表现

企业核心竞争力与一般竞争力的区别是:前者是由一系列独有能力结合在一起的有机整体,真正构成这种核心竞争力的因素主要表现在以下 6 个方面:

（一）战略决策能力

企业战略主要涉及企业远期发展方向的范围,在理想情况下,企业战略应使企业资源与企业生存所依托的、不断变化的环境,尤其是企业的市场和客户相匹配,以便于达到企业所有者的预期希望。战略要与企业运营中的社会经济环境、市场和客户相匹配。因此,正确的战略决策是建立在对企业经营社会环境正确的分析评价的基础上,并随着环境的变化而变化。

战略要建立在企业的活动与企业的资源容量相匹配基础上。这不仅仅是指企业将遭遇环境威胁或获得发展机会,它还意味着将企业资源与这些机会和威胁相匹配。如果有所需求的资源没有或不能获得,或者战略制定在不充分的基础上,或者不能得到有效的管理和控制,企业就不能获得新的发展机会。

企业的战略决策决定了企业核心资源的配置。在产业发展相对稳定的时期保持企业核心能力和积累的一致性,准确预测产业的动态变化,适时进行企业核心能力的调整。企业决策后应从企业核心能力的培育、成长和积累的角度来考虑企业的战略问题。战略选择是新的核心竞争力形成的指导思想,对获取新的核心竞争力具有十分重要的意义。

（二）技术开发能力

技术开发是指利用从研究和实际经验中获得的现有知识或从外部引进技术,为生产新的产品、装置,建立新的工艺和系统而进行实质性的改进工作。

拥有自身的核心技术是企业获得竞争力的关键条件,核心技术表现为专利、产业标准及不同形式的知识,核心技术重复使用会使价值连续增长,具有报酬递增特征。许多成功的企业在创业初期都存在着规模、资金等方面的困难,但一旦拥有在市场上领先的核心技术后就会迅速发展壮大。微软公司一开始也只能给 IBM 做零部件供应,后来因为掌握了在视窗操作系统上的核心技术,迅速成为世界上利润率最高的企业之一。

企业对现有技术水平能否有效创新是衡量一个企业技术开发能力的关键。技术创新力是核心竞争力的核心要素,包括研发能力、技术改造能力、技术转化能力、技术保护能力、应变能力等。企业的技术创新能力越强,其产品的技术含量、质量、性能、工艺水平和服务水平就会越高,产品进入市场的障碍就越少,企业参与市场竞争的能力就越强,企业的核心竞争力也就越强,相应地,企业的生存和发展便有了保障。

（三）市场营销能力

企业的营销系统包括营销技术和营销网络,企业通过营销技术把高效的产品以低廉的价格提供给顾客,满足其个性化的商品和劳务需求;而营销网络是企业推销产品和售后服务的前沿阵地,其主要功能是产品的销售、市场调查、营销宣传、技术支持和市场开拓。企业一旦拥有了庞大的营销网络,就将成为后来者进入该市场的壁垒,从而在相当长的时间内获得超额利润。

同时,客观环境时时都发生变化,企业决策者必须具有敏锐的感应能力,以保持经营方略适应外部环境的变化。若出现无法预料的事件,如某项技术的发明、政府政策的调整等,企业就必须迅速、准确地拿出一套应变的措施和办法,把可能对企业造成的影响减小到最低程度。

(四)组织管理能力

企业的组织管理能力是指组织协调企业各生产要素,进行有效生产的能力。通过组织机构、规章制度等方面,对企业资源利用的研究和开发,对企业生产和经营活动的管理,实施各项管理的职能。优秀的组织管理能力能够充分利用企业资源,发挥企业系统的优势,产生具有本企业特色的管理理念、管理体制、管理方式方法,从而把潜在的优势变为现实的优势。同时也可稳定一支具有才能的管理队伍,把所有人的力量凝聚起来,向着企业核心竞争力的目标发挥最大潜力。

同时,由于企业的第一资源是人,人是企业核心竞争力的制定者、执行者、创新者和评估者。如何留住人,发挥人才对企业核心竞争力的贡献和把人力资本与企业有机结合在一起,是企业核心竞争力的首要问题。很多员工和业务经理具有能够改变独立的组织因素,这样相互影响会使核心竞争力下降。高层管理者必须协调各方面的力量,保证这些单独的变化与总的核心竞争力方向一致。

(五)企业文化

企业文化也是企业核心竞争力的重要内容,良好的企业文化是企业整合更大范围的资源和迅速提高市场份额的重要手段。企业文化使企业中的每一个员工按照企业一致性的发展目标而努力,提高企业的生产效率;使员工自觉的协调配合,减少内部冲突及管理费用;同时也给企业的员工带来一种凝聚力,使其围绕核心竞争力展开服务。

第二节 案例背景:精心打造核心竞争力的"立马"征程

一、雏凤初鸣:立足水泥抓提升

立马控股集团董事长章树根是浙江兰溪市人,他也是业内有名的"拼命三郎",越是遭遇挫折,越是坚韧乐观,自言"人不倒、志不灭、事竟成"。回顾创业的艰辛,章树根记忆犹新。

1985年7月,他以身作则、身体力行,带领198名农民每人集资1000元开始创办水泥生产企业——兰溪灵洞水泥总厂(立马控股集团前身),开始了艰难的创业道路。最初的立窑,年产仅3000吨。1993年,在水泥厂未改制前,章树根决策上马了兰溪第一条利用余热发电的回转窑生产线，掘到了结构调整的“第一桶金”。

1994 年，以兰溪市灵洞水泥总厂为核心，组建了浙江立马集团公司，形成了较大规模的联合体，实现了建材、金属加工、机械三大行业六个主导产品多元经营的新局面，企业总资产达到了 1.5 亿元，当年实现利税 3000 万元。1995 年，集团公司被农业部列为全国 500 强乡镇企业集团之一。1998 年，兼并了兰溪市诸葛水泥厂，组建了兰溪市龙马建材有限公司。在此基础上，根据《公司法》规定，进行了规范的股份制改造，组建了浙江立马股份有限公司，完善了公司法人治理结构，初步建立了适应社会主义市场经济和社会化大生产要求的产权明晰、权责明确、政企分开、管理科学的现代企业制度。1999 年通过了农业部全国乡镇企业现代企业制度试点验收。

二、强强联合：跳出水泥求发展

2002 年，立马股份有限公司和云山纺织印染有限公司实行强强联合，组建了立马云山纺织有限公司，走出了一条符合兰溪实际的资本、机制和人才技术紧密结合的新路子，最大限度地发挥了立马股份的资金优势和云山纺织的专业技术优势。

2003 年，组建了立马控股集团股份有限公司。新体制的建立，改变了“一个厂、一条线、一种产品”和“小而全”生产模式。

2008 年，根据对市场的分析，立马控股又先后投入 3.5 亿元成立浙江腾马纺织有限公司，主要生产牛仔布，这是公司从坯布向成品布转换的一次大胆尝试。投产半年，腾马公司就实现外贸出口 200 万美元，单月可出口 300 多万米牛仔布，实现年出口额 1000 万美元以上。目前，公司已形成年产中高档牛仔面料 4000 万米的生产能力。公司产品 90％以上出口远销到东南亚、南美、欧美、中东等 30 多个国家和地区，深受国内外客户青睐。

2013 年，立马控股为了进一步拉长产业链，提高附加值，增强竞争力，又收购兼并了江西九江维科印染有限公司，成立了江西腾马印染有限公司，投资 2 亿元新装了 6 条国内一流的服装面料染整生产线，形成了年染整高档服装面料和大提花布 1 亿米的生产规模。该项目投产后，可为立马控股年销售额增加 20 亿元，出口额再翻一番，使立马纺织真正实现技术最前端、产品最高端、市场最终端。

三、立马扬鞭：策马前行再腾飞

立马控股在做大做强水泥和纺织两大主业的同时，也在不断寻求其他新的增长点，在金融商贸、小额信贷融资行业都有不菲的建树。公司 2010 年发起设立的浙江立民小额贷款股份有限公司去年贷款规模达 3.8 亿，利润 6000 多万。

对于今后的发展规划，立马控股董事长章树根非常看好兰溪的纺织业，打算筹建一个面向全国的棉纺织品市场。他认为，纺织行业的市场空间很大，而且兰溪纺织行业历史基础雄厚，近年来兰溪在立马纺织带动下，当地鑫浪纺织、金梭牛仔、佳而美等一大批规模以上纺织企业纷纷跟进，形成了一个拥有 1300 多家纺织企业的产业集群。虽然在浙江省内绍兴是一个很大的"纺织城",但它以化纤产品为主。而兰溪以棉纺产品为主,正符合国际上追求回归自然的纯棉服饰的潮流。这几年,兰溪棉纺产品在绍兴、广州等地市场名气很大,上门求购者络绎不绝。兰溪完全可以逐步发展成为一个面向全国的棉纺织品供应基地。鉴于此,立马控股决定投资8亿元在兰溪建设一个浙中棉纺织品市场,把兰溪的棉纺织品推向全世界,也为公司找到一个新的经济增长点。

作为一个游刃于水泥与纺织、金融商贸等多个行业的当代婺商,如今的章树根已经在谋划企业的"明天",使集团公司真正成为行业的领军企业。对于今后的发展,董事长章树根表示,虽然目前整个国际国内经济形势不太乐观,公司发展也面临着一些制约,但"立马人"将负重拼搏,迎难而上,继续做大做强。时间已经锻炼了立马的"金刚不败之身",相信在章树根的带领下,明天的立马将像腾飞的骏马一样,无畏无惧,勇往直前!

第三节　案例剖析:立马控股打造核心竞争力的关键举措分析

通过对立马控股集团公司发展历程的仔细解读,我们发现,在企业的快速发展过程中,立马控股公司核心竞争力的提升对企业的发展起到巨大的推动作用。

一、战略决策能力:未雨绸缪抢先机,先人一步占高点

战略定成败,章树根坚信战略就是正确地做事,做正确的事,要做到"以我为主、我在中场、融会贯通、自成一体"。在战略发展方向的决策上,公司始终坚持未雨绸缪,先人一步,走在了行业前列。

立马是水泥战线上的一名老兵,85年开始搞水泥,有9条立窑生产线,产量在100多万吨,和尖峰是浙江金华市场上最大的两家企业。2002年前后,我国水泥工业发生了很大变化。以章树根为首的立马管理层从政策和市场两个方面敏锐地感觉到了水泥产业结构升级的巨大前景,发展新型干法回转窑不仅是水泥产业的主流发展方向,也是企业在优胜劣汰的市场竞争中获得生存发展的保证。经过反复论证,公司以壮士断腕的胆识决定将原有的立窑全部拆掉,全体员工含着泪水拆掉了曾经作出巨大贡献的9条立窑生产线,从2002年起先后又投资7.5亿元建设多条新型干法水泥生产线,确保立马水泥的发展能跟上产业发展的主流发展方向。

随着我国房地产业的迅猛发展,我国水泥行业也很快从供不应求发展到产能严重过剩。到2006年,仅浙江就有新型干法水泥企业59家,熟料生产线81条,其中日产5000吨的大型生产线15条。严重的供过于求使得部分小企业开始不计成

本的低价销售,扰乱市场竞争秩序,像海螺水泥这样的全国行业巨头的进入,也加速了浙江省内的竞争态势。2007 年,公司为了更好地应对激烈的市场竞争,促进区域经济良好快速地发展,又与大型央企中国建材合作,以浙江立马水泥有限公司5000t/d 生产线加盟南方水泥。加强了专业化协作,实现了生产要素的优化组合,创新了企业发展机制,极大地推动了企业规模经济的发展。

在先后经历了水泥行业的两个发展高峰期(改革开放初期—1988 年、1992—2001 年)后,立马管理层意识到我国水泥行业的发展将很快从快速发展期进入到市场饱和的平稳发展期,要想实现企业的快速增长,必须寻找新的经济增长点。

立马股份有限公司决定"跳出水泥求发展",挥师进入纺织行业。

纺织行业常常被人们称之为夕阳产业,当时很多企业在多元化发展的时候纷纷进军计算机信息技术、通讯等这样一些热门行业。但章树根看来,"我从来不认为纺织产业是夕阳产业。""没有倒闭的行业,只有倒闭的企业。"是什么让章树根有此决定? 首先,良好的地域基础,浙江省兰溪市棉纺织行业历史基础雄厚。其次,产品优势,兰溪的棉织产品在省内外都有着良好的声誉。第三,人才优势,因为发展历史久远,因此本地拥有一大批纺织技术人才。这种种优势给了章树根信心,他认为兰溪棉纺织行业的市场空间很大,于是与云山纺织公司合作组建了立马云山纺织公司。

作为国企和民企融合的股份制企业,立马云山占了先天之优,由国企之"智"与民企之"资"优化组合,还具备了"班子有战斗力、研发和技术骨干实力强、员工队伍稳定"等特点。经过十余年的发展,如今,立马云山纺织公司织造能力已成为全省同行业的领军企业。2009 年投资建立、以生产牛仔布为主的新公司——"腾马纺织",到现在的营业额也达到 7 亿元,出口额达到九千多万美元,成为中国牛仔布出口的第一大户。

二、技术开发能力:技术提升老工业、新品导出大市场

对于制造型企业来说,企业核心竞争力的打造不可或缺的是企业的技术创新能力。为此,立马控股公司利用机制和管理优势,有计划、有步骤、有重点地运用先进适用技术改造传统产业,用高新技术提升传统产业,推进产业和产品结构调整。以大项目、大投入促进大调整,实现大发展。无论是水泥产业还是纺织行业,公司都十分注重采用先进适用的技术来改造原有的生产工艺。"我们就是要做到高起点投入、高精尖装备、培养高层次人才、实行高水平管理、生产高档次产品。"章树根在整个集团公司都坚定贯彻了这"五高"思想。

在水泥行业立马先后共淘汰了 9 条落后的机立窑生产线,先后投资 7.5 亿元进行了兰溪立马 1500t/d、北京立马 2500 t/d、浙江立马 5000t/d(该生产线现与中国建材南方水泥合作)等新型干法回转窑水泥生产线技改项目。

在纺织行业,立马总投资 8.5 亿元,引进近 900 台(套)国际先进水平喷气织

机,还引进了 460 台(套)世界顶端比利时毕佳乐剑杆织机,上马了浙江腾马牛仔布项目。该公司的喷气织机是日本丰田的,浆纱机是德国祖克的,高速整经机是瑞士贝宁格的,无油螺杆空压机是比利时阿托拉斯的,设备配置是行业公认最优的。

引进的这些设备,都具备节能、高速、高效、自动化、智能化程度高等特点,不仅能提高生产效率,而且具备降低能源消耗、提高织物附加值的装置;与国内机型比,设备能源消耗平均可降低 20% 以上。同时,公司建有省中小企业技术中心和测试中心,公司已通过 ISO9001 和 ISO14001 质量/环境管理体系认证。

采用先进设备在提升产品质量的同时也降低了生产成本,带来了可观的经济效益。据了解,大多数企业生产 1 纬布的成本在 0.02~0.03 元。而公司采用最前沿的装备后,每 1 纬布的生产成本只要 0.018~0.019 元。这样算起来,公司每生产 1 米布就多出 0.3 元的利润,1 年生产 1 亿米布就可以增收 3000 万元。

同时,立马控股在新产品的研发上也是不遗余力。章树根说,只有做到小批量、多品种,再加上良好的服务理念和强大的研发队伍,才不会被市场淘汰。公司主导产品为"云马"牌弹力坯布,拥有 400 多个品种。近年来重点开展差别化、功能化高科技的多种新型纤维交织物面料开发,有十个系列二十多只产品获得省高新技术产品、省优秀新产品、省级新产品、金华市高新技术产品、优秀新产品等多项殊荣。并获得了两项"国家发明专利技术",公司被授为"省级企业技术中心"、"金华市高新技术企业"。"云马"品牌先后被认定为浙江省著名商标、浙江省名牌产品。

公司强大的技术开发能力增强了企业对市场的快速反应能力,根据客户需要,快接单、快交货,对流行面料生产注重时效性。章树根说,服装产品市场周期较短,一般为 20 天到 1 个月,所以像立马云山这样的服装行业的上游企业就必须迅速跟上市场变化。客户提供样品后,他们 3 天之内就织出面料,然后送往印染企业,3 天后再送到服装厂,只要 10 天时间服装样品就穿到了商场模特的身上。新产品得到肯定,他们就按照客户的要求迅速组织批量生产,做到三天打小样,七天出批量,二十天市场全覆盖。

三、市场营销能力:东方不亮西方亮,灵活应对保成长

企业核心竞争力的强弱,最终是体现在企业对外部市场的营销能力上。立马控股公司往往能在客观环境发生变化的时候,及时、准确地拿出一套应变的措施和办法,把可能对企业造成的影响减小到最低程度,甚至化"危机"为"转机",给企业带来再次发展的契机。

2002 年,由于国家对基本建设和房地产行业实行宏观调控政策,浙江水泥行业陷入低潮。这时,公司董事长章树根做出了一个大胆的决定——跳出兰溪求发展,在北京上马一条 2500t/d 生产线。他看中的是奥运工程的商机!别看这就一句简单的话,但实施过程中可谓是磨难重重。2003 年,北京的冬天是最冷的寒冬,气温降到零下 30 多度,项目根本无法开工。祸不单行,当年又赶上非典来袭,找不

到工人,还出现了环保问题。就是在这样的恶劣条件下,章树根硬是挺了下来,投资2.5亿元的北京立马2500t/d生产线经过1年零3个月的时间终于建成了。生产线建成后,又遇到很大的销售难题。当时,章树根了解到北京最大的企业琉璃河水泥厂应收账款高达3亿多元。听了后简直不敢相信,可以说是吓坏了,这样的市场怎么做啊?当时很多企业为了进入北京市场都是采用赊销的办法。这种经营理念和浙商完全不同,当地业内人士告诉章树根:如果你不这么做,那么你只有把工厂留下,你回你的老家浙江去。但章树根不信邪,坚持自己的经营方法,做出了决定:(1)坚持利润经济的价值观,坚持不赊账,现金回笼,来改变北京传统市场的观念;(2)靠诚信,保证按时保质向用户提供优质产品;(3)在质量上,供应的32.5达到42.5的标准,42.5的达到52.5的标准。北京立马水泥坚持这样做,逐渐使同行开始接受立马的经营理念,在客户中逐步建立了企业信誉。2006年,北京所有的同行都坚持不赊账,保证了本行业的利益。章树根的辛苦没有白费,北京上马的这条2500t/d水泥生产线抓住了奥运工程的建设机会。"立马"水泥进入了北京奥运工程,2006年盈利5000万元。北京市现有水泥生产能力约1000万吨,"立马"水泥就占100万吨。谈起这些,章树根脸上露出了笑意,他接着说,与当时浙江省内水泥市场的萎靡不振相比,北京水泥市场红红火火,奥运工程以及首都机场扩建、悬浮列车直通机场、改进北京周边县区轻轨列车等配套基础设施工程已全面铺开,水泥需求量非常大,而且同样一吨水泥,所获利润要比兰溪多出20元左右。"我们移师北京还是很成功的。"章树根说。

立马纺织业的发展也不是一帆风顺的,也经历了很多极其困难的时期。比如2005年欧美实施纺织品配额限制,立马云山纺织公司一度受挫,最多的时候曾积压了价值6000万元的库存产品。但章树根没有气馁,转而重点开发国内市场,并寻找其他出口国市场。两个月后企业出现转机,到10月底库存产品全部销售一空。

2008年美国次贷危机爆发前,立马出口产品的40%是销往美国市场的。当时,公司管理层敏锐地察觉到美国市场可能会出现比较大的困难,及时调整经营方向,转而开拓欧洲市场,避开了2008年次贷危机的直接冲击,保证了企业业绩的持续上升。2009年,欧洲市场在希腊发生债务危机后也有了很大的波动,立马人果断调整思路,着力开拓国内市场和东南亚市场,在别的企业艰难度日的时候,立马仍旧保持了高成长的良好业绩。

四、组织管理能力:狠抓基础不放松,培养学习好氛围

企业核心竞争力的提升一个很重要的方面就是企业组织管理能力的提高。

为了适应新体制、新机制和市场经济要求,必须要创新管理理念,改变落后、粗放的管理模式。公司逐步建立了新的企业管理机制,以人为本,最大限度地调动职工的主动性、积极性和创造性。一是进一步调整和理顺企业管理机制,逐步调整企业现行的组织机构和有关职能,建立了企业战略决策层、经营层和生产层三种职能

层次和责任中心,实行统一决策、统一资金、统一会计核算的管理模式;强化决策层和生产层力量,实行"扁平式"管理。二是建立各子公司经济责任制,对子公司实行经营目标责任制考核,以确保集团公司中长期目标的实现。三是围绕"优质、高产、低耗、安全、文明",细化内部管理,量化考核指标,将管理责任具体化,把企业的目标分解落实到岗位、员工身上,真正做到横向到边,纵向到底,调动职工的主动性、积极性和创造性。四是建立利用信息技术进行设计、制造、管理、营销的信息网络系统,以信息化带动产业化,加快产业升级步伐。同时公司建立健全企业信用体系,诚实守信,加强信贷、合同、产品服务、财务会计、纳税、环保及劳动保障等方面的信用管理,从而赢得了社会各方面对企业的信任。

同时,注重人才机制创新,提高人员素质。人是企业发展的第一要素,也是企业发展必须长期解决的永恒主题。科学发展观就是要以人为本,全面实施人才战略:一是继续培养高素质人才,通过与大专院校、职业技术学校挂钩合作的办法,定向培养一批高素质人才、复合型人才和熟练操作工人;创建学习型企业,进行全方位、多渠道的全员培训、岗位练兵、劳动竞赛,提高员工的技术素质,同时引进一批高层次人才和技术工人。此外,加强企业文化建设,推进可持续发展。围绕公司中长期发展目标,突出时代特征,弘扬中华民族优秀传统文化和企业20年来所形成的"立马"人所具有的艰苦创业、奋力拼搏的精神,培养一批具有开拓进取、与时俱进精神的职工队伍,不断提高职工的思想素质、文化素质、技术素质和管理素质,构建现代企业品质,提高企业知名度和美誉度。

第四节　结论与启示

企业核心竞争力是企业独具的、能为企业带来经济效益的、支撑企业可持续性竞争优势的核心能力。今天,企业的成功不再归功于短暂的或偶然的产品开发或灵机一动的市场战略,而是一种企业核心竞争力的外在表现。

核心竞争力是企业在其长期经营活动中以特定的方式,沿着特定的技术轨迹逐步积累起来的,它不仅与企业独特的技能与诀窍等技术特性高度相关,还深深印上了企业组织管理、市场营销以及企业文化等诸多方面的特殊烙印。作为特定企业个性化发展过程的产物,企业核心竞争力既具有技术特性又有组织特性,企业的运作模式、营销方式、规章制度,企业员工的素质、能力、观念以及行为方式等因素共同支撑着企业的核心竞争力,因此核心竞争力很难被竞争对手完全掌握而轻易复制,更难进行市场交易。企业核心能力的异质性,不仅决定了企业的异质性,也决定了不同企业的效率差异、收益差别与发展潜力。

当然,核心竞争力的打造是一个长期性的课题。企业发展的不同时期,外部环境的相应变化,都会对核心竞争力的部分有所影响。世界经济演变是从物质经济向知识经济演变的过程。有专家称,物质经济体现更多的是连续性环境,而知识经济体现更多的是非连续性环境。非连续性的本质就是变异。变异意味着今天和明天不一样,也就是今天的核心竞争力会变成明天的战略制约。核心竞争力是企业适应环境变化所具备的独特价值实现能力,所以企业的价值实现能力也需要"与时俱进",随着企业面对的具体环境不一样,所处的发展阶段不一样,核心竞争力的具体内容也会有所变化,但不管怎么说,企业要持续健康发展,核心竞争力的打造都是一个无法回避的永恒主题。

企业家感言

立马控股章董感言

我自一九七六年从部队复员回乡,建办灵洞公社水泥厂开始,至今在创办企业的道路上整整奋斗了三十八年。三十八年办企业的风风雨雨,回首过去,感慨万千。

首先,我深深体会到,是时代造就了我们。我们立马创始的管理团队都是农民世家的儿子,生于五十年代,童年饱受饥饿,少年时又遇十年"文革"动乱,大部分人失去了读书机会,文化程度低,见识不广,要不是遇上改革开放的好年代,就没有我们的今天,更没有立马的今天。

第二,搞企业如同逆水行舟,过去是不进则退,如今技术日新月异,市场千变万化,竞争日益激烈,搞企业是慢进则退,不进则亡。企业只有跟上时代前行的步伐,抢占技术最前端,才能站稳脚跟,永立潮头,否则就会被市场所淘汰。因此,转型升级搞创新不是时髦的口号,也不是权宜之计,而是永恒的主题。

第三,搞企业和做人一样,要守住底线,人品决定产品,思路决定出路,境界决定未来。要有正义价值观,企业要实实在在做好产品,讲质量做品牌,向消费者提供货真价实的商品,要堂堂正正赚钱,不能假冒伪劣赚黑心钱!要把企业办成创财的银行,育才的学校,要自觉担当社会责任,做真正的企业社会公民。

当今社会已进入转型阶段,一场产业革命已经来临,企业又面临深度调整期。没有万岁的产品,也没有长盛不衰的企业领导;没有倒闭的行业,只有倒闭的企业。要想持续发展,企业就要永远保持一种精神,这就是永不满足于现状、永远在新经济新常态道路上求知创新的拼搏追求精神。

(立马控股集团董事长:章树根)

第十五章　大明铝业:精益生产模式助力企业转型升级

引　言

在浙江有千千万万个象大明铝业这样的中小民营企业,它们曾是我国改革开放时期的创业先锋,它们有过快速发展的辉煌历史,有过日进斗金的荣耀⋯⋯如今市场形势已发生了翻天覆地的变化,波及全球的金融危机、外贸出口下滑、各种原材料成本的上升、融资难且成本高等,所有这一切都成为困扰企业生存与发展的羁绊。怎样才能摆脱困境获得更好的生存与发展呢? 大明铝业转型升级的精益改革之路,给众多浙江中小民营企业做出了精彩的回答!

大明铝业公司创立于 2000 年,经过多年的打拼,至 2009 年,公司发展成一家年产值达 5000 万元的小型民营企业。大明铝业从 2009 年 7 月开始导入精益生产管理模式,运用精益生产的多种改善工具(如标准作业、快速换模、看板拉动等),对企业进行转型升级改造,使企业取得了突破性的发展与成长。

到 2011 年 8 月底,经过整整两年的导入与推进,大明铝业由一个完全传统的民营企业转变成为精益生产的标杆企业,创造了精益变革的神奇。企业在产品品

质、交期、成本、创新方面获得世界级的绩效。经过精益模式改革,企业库存商品减少80%,产品质量提高10倍,年销售额以30%的速度递增,每年能为企业减少上千万元的成本。更重要的是,通过精益生产的推进,企业培养了大批的精益人才和现场管理人员,形成了一整套行之有效的管理系统,建立了全员参与、持续改进的企业文化,使企业发展充满生机和活力。现在,大明铝业已成为国内精益管理做得最好的企业之一,已成为轮胎拆装机配件领域的"单打第一",是全球扒胎机配件的第一供应商。

2010年12月,在上海扬子江大酒店举行的"2010年卓越制造长城奖颁奖典礼"上,大明铝业获得"中国民营企业精益先锋奖"殊荣。

第一节 理论框架

一、精益生产模式简介

精益生产(Lean Production,简称LP),是美国麻省理工学院数位国际汽车计划组织(IMVP)的专家,对日本丰田准时化生产方式JIT(Just In Time)的赞誉之称。精,即少而精,不投入多余的生产要素,只在适当的时间生产必要的市场急需产品(或下道工序急需的产品);益,即所有经营活动都要有益有效,具有经济性。精益生产是当前工业界最佳的一种生产组织体系和方式。

精益生产是战后日本汽车工业遭到"资源稀缺"和"多品种、少批量"的市场制约的产物。1961年,丰田公司开始推广JIT方式,使企业生产经营水平得到大幅度提高,到1976年,该公司的年资金周转率高达63次,为当时日本平均水平的8.85倍,是美国的10多倍。如今,丰田60多年的精益变革,使其成为"世界第一大汽车制造厂"、"最赚钱的汽车厂"。同时,70年代初日本大力推广丰田公司的经验,将其应用于汽车机械制造、电子、计算机、飞机制造等工业领域。80年代,随着日本企业在国际市场竞争中的胜利,精益生产方式(JIT)被作为日本企业成功的秘诀受到广泛的关注,如今JIT已在许多国家得到推广和运用。

精益生产是一种以最大限度地减少企业生产所占用的资源和降低企业管理运营成本为主要目标的生产方式,同时它又是一种理念,一种文化。实施精益生产就是决心追求完美的历程,也是追求卓越的过程,它是支撑个人与企业生命的一种精神力量,也是在永无止境的学习过程中获得自争满足的一种境界,其目标是精益求精、尽善尽美。

精益生产的实质是管理过程,包括人事组织管理的优化,大力精减中间管理层,进行组织扁平化改革,减少非直接生产人员;推进生产均衡化同步化,实现零库存与柔性生产;推行全生产过程(包括供应链)的质量保证体系,实现零缺陷;减少和降低任何环节上的浪费,实现零浪费;最终实现拉动式的准时化生产方式。

精益生产的特点是消除一切浪费,追求精益求精和不断改善,去掉生产环节中一切无用的东西,每个工人及其岗位的安排原则是必须增值,撤除一切不增值的岗位。精减是核心,精简产品开发设计、生产、管理中一切不产生附加值的工作,旨在以最优的品质、最低的成本和最高的效率对市场需求做出最迅速的响应。

精益生产管理方式的特点:(1)拉动式(PULL)准时化生产 JIT。以最终用户需求为生产的起点;强调物流平衡、追求零库存;组织生产运作依靠"看板"进行,即:由看板传递工序间的需求信息;生产中的节拍可由人工干预、控制,保证生产中的物流平衡;由于采用拉动式生产,生产中的计划与调度实质上是由生产单元自己完成,在形式上不采用集中计划,但操作过程中生产单元之间的协调则极为重要。(2)全面质量管理。

二、大明铝业导入精益生产模式的背景

按照现代市场营销原理:企业的经营活动必须与市场发展环境相适应,"优胜劣汰、适者生存"。企业在发展过程中,必须时刻关注环境发展与变化,按照市场的经济规律选择适合发展的道路和方式。

大明铝业公司是虞小鸣先生创立的,他原先在金华市解放东路从事汽配贸易。2000 年,虞小鸣在婺城区白龙桥洞溪村创立大明铝业有限公司。建厂初期只有十几名工人,主要生产初级产品——铝压铸件。2003 年一次偶然的机会,企业承担了一家国内汽车轮胎拆装机配件龙头企业的订单。由于质量过硬、交货及时,企业很快得到了客户的认可。之后虞小鸣开始专注生产轮胎拆装机(扒胎机)配件——蜗轮箱、汽缸及铝压铸件。继而,虞小鸣瞄准汽车市场快速发展的庞大需求,专注开发扒胎机系列配件,并不断引进相关先进设备,终于发展成为全球扒胎机配件最大的生产基地,其产品出口到美国、意大利和日本等汽车发达国家。2008 年,大明铝业被评为"中国汽保行业"十大新锐企业。

大明铝业是一家小型民营企业,同大多数浙江民营企业成长一样,公司在其成立的初期,尽管生产方式与管理模式比较粗放,但得益于高速成长的市场,企业在发展的初期取得了快速的发展,规模不断扩大。所以在企业发展初期,民营企业往往经营粗放,企业家在经营上更多的是强调抓住机遇、大干快上。

2008 年以后,我国市场形势发生了很大的变化。国际市场金融危机蔓延,外贸受阻,国内市场遇到原材料涨价、融资难等诸多困难,市场上中小民营企业的生存遭遇前所未有的困难。虞小鸣在"2010 精益推广大会"所作的题为"破解民营企业成长的烦恼"中介绍说:"在接触精益生产之前,我曾经茫然不知所措:刚刚知道以人为本的人性化管理,换了一名厂长后企业又回到了以严惩重罚为导向的误区,一方面罚走了许多优秀的员工,使企业不仅没有创新,更陷入了混乱。像这样因为

想创新,却又回到了'邯郸学步,笑失本步'的无奈。有些企业更会出现不仔细考虑自身因素和现状,一味效仿跨国企业或管理创新企业管理模式,结果受到外部环境影响后,收到的是'东施效颦'的滑稽和不了了之……今日中国已经进入了向管理要生产力的时代,利安得的精益管理,来自一线的领导力,我们源自中国民企一线的精益系统,真正破解了中国民企'成长难题'的密码!"

从虞小鸣上述发言中可以窥见:大明铝业所以选择精益生产模式对企业进行升级改造,是因为形势所迫。也是企业在经过多次挫折后,为企业生存和发展所做的明智抉择。

第二节 企业导入精益生产模式的历程与举措

一、大明铝业导入精益生产模式的改革历程

大明铝业从 2009 年 7 月正式开始导入精益生产管理模式,其阶段与时间历程如下:

第一阶段:领导层观念转变与干部培训

• 2009 年 5 月 15 日,企业高层第一次闪电式拜访与精益文化启迪。

• 2009 年 7 月 15 日,企业第一次 SW 标准作业培训,建立第一条单件流样板线。

第二阶段:精益生产模式在金工车间试点

• 2009 年 10 月 7 日,金工车间全面单件流转变。

第三阶段:精益模式推广与相关企业管理基础建设与改善

• 2010 年 2 月 5 日,PD(战略部署)培训与改善,制定公司 3—5 年战略规划及 2010 年 PD/KPI(战略部署/关键绩效指标)。

• 2010 年 2 月 8 日,5S 培训与改善,建立 5S 专管员团队及 5S 管理办法,建立工装夹具、模具 5S／目视管理样板。

• 2010 年 3 月 5 日,第二次 SW(标准作业)培训与改善,全面单件流转变与标准作业完善。

• 2010 年 3 月 31 日,SMED(快速换模)培训与改善,快速换模系统建立。

• 2010 年 4 月 23 日,第一次 DMP(拉动生产)培训与改善,建立样板线之运输看板、生产看板、采购看板及看板运作流程。

• 2010 年 4 月 30 日,生产现场目视管理板的全面策划与制作,日常管理全面实现。

第四阶段:精益模式的巩固深化与全面转型的实现

• 2010 年 6 月 5 日,VRK(变异减少)培训与改善,解决关键质量问题。

· 2010 年 6 月 12 日,TPM(全员生产维护)的导入,建立 TPM 系统。

· 2010 年 7 月 31 日,全面实现精益转变。

第五阶段:精益模式的持续改善与全新标杆工厂的落成

· 2010 年 8 月 6 日,VSM(价值流)培训与改善,拟定未来改善方向。

· 2011 年伊始,大明铝业围绕"打造精益标杆工厂"的战略部署,对企业运营当中的各个环节进行全面改进和优化。

· 2011 年 8 月底,大明铝业完成老厂转新厂的搬迁工作,一个崭新的"精益标杆工厂"呈现在世人面前。

二、企业转型升级导入精益生产模式的举措

(一)领导作用、聘用外援

企业转型升级的关键,首先在于领导层的观念转变与干部培训。大明铝业能够转型升级导入精益生产模式,首先归功于其创始人虞小鸣董事长的积极倡导与推进。他在 2009 年 7 月中旬召开的大明铝业中高层领导第一次精益生产模式培训总结会上发言说:"我知道我的企业病了,并且病得很严重!我到处求医,花了很多钱,找了很多医生,吃了很多药,但是我企业的病还是没有好转,反而在恶化……通过这次改善,我知道我已经找到了能够治愈我企业病症的良药!我一定会坚定不移地将精益生产进行下去……"企业总经理何联,也是企业转型升级导入精益生产模式的积极支持者和践行者。她千方百计、盛情邀请负责丹纳赫亚洲区精益生产推进工作的高金华先生来企业指导。高先生于 2009 年 7 月分别给大明铝业全体中高层领导、生产调度、换模工、检验员及工程人员,进行了第一次全面的精益生产模式导入培训。

第一天,高金华先生对参训者进行了一整天的标准作业培训;第二天,直接到现场进行改善指导,主要进行 PQPR 产品族分析、现场时间观测、现场寻找浪费、时间整理和分析等;第三天,高先生指导参训者详细讨论了设备如何摆放、工艺如何编排以及需要做什么准备工作等,然后制定实施方案与调整设备,当天就进行了现场实验;最后一天,培训完成了现场的 5S 管理、目视管理及持续改进。改善小组组长成跃平(运营经理)汇报说:"通过这次改善,生产面积减少了 34%,在制品减少96%,产量在减少 1 人的情况下还增加 40 套,生产效率提升了 305%……"

(二)薪酬改革、增强动力

完成标准工作的样板线后,必须同步进行计时制改革。在民营企业推行精益生产,有一个与外资企业不同的地方就是薪酬制度的障碍。民营企业基本 100%是计件工资,而要持续推行精益生产,必须将计件工资改为计时工资。高金华先生将这两种工资制度做了比较(如表 15-1 所示)。

为此,2010 年 9 月,大明铝业对金工车间的薪酬结构进行了改革,方案经过多轮讨论分析,最终定稿。

表 15-1　两种工资制度的比较

计件制工资	计时制工资（细化考核）
只注重产量，不注重质量	既注重产量，也注重质量
生产上各自为政，只管单工序效率	平稳生产，只生产客户所需要的
员工只有单项技能，不学新技能	多能工，激发员工学习新技能
对员工经验依赖性大，企业风险大	全部都是多能工，无离职风险
员工上下班很随意，调派困难	固定时间上下班，可随时调派工作
工资多少只与工序定额和产量有关	工资多少与产量、质量、交期、生产效率、5S 等所有方面均有关系
工序工时定额计算复杂，更新困难	按出勤时间计算，调整简单
为了计算工资，需要大批统计员	不需要车间统计员来计算工资
同样工作时间，工资差异非常大，员工不平衡	同样工时，工资差较平稳，与技能和绩效有关
不适合于推进精益生产	适合于推进精益生产

正是由于薪酬改革的成功推行，让所有员工亲自参与到这场精益变革中来，分享成功的喜悦，这奠定了大明精益改革健康、快速发展的基础！

（三）战略部署、目标驱动

当一个企业以部门为单位、各自为政的时候，所有部门领导一定是往最有利于自己的方向往前冲。这样对整个企业来说，可能其合力为零，甚至还在退步。但通过战略部署就可以让所有人都往一个方向走，每个人都清楚自己的位置，都明白自己在从战略规划到效果点的过程中发挥什么作用。

2010 年 2 月 3 日至 5 日三天里，大明铝业导入了精益生产中另一个重要的工具：PD 战略部署。使用战略部署的目的主要有两个方面：一是"建立一种持续稳定的竞争优势"；另一方面是"在整个组织中达成成员的目标一致，手段一致"。

企业系统建立战略部署的过程主要分为 7 个阶段：（1）建立公司共同的愿景；（2）战略规划制定企业 3—5 年的突破性目标；（3）制定年度突破性目标、确定要优先改进的地方；（4）部署优先改进计划；（5）实施优先改进计划；（6）月度战略部署评估；（7）年度战略部署评估。

战略部署如何与管理人员的薪酬挂钩呢？这就要根据第一层战略目标制定详细的考核细则。结合管理人员的职务系数和标准考核工资，按实际年度达成的综合系数增长率来核算其年终奖。这样，企业绩效越好，个人的奖金就会越高。若达到战略目标，年薪系数最高可以达到 2009 年年薪的 2.5 倍！

战略部署犹如企业运作的发动机，它遵循着"以目标为导向"的原则，驱动着大明铝业飞速奔向目的地——建立中国的"精益梦工厂"……

（四）5S 管理、改善基石

5S 管理方式，是许多西方企业使用的一种现代企业管理方法，其内涵（如图 15-1 所示）。1S：整理，指区分要与不要的，把不要的抛弃；目的是把空间腾出来使用。2S：

整顿,指把有用的东西定置、定位、做好标识,便于拿取
与归位;目的是减少寻找的时间。3S:整洁,指把整个
生产区域、办公区域搞得干干净净;目的是消除污染
源。4S:维持,指维持前面的 3 个 S(通过定期检查、日
常点检等)。5S:素养,成为个人的修养。

在 2010 年 2 月 24 日至 26 日这三天里,大明铝
业导入了 5S 培训与改善工作,主要改善的区域为金
工车间的工装夹具及压铸车间的模具。

图 15-1　5S 管理方式

真正的 5S 改善工作不是要让改善区域变得多
干净整洁,而是要借助 5S 改善工作完善公司基础管理,建立管理流程,并用目视化
来维持改善成果。在大明铝业,每一次 5S 改善的成果就是一套新管理系统的诞
生,通过这种方式,企业建立了工装夹具、压铸模具、机物料、外购物料等的管理流
程与现场管理方法。另外,本次 5S 改善的一个重要收获是建立了公司 5S 专管员
团队、《6S 管理制度》、考核标准以及相关区域检查表等内容,这是全面开展 5S 工
作的基础,也是大明铝业全面进行精益转变的基石。

(五)标准作业、流动核心

标准作业是一个非常重要的工具,是员工流动的核心。它能使工作更轻松,以更少
的时间完成同样的需求;它是一个产品或服务流程中人、机、料的最佳组合,它是持续改
进的基础,是 DPS 的一大支柱。可以说,没有标准作业作为基础就没有持续改进。

为了能实现真正的流动,为后面的持续改善打下基础,在 2010 年 3 月 1 日至 4
日,大明铝业又举行了一次标准作业的培训与改善。这次改善,企业邀请了很多外
来人员,包括客户、供应商及协作单位,共组织了 4 个改善项目,范围涵盖了装配车
间及金工车间的 5 条生产线。其中有两个改善项目是针对 8 寸气缸盖机加工及装
配的(两条机加工线及 1 条装配线),改善的整个过程跌宕起伏,出乎所有人的意
外,然而改善的成果是令人振奋的。

改善的过程还是完全沿用标准作业快速改善的步骤:

第一天,标准作业培训,系统讲解标准作业这个工具。

第二天,PQPR 分析、节拍时间计算、时间测量与分析、产能测算、现场浪费观
察及整理,制定初步改善方案等。

第三天,方案论证及确认、改善前准备、现场改善实施(工作台、桥架、设备、工
装、检具及物料等的最佳配合)等。

第四天,产品线流动起来、重新测量时间并分析调整、制定全套标准作业文件、
现场 5S 改善、准备汇报资料和正式成果汇报等。

标准作业的培训与改善的成果是丰硕的:空间节省 34 平方米;半成品从几百
只减少到 6 只;操作工数由 4—5 人减到 2 人;生产效率提高 100%;走动距离与运
输距离都极度减少……

这些数据还是次要的,更重要的是这次改善开创了一个"机加工和装配完美结合"的先河,为今后实现"以价值流方式组织生产,完全取消车间的概念"布下了伏笔。

(六)快速换模、柔性生产

在传统批量生产方式下,由于设备布置不是按工艺顺序进行的,换型只需在单台设备上进行,并且同类设备都集中在一起,换型时间长短还不是关键因素。但在新的流动生产方式下,更注重"多品种、小批量"的生产,产品换型时,需要将整个群组所涉及的设备、工装、夹具等全部进行切换,如果不能实现快速换型,将浪费非常多的加工时间。所以,在精益生产系统导入过程中,流动生产过后,需要立即导入SMED(快速换模)这个重要的工具。

高金华先生将快速换模的理论,简单地总结归纳为七条法则:第一、SMED从头到尾都与5S有关;第二、把内部换模设定改变为外部换模设定,然后去改善剩下来的内部换模设定;第三、螺丝是我们最大的敌人;第四、假若你必须用你的手,先确认保持你的脚原地不动;第五、不要依赖特殊的微调技术;第六、标准就是标准,它是没有弹性和收缩的;第七、把所有的SMED动作标准化。总结起来,快速换模需要把握十二字方针:消除浪费、由内至外、挑战内部。

为此,高先生为企业设计了具体措施:首先,组建一个改善团队,用DV拍下整个换模过程,并利用换模设定分析表进行改善前分析,做成档案供参考。其次,在换模设定分析表中,将内部换模和外部换模严格区分。第三,展开改善计划。在此阶段5S是快速换模的关键,要采用各种实用的方法将内部换模设定变更成外部换模设定,并且减少内部换模设定的时间。第四,设定改善后换模操作标准,再次用DV拍下新的换模过程,必要时再对可以改善的地方进行持续改善。

根据上述改善流程,2010年3月29日至31日,大明铝业开展了为期3天的SMED培训与改善活动,目标是针对一条机加工线的快速换模改善,制作快速换模车并建立公司快速换模机制和相关流程。

企业3天的SMED培训与改善取得了较好的效果:换模时间由原来的1.5个小时缩短到了30分钟左右。更重要的是,企业建立了快速换模的机制、快速换模数据库、快速换模车等,为今后SMED的全面导入做好了铺垫,为实现全面的拉动生产、实现多品种小批量的柔性化生产方式打好了基础……

(七)看板系统、拉动物流

TPS(丰田生产系统)有两个支柱,其中之一就是JIT(准时化生产),在制造流程中,定义为"在需要的时候,仅按所需要的数量,生产所需要的产品";而在采购与销售流程中,定义为"在需要的时候,仅按所需要的数量,提供所需要的品种"。这非常重要,是看板系统的全部。一般看板有三种类型,运输看板、生产看板和采购看板。这三种看板广泛应用在公司生产、销售、采购等各个环节。通过执行看板系统,可以降低成本、减少空间、减少返工与报废,并保证合适的库存。

要想真正推行看板系统,企业的5S、SW标准作业、SMED快速换模、平稳负荷都需要做到位。准时化生产的创始人大野耐一先生花了整整 20 年的时间才创立了这样一套有效的系统。他对使用看板的忠告是:"没有实际实施看板的六项原则而引进看板,不会带来所期望的看板控制或成本降低。"大野耐一先生所提及的看板六项原则如表 15-2 所示。

表 15-2　看板六项原则

看板的功能	使用的原则
1.提供取货或运输的信息	1.后制程提取前制程依据看板而生产的数量
2.提供生产的信息	2.前制程依据看板的容量和顺序来生产
3.防止超量生产和超量运输	3.没有看板就没有料件被制造或移动
4.视为附在产品上的制造命令	4.看板一定要随着料件移动
5.借由制程中检验来防止生产出不良品	5.不可以将不良品送到下一工序,以保证每一件产品都是良品
6.暴露现存的问题并管控库存	6.减少看板容量可以增加敏感度

在实施精益转换中,大明铝业是如何应用看板系统这个工具的呢?

首先,企业进行综合评估,利用价值流图(VSM)这个工具,确定在哪些地方需要采用看板系统。其次,参照客户需求数据,进行物料的 ABC 分析,目标是在保证准时交货的同时,将库存成本降至最低。第三,收集并设定相关看板参数,如日需求、交期、安全库存、每箱容量、标准包装数、最小订单量等,再根据看板公式计算出看板的枚数,必要时细微调整,再决定采用最合适的看板类型和参数(计算公式如下):

$$\frac{日用量\times(前置时间+安全库存)}{每箱容量}+1=看板讯号数目$$

第四,根据看板参数,发展讯号系统,完成卡片的设计、制作和布置,建立看板管理流程,并对相关人员进行培训。

最后,实施看板系统,并进行跟踪、定期量测和反馈,确保正常操作。

这次看板系统的培训与改善,建立了大明铝业样板线的运输看板、采购看板和生产看板,让物流从传统的推动方式转变为精益的拉动方式,弱化了生产计划与采购计划的功能,使供应商、装配车间、机加工车间及客户紧密结合起来,加强沟通与合作,简化物料的管理与控制。从这一时刻开始,大明开始进行拉动的尝试,为后面的"全面拉动"掀开了变革的序幕……

(八)现场管理、重在目视

丰田有三现主义——"现场、现物、现实",即"到真实的现场、观察真实的事物、发现真实的事实",这里都强调"现场"的重要性。出了任何问题,首先要做的一定是"Go to Genba"(到现场去),而不是找一个会议室开会,因为只有现场才是我们发现问题和解决问题的地方。

作为现场,它的日常管理有四大支柱作为支撑:支柱一:在 Genba 管理 5 个KPI驱动因素;支柱二:Genba 的目视管理;支柱三:Genba 解决问题;支柱四:Genba的领导。这四大支柱都离不开"Genba",即现场,脱离了"现场","日常管理"

将变成空中楼阁,根本难以实现。

在大明精益转变的过程中,企业形成了一系列的目视管理板;它们全部都放在现场,每一块目视管理板,实际上都糅合了一个管理流程,是一套系统,是管理的"目视化"。

随着精益生产的推进,大明铝业还形成了很多其他的目视管理板,如开发进度跟踪、生产设备 TPM 管理看板、计量器具管理看板、快速换模看板、模具管理看板、运营管理行动计划、本周要务管理看板……

通过这种目视管理方式,简化和优化管理,让管理看得见,这是大明精益的最大特色。

(九)全面拉动、精益转变

在 2010 年 7 月底至 8 月初,大明铝业对其余所有外购件及自制件实施全面拉动生产改善。实施步骤是:第一,顾客需求分析(参考历史及预测数据计算);第二,自制零件及外购零件需求分析及 ABC 分类;第三,采购、生产看板参数的设定及计算;第四,卡片设计与制作(生产看板、采购看板、运输看板);第五,看板规则及作业流程制定;第六,最终改善成果汇报。

近 2 周的改善,工作量是巨大的,需要完成所有物料看板参数的设定,还要根据所设定看板容量,进行库位安排、调整,卡片制作与布置等内容。不过,大明的团队绝对是一个卓越的团队,在运营经理成跃平的直接领导下,所有工作任务都如期完成。

为了维持改善成果,改善团队还制定了《自制件看板作业流程》及《外购件看板作业流程》(见图 15-2),明确职责权限及管理程序,做到标准化操作。另外,还更新

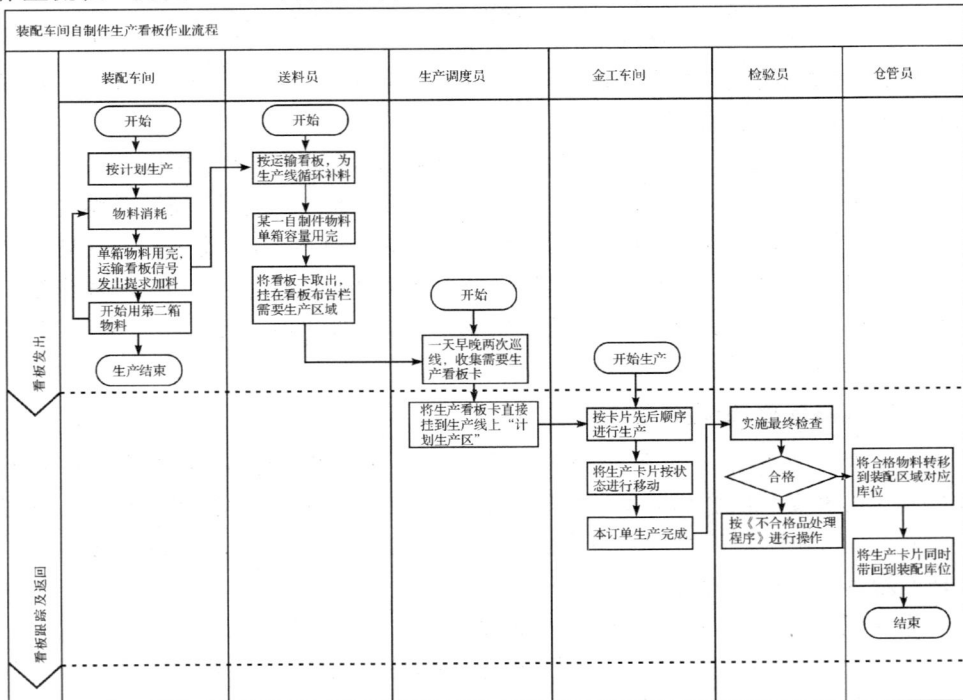

图 15-2 生产看板作业流程

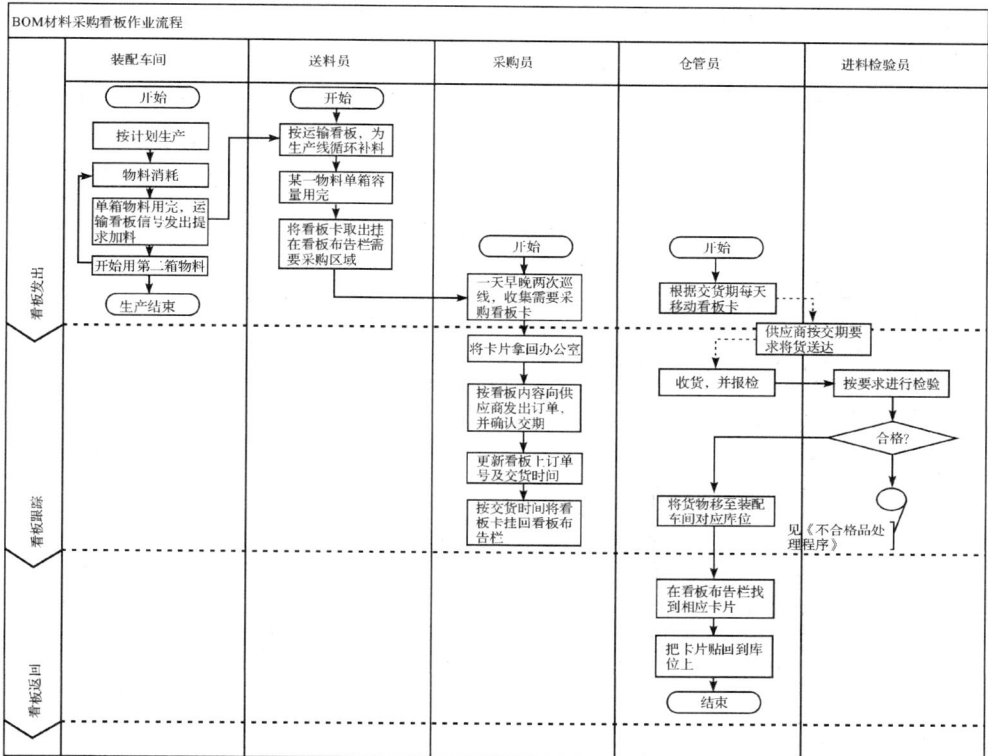

图 15-3 采购看板作业流程

了看板布告栏,将物料申购、跟踪、报检、检验、入库及延迟交货跟踪等全部融合到一起,真正实现目视化管理要求。

至此,大明铝业才真正达到精益转换的五个最基本要求,实现全面精益转变:

· 全套标准工作已建立,其存在于群组并被管理;

· 库存从仓库转移至使用点;

· 库存补充系统是看板;

· 群组每小时记分卡表示我们的操作情况以及生产需求。

这是从全面流动到全面拉动的一个重大转折点,表明大明精益已经达到一个新的高度,而实现这一目标整整花了一年的时间。

（十）持续改进、建立标杆

自 2010 年 8 月份开始,大明铝业完全围绕 PD 战略部署、KPI 关键绩效指标、VSM 价值流图所指引的方向进行持续改进,力求尽善尽美,走向精益的标杆企业。在这一年里,大明铝业真正发生了蜕变,在品质、交期、成本、创新等各方面得到质的飞越,成为行业内颇具竞争力的"标杆企业"。

随着精益生产的深入推进,大明铝业的基础管理也得到极大提升,高金华先生为大明量身定制了人力资源管理系统(图 15-4)、固定资产管理系统(图 15-5)、生产及品质管理系统(图 15-6)等多个管理系统,将人、机(包括设备、工装夹具、模具、计量器具等)、料(原材料、半成品及成品)有效管理起来,并将所有与生产、品质有关的数据和信息实现数据化管理,极大提升了工作效率与工作质量;同时,将所有相关流程进行优化、固化和文件化,自主形成了与实际完全相符的并且有效的质量管理体系。

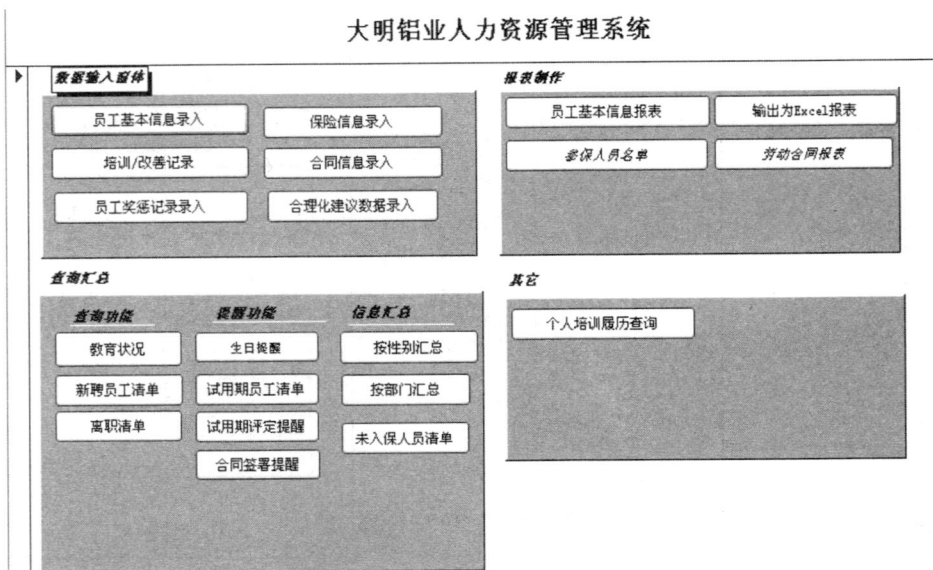

图 15-4　大明铝业人力资源管理系统

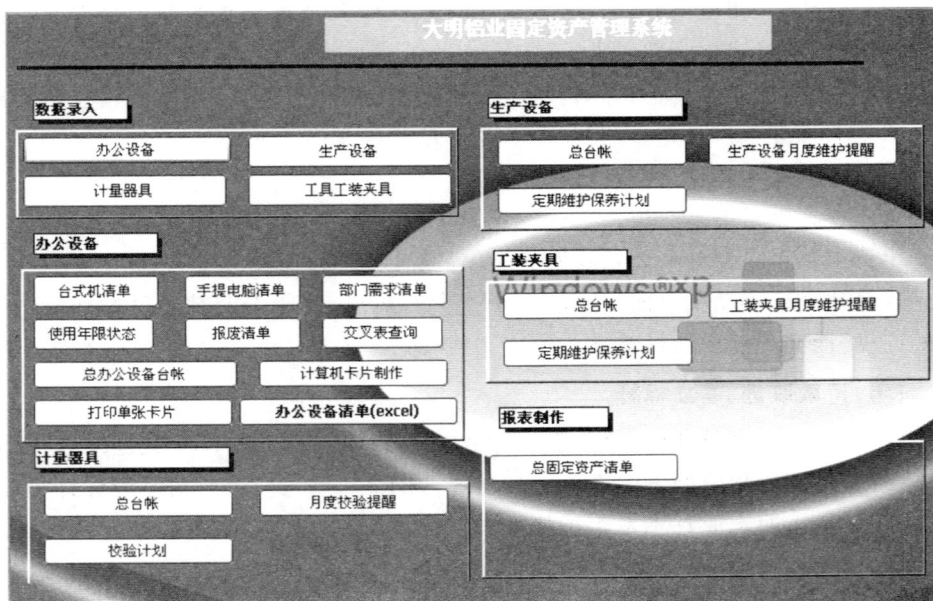

图 15-5　大明铝业固定资产管理系统

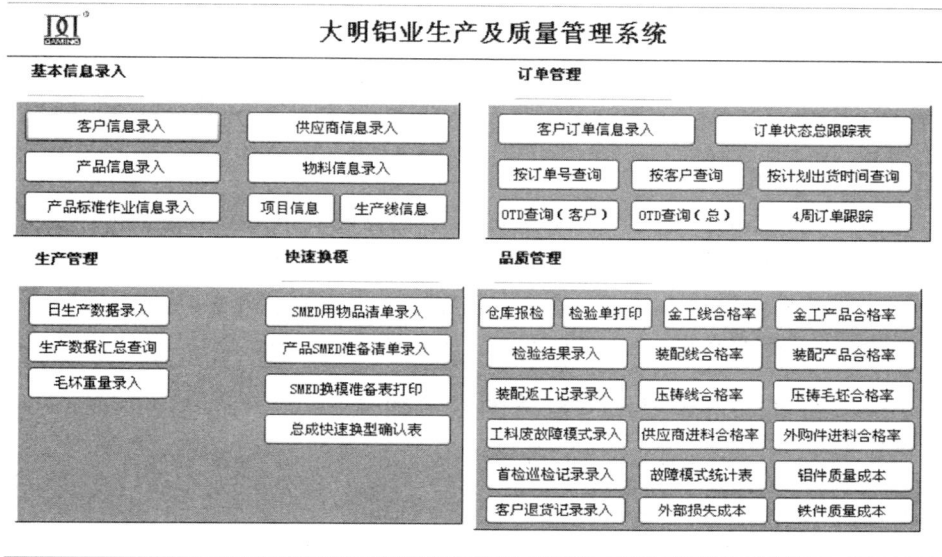

图 15-6　大明铝业生产及品质管理系统

　　为了验证与 ISO9001 标准的符合性和有效性,大明铝业在 2010 年 9 月份向北京中物联提出体系认证申请,并于 10 月 20 日至 21 日这两天进行正式现场审核。审查前,企业没有让团队刻意做任何准备工作,要求将实际情况显示给审核老师。来自中物联的两位高级审核员通过两天的全过程审查,对大明各方面作出充分肯定和高度评价,坦言:"三十多来,我们审核过数百家企业,但没有一家企业像大明铝业一样文件系统是自下而上形成的,与实际过程完全相符,并且更有效、更精益……"就这样,大明铝业首次获得了真正有效的 ISO9001 体系认证。

　　同时,在 2010 年 9 月份,大明铝业也参加了由制慧网组织的"卓越制造长城奖"初评及现场评审活动,大明铝业成为正式入围终评的 12 家企业中唯一的一家民营企业。

　　2010 年 12 月,在上海扬子江大酒店举行的"2010 年卓越制造长城奖颁奖典礼"上,大明铝业获得"中国民营企业精益先锋奖"殊荣。

　　自 2011 年伊始,大明铝业围绕"打造精益标杆工厂"的战略部署,对企业运营当中的各个环节进行全面改进和优化:重新更新每一条生产线的标准作业、改进每一台设备(消除污染源及 TPM 维护保养)、5S 及目视管理的深入、快速换模的进一步实现、物料看板拉动的整顿……大明团队按精益转变的要求将相关的精益工具又深入地进行应用和推广。

第三节 案例分析：精益生产模式助力企业转型腾飞

经过整整两年的精益生产模式改革，大明铝业由一个完全传统型生产企业转变成为精益生产的标杆企业，在品质、交期、成本、创新方面获得世界级的绩效，并培养了大批的精益管理人才，形成了一整套行之有效的管理系统，建立了全员参与、持续改进的企业文化，使企业具备了较强的复制能力和造血功能。

一、精益模式为企业创造显著的经济效益

精益之父——丰田六十多年的精益变革，造就了汽车行业的神话，使丰田成为"世界第一大汽车厂"、"最赚钱的汽车厂"、"亚洲第一大企业"……丰田举世瞩目的成就使 TPS（丰田生产方式）风靡全球！作为中国千千万万民营企业的代表——大明铝业，也在推行精益生产，近两年的精益变革，使这家民营企业脱胎换骨，各项运营指标突飞猛进，企业进入发展"快车道"，成功的"精益模式"对浙江制造业产生了深远的影响。

大明铝业是一个只有 100 人左右的小型民营企业，通过学习导入精益生产方式，它由一个完全传统的民营制造企业转变成精益生产的标杆工厂，在产品品质、交货准时、成本控制及创新各方面取得巨大成绩，并建立了一套适合中小民营企业进行精益导入、改进和全面发展的流程和方法。企业因此发生了翻天覆地的变化：人均产值提升 90%，准时交货率提升 80%，生产交货期从 20 天缩短到只需一天；由于实行了精益生产模式，企业可以实现用工减少 50%，生产面积减少 80%，库房面积减少 80%，库存周转率提升 81%。从成本效益核算来看：用工减少可节约人员招聘、培训和工资等人工支出；生产面积的减少，可节约土地购买资金或租用场地租金；库存降低可减少资金占用和利息支出。所有这一切的改进，每年能够为大明铝业节约 1000 万元的开支。这对一个只有 100 名员工的民营小企业来说，其贡献是非常巨大的。大明铝业由此一举摆脱了生存的困境，走上了快速健康的发展道路。

同时，精益模式极大地提高了大明铝业市场竞争的活力。它体现在：其一，大明铝业精益生产方式较好地实现了企业生产"均衡化"和"多样化"。所谓"均衡化"就是指按客户的需求进行拉动式生产，尽量少做或不做库存，尽力实现全体员工负荷均衡化，体现生产最大效率。"多样化"就是根据市场需求特点，实现生产的多品种、小批量，以满足不同客户差异化和个性化的需求。要实现这一目标，前提是企业必须改善标准化作业，实现快速换模、看板拉动式生产。大明铝业的精益生产模式较好地实现了这一目标。其二，大明铝业精益生产方式较好实现了自动化和用工节约化，能有效节约成本、提高效益。用工节约强调以最少的人做最多的事，它

需要企业不断提高员工操作技能和多岗位胜任能力。自动化追求的是带人字旁的自动化,是通过人员上下料并启动生产的自动化。要求每位员工能独立自主地做事,主动寻找发现问题,并寻求解决问题措施。这样可以挖掘每个员工的潜力,从而实现在较少人员的情况下能够完成的预定的工作任务。大明铝业的精益生产模式,较好实现了上述企业生产的自动化和用工节约化的要求。其三,大明铝业精益生产方式较好实现了企业柔性生产。当今市场发展快、变化多,顾客需求日益呈现出多品种、小批量的特征,为此就需要企业去适应这一特点,尽力实现企业的柔性生产。柔性生产的前提是员工应是多能工,每个员工能够掌握多个岗位的操作技能,管理者在生产线上调动人员较为灵活,用工少、自动化高和杜绝浪费是提高生产效率的关键。大明铝业一直奉行以人为本的管理工作理念,虞小鸣认为:职业培训是给员工最大的福利。企业采用多种方式加强员工培训,并积极推行快速换模技术,最终较好地实现了企业的柔性生产。

另外,为了提高员工素质、适应改革需要,企业对员工进行了各种行之有效的培训。包括:VRK(变异减少)培训、TPM(全员生产制造)培训、SPC(统计过程控制)培训等。在员工遇到问题、困惑时,各级领导都能孜孜不倦地耐心地给予帮助。在大明铝业,和谐、"以人为本",处处洋溢在工作的每一个环节、每一个角落,从而能点燃每一位员工为大明事业的奉献热情。

二、精益模式实现了对企业原有生产流程的革命性改造

从前大明铝业生产就是为库存而准备,并以此来应对客户的订单,并要提前准备应付客户后面的订单。实行精益生产模式后,大明铝业从之前传统的工序生产模式,升级到精益管理的单件流生产方式,使其产品大大缩短了生产的周期,大幅度提升了新产品品质,并极大地提高了客户准时交货率。精益生产可以在整个供应链内明显降低物流库存水平,从原料到成品的生产周期大大缩短。周期一缩短,原材料、在制品库存明显下降,库存下降、场地腾出,产品货架也不同程度下降采购,而且每月低盘库存品也不用花很多的时间去核算,场地空出来既可以添置更多的机器设备,又可以增加生产规模、进一步降低企业生产成本。

以前大明铝业传统生产方式是计件工资,每个员工加产品的工序很多,而且新产品都要核定工序单价,生产线上产品种类的切换、工序间不平衡、机器设备的故障均会造成生产等待,缺料、生产计划安排不均衡都会造成机器设备的闲置,同时员工等待又要以计时工资来核算工资。而精益生产模式大大简化了上述生产流程,生产以单件流为目标,U型生产线生产标准产品,成品从线上下来就可以直接包装销售,对操作员工按计时工资及评定等级办法核算,并提倡多能工管理生产一线,这大大提高了员工的生产积极性,有效提升了生产的效率。

精益生产模式为大明铝业长期发展奠定了良好基础。如前所述,为了确保精益生产模式的推进,大明铝业在企业管理基础改善与提高方面,进行了一系列行之

有效的改革。包括：推行5S管理，改善企业管理基石；实施标准化作业，实现企业产品或服务流程中人、机、料的最佳组合。另外，2010年初大明铝业公司开始将ISO9001质量管理体系，与精益生产同步推进。同年3月正式发布质量手册与10个程序文件，9月份就申请进行体系认证，10月份进行取证审查，整个体系的建立和维护仅花了8个月时间。

这些基础工作的开展，有力推进了企业各方面素质的提高，也为大明铝业全面进行精益模式转变奠定了良好的基础。随着精益生产方式在大明公司的推进，各方面的改善也在如火如荼地进行着。公司本着"以人为本"、减小劳动强度、提高品质和生产效率，先后给压铸车间配备了给汤机、颗粒机，大大减小了工人的劳动强度。这并没有影响企业的生产效率和产品品质。例如在压铸车间，根据精益生产不断改善的要求，压铸车间对一些老的压铸模具进行改善和修理，其中有一副模具（SNP大活塞）改善前每班产量最多只有120件，而且跑料、飞边厚，质量难以保证。经过修理改善后，如今的班产比改善前提高了80%，合格率比原来提高了近一倍。这样既减少了成本损失，也大大提高了生产效率。

三、精益模式实现了企业采购与库存的优化

在精益生产模式下，大明铝业实行采购订单看板式管理。其对采购库存管理员的要求是：原材料供应的看板管理的对应性与及时性。当一种物料到货时，库存管理员就必须及时把对应的卡片放在该物料看板上，由检验员检验合格后再由备料员上货架。当货架上物料只剩下安全库存量时，备料员就需要及时把该卡片拿出来，放在需要采购栏里，再由采购员下订单并更改卡片的订单号和交货日期，如此依次循环。这样不会出现某种物料的大量积压或某种物料的短缺。这充分体现了精益生产管理的核心：消除一切无效劳动和浪费，把目标定在不断降低成本、提高产品质量、增强生产的灵活性上，实现无废品和无多余库存，确保企业在市场竞争中的优势。

四、精益模式极大地调动了企业员工参与企业管理的积极性

精益生产管理，强调把责任下放到组织机构的各个层次，采用小组工作法，充分调动全体职工的积极性和聪明才智，把缺陷和浪费及时地消灭在每一个岗位。每一条生产线只要2~3个人，就能完成某一产品的所有加工工序，直至包装工序。车间实行单件流生产方式，一种产品只在一条生产线上生产，这种生产方式减少了成本浪费，也保证了车间管理的有序性。

如前所述，由于大明铝业薪酬改革的成功推行，所有员工亲自参与到这场精益变革中来，能够分享到精益改革带来的收入增长，从而奠定了大明精益健康、快速发展的基础。

大明铝业的当家人虞小鸣一直奉行"以人为本，未造企业先造人"的管理理念。

为了加强企业文化建设，增进员工之间的感情和友谊，共同打造一个和谐友爱、团结奋进的团队，每个月为员工举办"员工生日会"已经成为企业的一项优良传统。企业综合办会在企业的《大明精益报》上刊登员工生日会通知，通告本月过生日的员工姓名，充分体现出企业对员工的尊重与关心。

大明铝业还有一项合理化建议制度，又称为奖励建议制度、改善提案制度、创新思考制度，是一种规范的企业内部沟通制度。它旨在鼓励广大员工能够直接参与企业管理，下情上传，让员工能够与企业管理者保持经常性沟通。为保证该项制度落实，2011年企业将合理化建议纳入绩效考核，一切有利于企业发展的建议与意见，员工均可提出。公司为此专门设计了《合理化建议统计表》，设有合理化建议联络员，成立了成果评审领导小组，员工的建议通过评审，企业给予物质奖励。全体员工积极响应，提出了众多合理化建议，涉及公司工程质量提高、产品结构改进、新工艺开发、新工法应用、环境保护等，不仅帮助推动了企业改革，而且加强了企业文化建设。

在世界经济日益全球化的今天，在当前国内企业电荒、劳工荒逐渐加剧的今天，我们的企业如何在未来的道路上化解危机、突破困境，成为摆在每一位企业家面前的一道难以逾越的屏障。我们希望通过学习大明铝业的精益生产模式，来帮助更多的民营企业能够通过精益变革获得企业生存与发展的优势，使企业在未来的道路上走得更好、更强健。

第四节　结论与启示

"优胜劣汰、强者生存"是市场竞争不变的法则，面对同样的市场困境，民营企业唯有创新，唯有自强，才有可能战胜困难、走出困境，从而推进企业的生存与发展。面对2008年以后出现的全球性金融危机与国内市场竞争的白热化，大明铝业也曾经面临效益下滑的生存危机。为此，企业领导者多方寻求解困、突围的良方，最终选择了导入精益生产模式，借助这一成功的改革与创新，大明铝业摆脱了困境，走上了快速发展的康庄大道。

一、"他山之石可以攻玉"

欧、美、日等发达资本主义国家，已有二、三百年的市场经济发展史，他们不仅在科技领域硕果丰富，值得我们引进和学习；他们在企业经营管理方面也积累了丰富的先进管理模式和管理技术。对于后者，我们众多企业，尤其是大多数中小民营企业还不够重视，学习引进不多。究其原因主要有三：第一，许多中小民营企业老板，文化知识水平不高，眼界不够开阔，对国外先进的技术和设备关注较多，认为它们能马上产生经济效益,而对国际企业先进的经营管理模式却关注较少。第二,众多中小民营企业老板,有一种错误的观念,认为西方企业的先进管理模式和管理技术不一定能适应中国的国情,先进但不适用。他们往往认为民营企业的素质不高,管理者与员工能力有限,西方先进的东西我们学不来。第三,浙江多数中小民营企业,市场经营崇尚短、平、快,强调市场经营的灵活性,他们常常认为"计划不如变化",喜欢凭经验和感觉做生意。对于需要花大量金钱和时间才能引进的西方先进管理模式和管理技术心存疑虑,而且不一定马上产生经济效益,这样必然导致众多中小民营企业老板的轻视和怠慢。

大明铝业转型升级的精益变革之路,给浙江众多中小民营企业老板上了精彩的一课。即:先进技术和设备能给企业带来效益,而先进管理模式和管理技术能为企业带来更大、更持久、更全面的效益!

二、企业家观念转变是企业转型升级的关键

企业家是企业成长、发展的灵魂,优秀的企业家往往表现出一种虚怀若谷、海纳百川的气魄和勇气,而且他们常常重视学习、求贤若渴,正是这些可贵的优秀品质给企业带来无限的发展生机! 大明铝业创始人虞小鸣董事长,就是这样一位优秀的企业家。由于他的积极倡导和推动,才有了大明铝业转型升级的精益之路。为了引进和推广精益生产模式,他不惜重金盛情邀请负责丹纳赫亚洲区供应链精益生产推进工作的高金华先生,来设计、培训、指导企业的精益模式导入,并在其推广过程中给予大力的支持和帮助。这是大明铝业导入精益模式,并成功转型的一个重要原因。

三、西方先进管理模式的引进必须解决本土化适应问题

按照现代管理学原理:企业管理模式的选择与改革,并不是管理方式越先进越好,而是要根据市场发展的外部环境与企业自身的内在条件,选择最适合本企业的管理模式。现代国际先进的管理模式有许多,比如六西格玛管理模式等。精益生产模式诞生于20世纪五六十年代,至今已有半个多世纪,在今天它肯定不是最新或最先进的管理模式。但大明铝业通过筛选,最终选择了这一模式,通过企业艰苦的努力,实现了企业从传统生产方式向精益生产模式的转变。企业由此走出了生存的困境,获得了巨大的前进和发展。可以说,大明铝业转型升级导入精益生产模式的选择是完全正确的,企业较好解决了国际先进管理模式的本土化适应性问题。

如前所述,企业管理模式的选择与改革,并不是管理方式越先进越好,而是要根据市场发展的外部环境与企业自身的内在条件,选择最适合本企业的管理模式。大明铝业成功导入精益生产模式的经验,并较好地解决了国际先进管理模式的本土化适应问题。这可以被许多企业学习和借鉴,但这些企业必须懂得它的因地制宜、实事求是。

四、学习西方先进管理模式与引进先进技术同样重要

如前所述,大明铝业转型升级的精益之路,用了整整两年时间,企业克服了重重的困难,付出了巨大的努力,最终才真正走上了转型升级的精益之路。它说明:学习西方先进的管理模式,与引进东西方先进的产品、技术和设备同样重要!而且,这条道路才刚刚开始,精益之路是一条"精益求精"之路,它追求的是一种永无止境、不断改善的境界。所以,如果没有强烈的创新生存欲望,没有持之以恒的坚韧不拔的决心,没有强大的克服困难的勇气和毅力,是不可能轻松走上企业转型升级的精益之路的。

企业家感言

大明铝业虞董感言

做精益不难,难的是改变你的思想!

现在大部分规模以上企业领导人对精益的导入都非常迫切,但是怎么导入?谁来导入?而且精益导入成功的案例又少之又少,成功经验不多,确立不了信心。他们的主要顾虑是:其一,行业不同,你们行我们不一定行;其二,生产的品种不同,不能复制;其三,自己的企业还不具备变革的能力;其四,找不到适合自己的咨询老师。

我做精益的体会是:精益改善不能让"顾虑"挡住去路,不以善小而不为!

最后奉上精益改善的十六字法则:领导作用、系统方法、全员参与、持续改善。

（大明铝业董事长:虞小鸣）

第十六章　晟丰包装："与大象共舞"打造包装行业第一品牌

引　言

案例选择的标准要与研究的对象和研究问题相关,而晟丰包装是通过"与大象共舞"后实现转型,并获得快速发展的成功典范。

浙江晟丰包装有限公司的前身是创办于 1998 年的汤溪纸箱厂。2003 年,汤溪纸箱厂进行了改制,更名为金华晟丰包装有限公司。2004 年,公司迁址到金华市婺城区蒋堂镇开化工业区后更名为浙江晟丰包装有限公司,本案例将其简称"晟丰包装"。

经历改制后晟丰包装的经营发展理念发生了巨大的变化,同时也带来公司面貌和经营业绩,翻天覆地的变化:改制前的公司销售收入仅为 100 多万元,改制后第一年度(2004 年度)的销售收入就翻了三倍,猛增到 462.23 万元,到 2012 年度公司的销售收入已达到 2.3 亿元;从一个不起眼的小企业发展到现今纸包装行业全国 50 强;从原先租赁厂房到现在拥有 55000 平方米的土地,35000 平方米的建筑面积;从最初 20 多个员工到现在的 400 多员工。究竟是什么支撑着企业实现跨越式的发展呢?

本文通过对公司的实地调研、查阅公司的文件资料和与企业相关人员的深入交谈等,经过专家组的研究,总结出晟丰包装成功的关键是通过"与大象共舞"后实现转型,并获得快速发展的。然而,对于怎么能实现与"大象"共舞,以及怎样舞,是摆在中小企业面前的难题。因此,本文将综合运用管理学、市场营销学、产业经济学等相关知识对晟丰包装进行分析,探讨其与大象共舞的秘诀、与大象共舞后的未来发展前景以及可供其他企业借鉴的经验。

第一节　理论框架

一、"与大象共舞"的含义

目前关于"与大象共舞"的说法主要有两种:

一种是认为中小企业与跨国大公司、龙头企业等类似性质的大象合作,实现共同发展。如主业为帮助消费品生产商与大型零售商建立最佳业务合作的美国Silvermine Consulting Group(银矿咨询公司)总裁保罗·凯利(Paul J. Kelly,2004)接受《当代经理人》采访时提出小型供应商这样的"蚂蚁"与沃尔玛这样"大象"的合作的策略。周一珉(2012)在《蚂蚁与大象共舞》一文中提到龙头企业与中小企业发展相协调,实现"蚂蚁"与"大象"共舞,助推实体经济发展。

另一种认为与大象共舞是指大企业庞然大物从"步履蹒跚"转型到"长袖善舞"。如许正(2010)在《与大象共舞,向 IBM 学转型》一书中探讨了大企业转型的相关问题。美国郭士纳(2010)在《谁说大象不能跳舞》一书中也阐述了全球 IT 第一巨头 IBM 公司的发展历程。

本案例是采用"与大象共舞"的第一种说法,即研究中小企业与大企业合作,实现共同发展。

二、"与大象共舞"的方式

我国中小企业"与大象共舞"的方式主要有:

(一)配套

为大企业提供配套生产或服务是中小企业短时间内能找到的最大发展空间。精细化生产,专注于某一领域使中小企业具备低成本制造能力和较好的技术基础,也是它们实现"与大象共舞"的资本。在与大象共舞过程中,中小企业能获得较大发展。在全球制造业产业结构调整的背景下,很多中小企业也已经走出最初为跨国公司进行初级配套生产的阶段,转而以高新技术的研发来提高生产能力,甚至开始为跨国公司生产制造一些精密设备和配件。

(二)贴牌

在信息社会中,一些著名品牌的商品制造商,常常因为自己的生产线不能满足大批量作业的要求,或者需要某些特定的零部件,在充分考虑投入与产出比之后向其他厂商求助,要求贴牌式的代加工。代加工是产业价值链中重要的一环,而贴牌式的代加工也是中小企业"与大象共舞"的方式之一。

(三)外包

所谓"外包",是指将生产过程进行分解,选择这个行业每一个过程中最精良的企业进行委托生产的经营方式。"专注于自己最擅长的,然后购买最专业的公司提供的专业服务"的外包理念,已被愈来愈多的大企业所接受,并纷纷将企业的信息技术、物流与供应链管理、人力资源交给有实力的第三方公司去做。

三、与大象共舞需要具备的条件

每个行业每个领域都有领导者,都有大象。"大象"在筛选合作者时通常准入条件都非常苛刻的。

首先,"大象"对合作的中小企业产品或服务的质量要求很高。如万事利集团在与美国 Gerber 品牌的婴儿服装产品最初合作时,万事利集团的大部分产品都达不到要求。在产品抽查中有一点瑕疵,哪怕衣服上有一个小小的线圈都要被扣钱;如果顾客退货,扣得更多。这样严苛的条件很快让万事利集团从挣美元的兴奋中跌落到无休止赔钱的失落中。

其次,"大象"对合作的中小企业产品或服务的产能要求也很高,要能满足它们大规模的需求量。如中国袜业的浪莎在接到国际巨头沃尔玛合作初期,沃尔玛一下递出了 3000 万美元大单,浪莎发现自己产能严重不足。

最后,"大象"对合作的中小企业产品或服务的价格也压得很低。对于小蚂蚁来说,大象的压价使得它们的利润大大缩水,甚至无利可图。

综上,"大象"的准入门槛较高,与其合作较难,像万事利集团和浪莎这样的大企业跟"大象共舞"初期都在质量与产量方面没有达到它们合作的要求。那么,晟丰包装这样的中小企业又是怎么做到的呢? 这是很值得探讨和研究的。本文接下来先介绍晟丰包装的概况和它"与大象共舞"后取得的业绩,再剖析晟丰包装"与大象共舞"的秘诀和发展前景,最后试图得出可供其他企业借鉴的经验与启示。

图 16-1 晟丰包装厂房

第二节　案例背景：晟丰包装"与大象共舞"后快速成长

一、晟丰包装的概况

　　浙江晟丰包装有限公司是一家专业生产和销售瓦楞纸箱、彩盒等包装产品的民营企业，是中国出口商品包装定点生产企业。公司位于金华市婺城区蒋堂镇开化工业区，占地面积近 55000 平方米，建筑面积 35000 平方米。公司注册资本 1500 万元，公司目前共有 400 多名职工，拥有一批高学历、经验丰富的专业技术人才及管理人才，建立了完善的管理体系，并通过了 ISO9001:2008 质量体系认证。至 2012 年末，企业拥有总资产 19184 万元，销售收入达 2.3 亿元，经营状况良好。公司近几年连续荣获"中国包装百强企业"、"中国纸包装行业 50 强企业"、"浙江省工商企业 AAA 级守合同重信用单位"、"浙江省诚信民营企业"、"浙江省名牌产品"、"浙江省知名商号"、"金华市优势企业"、"金华市著名商标"等荣誉称号，详见表 16-1。

表 16-1　近三年获奖情况

获奖名称	获奖时间	颁奖部门
金华市知名商号	2010	金华市工商行政管理局
金华市诚信民营企业	2010	中共金华市委宣传部 金华市工商行政管理局
金华市劳动关系和谐企业	2010	金华市人民政府
金华市优势工业企业	2010	金华市人民政府
金华市信用示范单位	2010	金华市工商行政管理局 金华市企业信用促进会
金华市优秀企业金星奖	2011	中共金华市委组织部 金华市经济和信息化委员会
浙江省名牌产品	2011	浙江省质量技术监督局
浙江省信用管理示范企业	2011	浙江省工商行政管理局 浙江省企业信用促进会
浙江省诚信民营企业	2011	中共浙江省委宣传部 浙江省工商行政管理局 浙江省私营（民营）企业协会
浙江省工商企业信用 AAA 级守合同重信用单位	2012	浙江省工商行政管理局
浙江省五一劳动奖状	2012	浙江省总工会
浙江省知名商号	2013	浙江省工商行政管理局
中国纸包装行业 50 强	2012	中国包装联合会
中国包装行业百强企业	2012	中国包装联合会

公司的产品包括饮料箱、水果蔬菜箱、瓷砖箱、罐头产品箱、出口危险品包装箱等几大系列产品,见图 16-2。企业的主导产品"晟丰牌"纸箱和彩盒在浙中及浙西南市场占有率名列前茅。娃哈哈集团、农夫山泉、广州宝洁、汇源集团、伊利集团、蒙牛集团、浙江传化集团、浙江黑猫神集团、横店东磁股份有限公司、浙江尖峰集团、浙江今飞集团等众多著名企业都对晟丰的产品情有独钟。此外,公司是金华市唯一一家拥有出口危险品包装生产许可证的包装企业,生产的危包产品(钢瓶箱、化妆品箱等)深受客户欢迎。

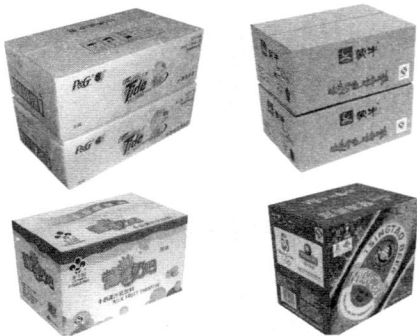

图 16-2　晟丰包装的产品

二、晟丰包装"与大象共舞"后快速发展的十年

2003 年汤溪纸箱厂进行了改制并更名为浙江晟丰包装有限公司。经历改制后,为了适应市场并在市场中占有一席之地,公司的经营发展理念发生了巨大的变化,确立了新的经营发展战略:"与大象共舞"。"与大象共舞"即跟大企业合作,通过与大企业的合作来带动与促进自身的发展。

从 2003 年改制至今(2003—2012 年),是晟丰包装"与大象共舞"的十年,也是公司快速发展的十年,公司发生了翻天覆地的变化:从一个不起眼的小企业发展到现今纸包装行业全国 50 强;从原先租赁厂房到现在拥有 55000 平方米的土地,35000 平方米的建筑面积;从最初 20 多个员工到现在的 400 多个员工。除此之外,我们还可以从企业的销售额、资产总额及企业获得的荣誉证书等级来追寻企业这十年的发展轨迹。

(一)2003—2012 年公司销售额的变化

2003 年汤溪纸箱厂改制前的销售收入仅为 100 多万元,改制后第一年度(2004 年度)的销售收入就翻了三倍,猛增到 462.23 万元。此后,公司的销售收入又从 2004 年度的 462.23 万元迅猛增到 2.3 亿元,详见图 16-3。

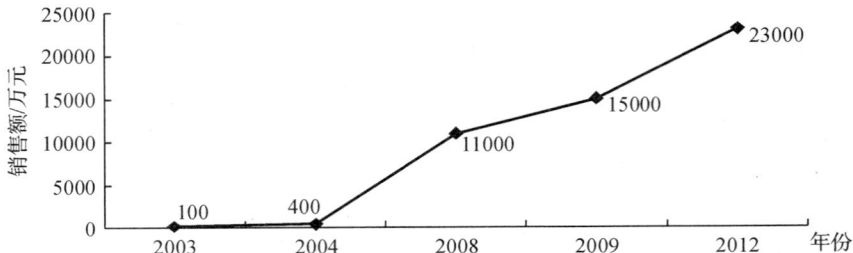

图 16-3　2003—2012 年晟丰包装销售额的变化

(二)2003—2012 年公司资产总额的变化

2003 年汤溪纸箱厂改制前的资产总额仅为 50 多万元,厂房是租的,也没有什么设备。经历了快速发展的十年后,公司的资产总额从 2003 年度的 50 多万元迅猛增到 2012 年度的 1.9 亿元,详见图 16-4。

(三) 2003—2012 年公司所获荣誉等级的变化

2003 年改制前企业大多在贴牌生产,汤溪纸箱厂的品牌几乎无人知晓,可以说公司几乎没有自己的品牌。公司改制后开始注重品牌建设,经过多年的努力,公司的品牌逐步得到了认可,公司的知名度也得到了提高,详见图 16-5。

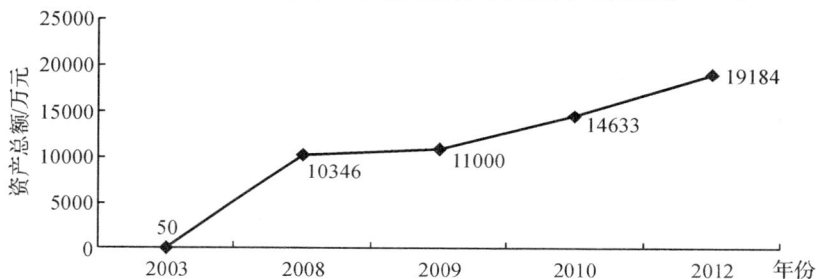

图 16-4　2003 年—2012 年晟丰包装资产总额的变化

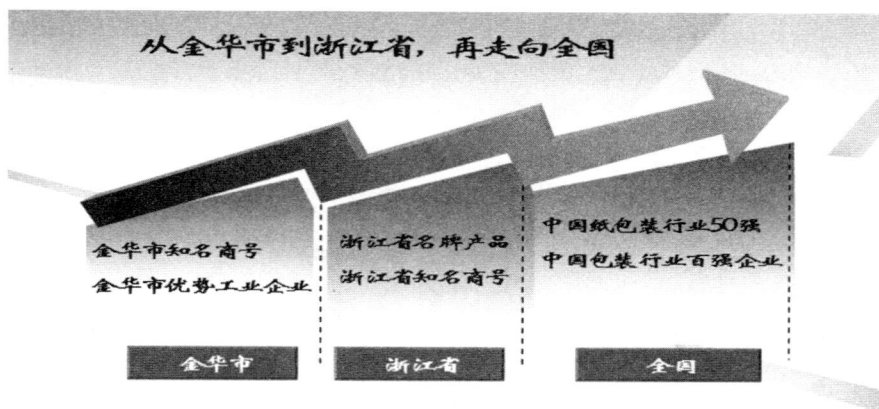

图 16-5　2003—2012 年晟丰包装所获荣誉等级的变化

第三节　案例剖析:晟丰包装"与大象共舞"的秘诀与发展前景

一、晟丰包装"与大象共舞"的秘诀

晟丰包装"与大象共舞"的十年是公司快速发展的十年。或许"与大象共舞"的经营理念还是比较容易被人接受的,但是也有人会好奇:与大企业合作,通常大企业的要求会很高,条件会很苛刻,像晟丰包装这样的小企业又如何能达到大企业的要求呢? 又如何能实现与大企业的稳定合作呢?

探寻晟丰包装"与大象共舞"的奥秘,主要有三个方面:一是通过技改与创新实现产品的转型升级,能够满足大企业对包装产品的质量和数量要求,这是晟丰包装"与大象共舞"的支柱与资本;二是以客户为导向的市场竞争策略,与娃哈哈、农夫山泉等大象合作,为大象提供配套纸箱产品,通过大象来带动企业的发展;三是充分发挥企业文化的力量,同时推行卓越绩效管理模式,提高企业运作管理水平,企业文化和卓越绩效管理模式是公司能实现"与大象共舞"的后盾与保障。

(一)"与大象共舞"的支柱:技术改造和创新

晟丰包装重视技术改造和技术创新,连续几年投入巨资,先后引进台湾协旭全电脑自动堆码 2.2 米门幅等一系列机器设备,实现了全程生产控制自动化,提高了生产效率,确保了产品品质,公司的产品已从常规型产品向低克重高强度产品转型。同时,又能够满足客户多样化需求,为"与大象共舞"奠定了技术基础。

1. 晟丰包装主要的技改项目

2010 年,晟丰包装引进国内先进的凹版预印高速瓦楞纸箱生产线(见图 16-6),效率提升 20%,水印效果接近胶印效果。2011 年,晟丰包装又投入了 2000 多万元,引进台湾的快速换辊功能幅宽 2.2 米的卡闸式高速五层瓦楞纸板生产线(见图 16-7),能够生产单 E 瓦、单 B 瓦、单 C 瓦以及双 E 瓦、BE 瓦、BC 瓦瓦楞纸板,各种楞型自由组合的纸板与纸箱,极大限度地满足客户的需求,是浙中西部最先进、配置顶级的瓦线。通过技改后,晟丰包装已拥有行业内最先进的生产设备,如高速

图 16-6　凹版预印高速瓦楞纸箱生产线

五层瓦楞纸板生产线、机组式凹版印刷机、自动六色水墨印刷开槽机、大全张自动四色印刷机、四色自动水墨开槽模切机、自动五色开槽切堆积机、自动二色水墨印刷开槽机及堆积机、半自动平压模切压痕机、自动四色水墨印刷机开槽模切及堆码机、全自动平压平模切压痕机（见图16-8）等专业生产设备，使车间的面貌焕然一新（见图16-9）。晟丰包装还设立了检测中心，配备了整箱抗压试验机、纸张水分仪、纸张耐折度测定仪、纸板耐破度测定仪、纸板戳穿强度测定仪、纸与纸板吸收性测定仪等检测和实验设备，使公司在产品开发、制造、品质能力上满足顾客的要求。

图16-7　台湾的2.2米卡闸式高速五层瓦楞纸板生产线

图16-8　全自动平压平模切机

图 16-9　晟丰包装的分印车间

2. 晟丰包装技术改造的成果

通过技术改造,晟丰包装大大提升了生产效率,有效地提高了产能,使纸箱每天的产量从前几年的七八万只提升到将近 30 万只,满足客户大批量的生产需求,产品的市场占有率不断扩大,详见表 16-2。企业的主导产品瓦楞纸箱在金华地区市场占有率连续三年排名第一。

表 16-2　2010—2012 年企业新老顾客统计

2009 年	2010 年			2011 年			2012 年		
客户数	原有客户数	新增客户数	流失率	原有客户数	新增客户数	流失率	原有客户数	新增客户数	流失率
170	170	30	3%	200	21	2%	220	35	3%

通过技术改造,公司产品的质量也得到很大的提升,企业主要产品的技术数据如表 16-3 和表 16-4 所示。企业的主要技术指标高于国家和行业标准,在各项指标上均居于行业领先水平。经中国包装协会评比,浙江晟丰包装有限公司在纸包装行业全国 50 强中排名第 28 位。此外,企业还拥有了金华市唯一——张危险品包装生产许可证。

表 16-3　主要产品技术指标

产品分类名称	指标项目	国标/行标	晟丰的标准水平
瓦楞纸箱	整箱抗压	>3000N	>3600 N
	耐破强度	>1100kPa	>1300kPa
	边压强度	>5kN/m	>6.2kN/m

表 16-4　产品指标在行业内所占水平

产品分类名称	指标项目	国标/行标	晟丰的标准水平	同行业水平
瓦楞纸箱	整箱抗压	>3000N	>3600N	>3200N
	耐破强度	>1100kPa	>1300kPa	>1150kPa
	边压强度	>5kN/m	>6.2kN/m	>5.5kN/m

目前公司拥有的在微细瓦楞开发等方面的技术创新能力,在全市乃至全省处于前列。今后公司将积极推进技术创新,倡导节能环保,通过科技进步来打造、提高公司的核心竞争力,并逐步向低克重、高强度、印刷精美为特色的纸包装行业发展之路推进。依靠技改,引进新设备,开发新产品,大幅提升了产能和品质,提高了竞争力,增强了企业的发展后劲。

(二)"与大象共舞"的核心:以客户为导向的市场竞争策略

晟丰包装自始至终把市场作为企业发展的出发点和落脚点,而在开拓与维护市场过程中始终以客户为导向,产品和服务都以客户为中心,最大化地满足客户的需求。具体策略首先是潜心研究市场、培育市场、开拓市场、占领市场、服务市场,适应市场发展,满足顾客需求,快速反应市场,适时调整经营战略和市场定位。

1. 市场细分与定位

晟丰包装将包装市场细分为:高端市场、中端市场、低端市场。不同的市场,客户的需求也各不相同。

高端市场:中国经济快速增长,人们收入增长也很快,人们对品质生活要求在提高,从而间接导致对包装质量要求也越来越高,最为明显的是体现在饮料包装市场、其他食品外包装市场及一些要求高的工业品包装市场。高端市场的主要客户是国内知名企业。

中低端市场:中国还是个发展中国家,人们需求有着不同的要求,中低端市场也还有不少潜力。此类顾客主要分布在一般工业品包装市场。中低端市场的客户主要是中小企业。

在细分市场后,晟丰包装审慎分析自身的情况:技改后企业的产品质量得到了很大的提升,能够生产满足高端市场质量要求的抗压耐磨性强的瓦楞纸箱;技改后企业的产量得到了提高,不仅能满足高端市场大客户大批量的生产需求,也可以满足中低端市场客户大批量的生产需求。因此,公司的市场定位是:以主攻高端市场为主,不放弃周边的中低端市场。具体的市场战略是:走差异化道路,为国内知名企业如娃哈哈、农夫山泉等大客户提供高质量的瓦楞纸箱配套服务,为衢州、江西景德镇和上饶等周边城市的中小企业提供一般工业品包装服务。

公司市场战略的特色在于:与娃哈哈、农夫山泉等大象共舞,伴随这些大象的快速发展,他们对纸箱的需求也不断增加,从而带动公司纸箱业务的发展。例如娃哈哈集团一直保持较好的发展态势,娃哈哈的发展也带动了晟丰包装的发展,晟丰包装对娃哈哈集团 2012 年度的销售额达 6000 万元,占到了晟丰包装 2012 年度销售收入(2.3 亿元)的四分之一。

2. 竞争策略

晟丰包装的竞争策略不仅仅围绕信息、服务、质量、价格展开，还增加了情感等要素，通过与客户加深感情等方法，维护客户关系。

在培育与开拓市场时，晟丰包装的主要营销策略是差异化营销策略，即针对不同的市场采取不同的营销策略。针对高端市场，企业实行产品差异化，根据企业需求开发特种性能产品、以新取胜。针对中端市场，企业以品牌和质量取胜。对于低端市场，企业采取低价进入策略，开发轻量化产品降低成本，要求采用低成本的设计，提供低成本的物流解决方案。

经过近几年的发展，晟丰包装已和娃哈哈集团、农夫山泉、汇源集团、广州宝洁、伊利集团、蒙牛集团、青岛啤酒有限公司、浙江传化集团、浙江黑猫神集团、横店东磁股份有限公司、浙江尖峰集团、浙江今飞集团等众多著名企业建立了良好的合作关系，这些大的企业集团近年均在高速发展，对包装物料的需求也是成倍的增长，为公司发展目标的实现奠定了良好的基础。晟丰包装通过和大公司、大集团的合作，和大象一起跳舞，得到了他们的认可，建立了一定的品牌知名度，也带来了丰富的经济效益和社会效益。

此外，晟丰包装也不放弃周边城市的中小企业，为它们提供一般工业品包装服务。针对中低端市场，晟丰包装还采用了"同步开发"、"敏捷供应"等策略。在企业清晰的市场战略指导下，企业的销售额实现了快速增长，从 2004 年度的 462.23 万元迅猛增到 2008 年度的 1.1 亿元，2009 年度的 1.5 亿元，2012 年度的 2.3 亿元。

3. 客户的维护

晟丰包装十分重视顾客的开发与维护，为此专门制定了业务员负责制度，每一个客户都有专门的业务员负责沟通联系和订单跟进。同时，还配备专门的客户服务人员，分工负责各业务员客户的跟进服务。通过不断创新方法，赢得了广大客户的信任，与主要客户建立了稳定的长期合作伙伴关系。

晟丰包装十分重视收集顾客反馈的信息，寻找改进机会，不断提高产品和服务质量；公司改进了一年一度的顾客满意度调查，增加了每次随车跟去的反馈单，随时了解顾客对产品质量和服务质量的意见，及时改进，保证客户的生产效率。特别针对娃哈哈、农夫山泉等关键顾客的反馈，及时分析信息，及时改进，更好地满足了客户需求。

此外，晟丰包装还通过为客户提供技术、资金支持建立起战略合作伙伴关系，通过动态管理保证价值链体系正常运行。在合作上，始终坚持"诚信、守信、互信"的宗旨和"互惠、互利"的原则，与顾客保持稳定、良好的合作关系。在交易过程中形成价值创造与分享、互利、相互支撑的格局。主要沟通机制为建立在双方高层或经高层领导授权的双方技术质量部门的探讨与交流，业务人员的交流，形成了具有激励特色沟通机制，并借助互联网、电传等媒介进行交流，通过互动沟通等方式，使供需、需供双方品质提升、业务稳定、关系巩固、共同拓展市场，实现"共赢"。这些沟通机制随着市场要求的变化而变化。

（三）"与大象共舞"的保障：企业文化和卓越绩效管理模式

1. 企业文化

晟丰包装始终坚持"以人为本"的企业文化理念，极为重视党、工、团组织建设，正确处理党企关系，充分发挥党、工、团组织在企业发展中的作用，全心全意依靠职工办好企业。对于人力资源方面，建立了一套引才、用才、留才机制，调动人才的积极性和创造性，同时通过多种形式对员工进行职业道德教育和业务培训，使企业员工形成共同的价值取向和经营理念，真正做到了企业的价值观——同心同德、荣辱与共，在企业的发展历程中充分发挥了员工的力量。

晟丰包装非常重视企业文化的建设，并发动员工共同制作了体现晟丰包装自己企业文化的工作手册，并于 2010 年 5 月创办《晟丰报》，每月或每季度不定期地出刊，至今已有 18 期了。《晟丰报》对公司的重大事件进行宣传，对每周每月的先进工作者进行表彰和宣传，《晟丰报》一方面让员工及时地了解企业的发展动态，激发员工的工作斗志，使其积极参与到企业建设发展中，另一方面也可以丰富员工的业余生活。此外，公司还会用《晟丰报》对员工进行安全生产教育与工伤防护教育。

在人才招聘与管理方面，晟丰包装独具慧眼，自成立后相继为 200 多位下岗员工和残疾员工提供了技术培训，给他们提供了工作岗位，这一部分员工在晟丰包装找到了归属感，实现了自己的人生价值，对企业的忠诚度是很高的。因此，在其他企业面临招工难、员工稳定性差等问题时，晟丰包装独特的企业文化为它的快速发展提供了人才保障，解决了后顾之忧。

2. 卓越绩效管理模式

晟丰包装改制后，对企业的管理机制也进行了大刀阔斧的改革，建立了现代企业管理制度，并于 2011 年推行了卓越绩效管理模式。公司以申报金华市市长质量奖为契机迈向卓越绩效管理模式，构筑以核心价值观为基础的企业经营管理系统，试图达到让股东、顾客、员工、合作伙伴、社会满意和谐共赢的目标。公司的卓越绩效管理过程详见图 16-10。

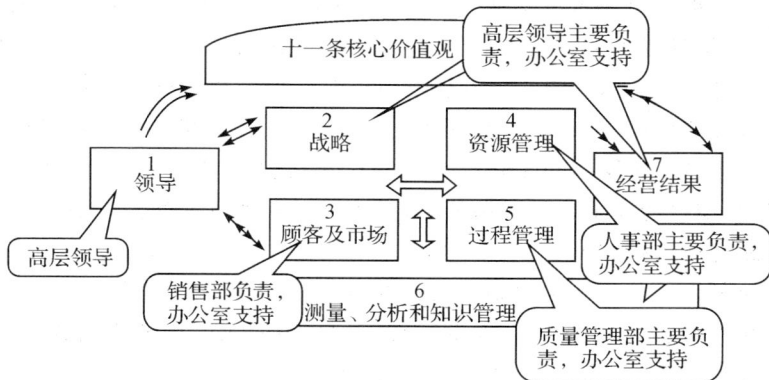

图 16-10　晟丰包装的卓越绩效管理过程

通过实施卓越绩效,公司开始重视收集顾客反馈的信息,寻找改进机会,不断提高产品和服务质量;公司改进了一年一度的顾客满意度调查,增加了每次随车跟去的反馈单,随时了解顾客对产品质量和服务质量的意见,及时改进,保证客户的生产效率。特别针对娃哈哈、农夫山泉等关键顾客的反馈,及时分析信息,及时改进,更好地满足了客户需求。

通过推行卓越绩效,公司认识到了人力资源的重要性。十分关心员工的生活,积极采取各种措施解决员工生活的困难,提高员工福利待遇,如为解决员工看病难问题,通过"员工出一点、企业拨一点、工会补助一点"的办法,设立了"员工住院互助补助金"和"爱心基金",制定了管理办法,员工住院和特殊病种门诊可享受20%～35%的补贴,生活困难员工可申请"爱心基金"的补助。公司为改善员工住宿条件,2011年又投入300万元,建起了6层的员工宿舍楼。为改善员工业余生活,购置了电脑、电视机、台球桌、近千册图书,成立了职工之家和活动室。公司在员工就餐、子女考上大学、春节购票等方面均给予支持和帮助。

总之,推行卓越绩效管理后,公司在市场开拓与维护、资源整合与管理、工艺流程改进与管理、经营水平等方面都得到了很大的改善,为公司的转型升级提供了保障。

二、晟丰包装的发展前景:打造包装行业第一品牌

尽管自金融危机后国内整个经济形势不太乐观,有些企业也受影响比较大。此外,有的企业在"与大象共舞"后慢慢地丧失了自己的品牌,甚至被大象吞并。而晟丰包装却受外在的宏观经济形势影响较小,还是呈现蓬勃发展之势,并朝着"打造包装行业第一品牌"的目标不断迈进。对于晟丰包装未来的发展前景,本文运用SWOT战略分析方法加以分析。

(一)晟丰包装的 SWOT 分析表

企业可能面临的机遇是:纸箱市场的需求是在不断的增加,尤其是对企业的主导产品瓦楞纸箱的市场需求更加大,而市场对瓦楞纸箱的质量和美观也有了更高的要求,这既是机遇也是挑战。此外,企业面临的挑战还有:原材料涨价,生产成本上升,利润空间缩小;顾客需求个性化、多样化,生产和销售的难度加大等。

晟丰包装的优势在于:经过近几年的发展,公司已和娃哈哈集团、农夫山泉、汇源集团等众多著名企业建立了良好的合作关系,这些大的企业集团近年均在高速发展,对包装物料的需求也是成倍的增长,为公司发展目标的实现奠定了良好的基础。晟丰品牌通过跟它们的合作,得到了它们的认可,建立了一定的知名度,这种优势是本地其他企业在短期内难以具备的,这是晟丰包装的优势所在。此外,晟丰公司经过几年的发展,引进了一大批具有国际和国内先进水平的包装生产线设备,培育了一支高效、懂技术、懂管理、具有良好市场开拓能力的管理团队,建立了优良的客户服务体系和操作性极强的质量管理体系。而企业的劣势在于:公司产品价

格水平高于同行业平均水平。综合考虑市场的机遇与挑战以及企业自身的优劣势，可以编制成 SWOT 分析表，详见表 16-5。

表 16-5　晟丰包装的 SWOT 分析

S（优势）	W（劣势）
★厂房现代化，设备先进 ★品牌知名度高，信誉好 ★规模较大，实力、成本优势明显 ★服务质量高，流程规范 ★营销网络健全	■公司产品价格水平高于同行业平均水平 ■公司受大客户发展情况的影响较大
O（机会）	T（挑战）
★中国经济持续增长 ★丰富的人力资源 ★纸包装需求不断增长	■包装行业竞争加剧，客户选择余地加大 ■资源紧缺，原材料涨价，生产成本上升，利润空间缩小 ■顾客消费需求不断提高，品种规格增加，生产和销售的难度加大

（二）晟丰包装的发展前景

基于 SWOT 的战略分析，晟丰包装的发展前景是十分乐观的，它的未来发展之路可以是这样：利用差别化竞争策略，做好市场和品牌两方面的工作，和娃哈哈等大象一起跳舞，做大做强包装行业，实现企业快速平稳的发展。晟丰包装自成立以来一直立足于包装行业，致力于包装行业做精、做强，以"打造包装行业第一品牌"为愿景，坚持走专业化道理，把包装行业做精、做强、做大。

在条件成熟后，晟丰包装可以考虑在外省设立分公司，考虑上市。其实该企业的营销和管理模式是可以复制的，外省也有很多知名企业，也可以为这些知名企业提供包装服务，跟这些大象共舞，分享利润，而且如果在外省设立分公司，就地提供包装服务，可以节省运输成本。但是如果在外省设立分公司，企业又要配备厂房、设备等，成本也会增加。所以应等条件成熟，再考虑全国化、上市等。

晟丰包装打造行业第一品牌的路途可能会坎坷，充满荆棘，但在"与大象共舞"的正确经营思路指导下，且以目前的发展态势看，实现"打造包装行业第一品牌"的愿景也不是没有这个可能。而且，即使最终没有实现这一愿景，相信它也能够在包装行业做精、做强、做大。

第四节　结论与启示

随着社会的发展，社会分工越来越细。在这样的背景下，对于中小企业来说，与其挥舞着拳头同跨国公司"决一雌雄"，倒不如抓住这个机会，利用自己在生产要素等方面的比较优势,挤进大企业生产的价值链,专注于产业内分工的一两个环节做精、做专、做强,可能更容易成功。晟丰包装就是中小企业"与大象共舞"的成功案例。我们可以从晟丰包装身上得到启示与经验借鉴。

一、找准与自己相关的"大象"

每个行业每个领域都有领导者,都有大象。对于中小企业来说,找准合适的"大象"尤为重要。晟丰包装在选择"大象"时没有盲目地寻求国际巨头,而是既考虑了自己的产品和服务特点,也考虑了运输成本等因素。晟丰包装是生产包装产品,提供包装服务的,而需要包装产品和服务的龙头企业很多,因此可供晟丰包装选择的大象很多。但是,包装产品的运输费用较高,尤其是远距离运输,成本会更高,所以对于刚从汤溪纸箱厂改制过来的晟丰包装来说,先选择与娃哈哈、农夫山泉、浙江传化集团等省内大象共舞是明智的选择。伴随这些大象的快速发展,他们对纸箱的需求也不断增加,从而带动了晟丰包装纸箱业务的发展。例如娃哈哈集团一直保持较好的发展态势,娃哈哈的发展也带动了晟丰包装的发展,晟丰包装对娃哈哈集团 2012 年度的销售额达 800 亿元,预计 2015 年将达到 1500 亿元。

在"与大象共舞"几年后,晟丰包装成长起来了,现在把合作的大象扩展到省外,如广州宝洁、汇源集团、伊利集团、蒙牛集团等省外的龙头企业。晟丰包装合作的"大象"越来越多,"与大象共舞"的舞台也越来越大,发展空间也越来越大。

二、在"与大象共舞"中实现转型升级,从共舞逐步迈向领舞

"与大象共舞"并非易事,"大象"在筛选中小企业合作者时条件是苛刻的,对产品或服务的质量、数量、价格都有非常高的要求。像万事利集团,在与美国 Gerber 品牌(婴儿服装品牌)合作初期,大部分产品无法满足其质量要求。又像浪莎(中国袜业的第一品牌),跟沃尔玛合作初期也无法满足产量要求。因此,中小企业要实现"与大象长期共舞",必须进行转型升级,提升竞争力以更好地满足"大象"的需求。

晟丰包装为了更好地与"大象共舞",进行了一系列的转型升级举措:一是技术改造与创新,通过技术改造和创新,晟丰包装一方面大大提升了生产效率,有效地提高了产能,使纸箱每天的产量从前几年的七八万只提升到将近 30 万只,满足客户大批量的生产需求,另一方面也很大地提升了产品质量,企业主要产品的技术指标高于国家和行业标准,在各项指标上均居于行业领先水平,并能够生产"大象"需要的瓦楞纸箱。二是以客户为导向的市场竞争策略,以客户为中心的营销体系,为"大象"提供全方位的服务。三是推行卓越绩效管理和加强企业文化建设,在资源整合与管理、工艺流程改进与管理、经营水平等方面都得到很大的改善。晟丰包装已从早期的"伴舞"转向"共舞",并逐步迈向"领舞",逐步成为包装行业的"领头羊"。

三、"与大象共舞"后不等于高枕无忧，须防范风险

在"与大象共舞"借势生存初期，处于弱势地位的中小企业难免如履薄冰，而更为致命之处是，与大象长期共舞，傍上"大象大款"后陷入诸多陷阱而不能自拔。"与大象共舞"后的中小企业可能面临的陷阱：

一是一些中小企业傍上"大象大款"后，开始沉浸在大象的光环中而不自知，不经意间陷入了自我迷失的境地，即只满足给大企业提供配套服务，不清楚公司未来究竟想做什么和能做什么。然而中小企业不清楚公司未来究竟想做什么和能做什么是很危险的，最终可能会被大象兼并，成为其一部分。

二是过度依赖大象。如果中小企业过度依赖某一大象，也是十分危险的。如果大象遭遇什么不测，或大象进行产业转移，那中小企业该怎么办？因此，中小企业的成长过程不能只依赖某一大象或某几只大象。

三是对自己的自主知识产权保护不力，或者有意无意地放弃了自己的品牌。中小企业可能会在面对强势的大象时，有意无意地放弃了自有品牌、自主知识产品等无形资产，造成的直接后果是，知识产权被无偿侵犯，自有品牌丧失，最后自己被大企业榨光，在合作中处于被动地位，甚至被抛弃。因此，小企业借势大企业谋发展时，除了不断创新，保持应有的活力外，还要懂得思考，懂得有取舍地去借，明白哪些该借，哪些不该借，不适合自己的敢于舍弃。

综上，傍上"大象大款"后的中小企业不等于高枕无忧，不能掉以轻心，须有长远规划。晟丰包装与大象共舞后打出以"打造包装行业第一品牌"为愿景，并有清晰的战略规划，因此，晟丰包装在防范"与大象共舞"陷阱方面也是有可借鉴之处的。

参考文献：

[1] 周一珉. 蚂蚁与大象共舞[J]. 浙江经济，2012(8).

[2] 许正. 与大象共舞，向 IBM 学转型[M]. 北京：机械工业出版社，2011.

[3] [美]郭士纳；张秀琴、音正权(译). 谁说大象不能跳舞 [M]. 北京：中信出版社，2010.

[4] 李建华，修思禹. 与大象共舞[J]. 英才，2012(10).

[5] 陈莫. 蚂蚁也能与大象共舞——美国银矿咨询集团总裁保罗·凯利谈生产商与沃尔玛合作策略[J]. 当代经理人，2004(5).

[6] 黎冲森. 与大象共舞的风险 [J]. 经理人，2010(7).

企业家感言

大爱感动员工
——晟丰包装陈董感言

企业办了十二年,经历很多,感触很深!个人觉得最难的不是把公司做大做强,而是让员工一直追随你前行,让企业成长为常青树。这十二年有一路同行的伙伴,也有半路分道扬镳的朋友。我有时问那些坚持的伙伴,是什么让他们一直在晟丰坚守着。答案形形色色,有待遇有事业有感情,最多的是觉得在晟丰工作着顺心舒心能实现愿景。我觉得这就是晟丰文化的魅力。晟丰的宗旨是"先做人,后做事",崇尚务实团结创新高效。

众所周知,文化是包括知识、信仰、艺术、道德、法律、习俗和任何人作为一名社会成员而获得的能力和习惯在内的复杂整体。简单地说,文化是让一个人生活在一个环境中顺心舒心所必备的各项要素。企业文化也是如此,非朝夕之功,我们的企业文化建设还需努力。

从晟丰开始迈向创业之路的第一天,我就在想如何在公司发展的同时,用大爱去关心员工,让员工也不断进步。都说夫妻间要相濡以沫,企业和员工间则要共同进步。我曾经提出过"三个一百",其中一个就是成就员工的心一百年不变。人是懂得感恩的。我以家人待他们,他们也把我作为一名大家长。

如何做一家百年企业,我觉得要依靠人,依靠企业文化。文化可以起纽带作用,把员工的心和我的心紧紧地连在一起投入到企业发展的事业中去。这根纽带应该是延续的,传承的,是企业的价值观所在,是企业的灵魂所在。

(浙江晟丰包装有限公司董事长:陈玉丰)

第十七章　金凯德集团:差异化竞争战略成就门业新锐

引　言

　　当前,发达经济体的失业率居高不下,欧债危机的阴霾挥之不去,流动性过剩的影响日益突出,国际金融市场动荡加剧,导致世界经济复苏缓慢,全球需求长期低迷。同时,我国通胀形势仍面临着国际局势和国际流动性过剩等多方面因素影响,存在着较大的不确定性,这给宏观政策的操作带来一定难度,国内宏观经济政策仍然偏紧。面对内外部环境的双重压力,中小企业经营与发展面临着严峻的考验。

　　金凯德(集团)有限公司创办于"中国门都"浙江永康,是一家致力于家居所需各类门的研究、开发、制造、销售和服务于一体的民营企业,其前身是 2007 年注册成立的中德合资—金凯德工贸有限公司,短短的七年时间,金凯德公司以"追求卓越、团队合作、学习创新、创造社会价值"为企业核心价值观,坚定"激情超越梦想"的信仰,追求"金品质"的产品理念,卓越管理,成为中国门业发展最快企业。公司从成立之初的 11 名员工,发展到现在的 1200 多名员工,年销售额达 5 亿多元,旋风一般地占领了巨大的家居门市场份额,被称为行业内势头强劲的"超级黑马"。目前,公司资产规模 3.99 亿元,员工 1200 余人,拥有六大现代化生产基地,厂房面积 16 万余平方米,年产销达 100 多万套,在全国有运营店 2000 多家,超过 1000 万家庭见证金凯德金品质,是全国工商联门业专委会执行会长单位、国家行业标准主要制定单位、中国消防协会会员、国家保障性住房门窗应用指南主编单位,荣获"浙江名牌产品、中国门业十大金奖、中国木门 30 强、中国环境标志认证"等国内外权威部门授予的认证和荣誉 300 余项。探究金凯德在永康激烈的门业企业竞争中冲出围栏,实现"翻跟斗式"快速增长的奥秘,在当前特殊时期可以为其他中小企业转型升级起到特别的指引作用。

第一节 理论框架

随着经济的发展,我国综合国力有了举世瞩目的提升,特别是凭借中国所特有的优势逐渐发展成为全球制造业的中心。然而,随着全球经济一体化和知识经济进程的加快,企业的经营环境发生了巨大变化,所面临的来自各方面的竞争日趋激烈。一方面,国际上大企业、大集团控制全球经济的实力不断增强,广大中小企业由于自身的劣势,其生存与发展面临新的挑战;另一方面,我国着力调整产业结构、地区结构和城乡结构,大多数产品的供求关系已由卖方市场转向买方市场,市场竞争越来越激烈。与此同时,随着国有大中型企业通过改制、改组、改造后竞争能力的增强,产业结构的优化升级和科技创新、地区经济的协调发展和西部大开发,主要靠生产低档次、低技术、低价格产品起步与维持的中小企业的优势逐步消失。在这种情况下,实施差异化竞争战略,走差异化的道路,使企业在产品、服务、销售渠道、品牌形象等方面创造不同,增强企业竞争的优势,不失为上上之策。

一、差异化竞争战略的含义

世界著名竞争战略大师迈克尔·波特在其 1980 年出版的《竞争战略》一书中,将竞争战略描述为:采取进攻性或防守性行动,在产业中建立起进退有据的地位,成功地对付五种竞争作用力(即:进入威胁、替代威胁、卖方砍价能力、供方砍价能力及现有竞争对手的竞争),从而为公司赢得超常的投资效益。以此广义定义为基础,又引申出竞争战略有三种基本形式,即:总成本领先战略、差异化战略、目标集聚战略。通俗地讲,差异化战略是指一个企业通过多种措施使得自己的产品或者服务在行业内具备一种或者多种特质,显得与众不同、独树一帜,从而赢得消费者或者客户的青睐,进而赢得市场,并且获取高于竞争对手收益的一种竞争方式。顾名思义,差异化战略所要表达的"差异",就是产品独有的特性,指的就是产品的"不可替代性",主要包括产品的功能、质量、营销、服务等方面(王宏,2006)。当一个企业为买方提供某种独特的产品或者服务,使得买方认知其价值高于竞争对手时,这个企业就将自身和他的竞争对手区别开来,获得了经营的差异性。差异化经营能够使企业获得溢价收益,如果该企业的溢价收益高于为了实现经营的差异性而追加的成本时,差异化就会给企业带来理想的效益,推动企业不断向前发展。一个企业如果"能够给顾客提供一些独特的而不仅仅是价格低廉的产品,这个企业就具备了优越于其他竞争对手的差异化战略"(迈克尔·波特,1985 年)。

二、差异化竞争战略的实质

差异化战略实质上就是追求垄断性要素的一种方式。客观地讲,在市场经济竞争中的企业,无论它属于哪一种产业,其战略目标在经济意义上的体现都是追求产品的垄断地位。从长远的观点来看,一个企业要在整体市场上维持垄断几乎是不可能的,但可以考虑通过实施差异化战略来维持部分垄断要素。通过差异化战略的实施,企业在提供产品实体的要素上,或在提供产品过程的诸条件上,与其他提供同类产品或服务的企业相比,造成足以吸引买者的特殊性,以便买者将之同其他经营同类产品的企业相区别,产品差异意味着可替代产品减少和替代程度降低,其实质就是该产品市场垄断因素的加强,而完全地不可替代性,就是一种垄断。

三、差异化竞争战略的实施途径

(一)产品差异化

所谓产品差异化,是指同一产业内不同企业的同类产品由于质量、性能、式样、销售服务、信息提供和消费者偏好等方面存在的差异导致的产品间替代关系不完全的状况,或者说是特定企业的产品具有独特的可以与同行业其他企业产品相区别的特点。同一产业内不同卖方之间产品的可替代程度的大小经常取决于买方偏好程度。通常把得到特定消费者强烈偏好的产品称为差异化产品,而把不具有这样的消费者偏好的产品称为非差异化产品。

产品差异化战略的目的是为了引起消费者对本企业产品的特殊偏好,使买者将它与其他企业提供的同类产品相区别,从而在激烈的市场竞争中占据有利地位。因此,对于企业来讲,产品差异化既是一种市场营销的行为,又是一种强有力的非价格竞争手段。产品差异化对市场价格、市场竞争、市场集中度、市场进入壁垒、市场绩效都有不同程度的影响。

(二)服务差异化

随着买方市场的到来,产品同质化程度的不断加剧,为顾客提供满意的服务成为企业竞争的一把利剑,用发展的眼光来看,服务是支撑企业品牌的一个重要基石。所谓的服务差异化,是指企业面临较强的竞争对手时在服务内容、服务渠道和服务形象等方面采取有别于竞争对手而又突出自己特征,以战胜竞争对手,在市场中立稳脚跟的一种策略。

服务差异化战略要求企业牢固树立全面的客户服务意识,加强客户需求及满意度调研,调查、了解和分清市场上同类企业现有的服务种类、竞争对手的劣势和自己的优势,建立和完善以顾客为中心的服务标准,努力提高针对客户需求的服务质量水平,有针对性、创造性地开发服务项目,为目标消费群体提供更高效、更周到、更准确、更满意的以产品为载体的特色服务,通过服务的差异化突出自己企业的竞争优势,与其他竞争对手区别开来。

(三)营销差异化

产品、促销和广告手段的日趋同质化使得销售差异化成为企业营造自身优势的又一着力点。营销差异化的依据,是市场消费需求的多样化特性。不同的消费者具有不同的兴趣爱好、不同的个性、不同的价值取向、不同的收入水平和不同的消费理念等,企业只有采用视角独特、独具匠心的营销方式才能够挖掘消费者心灵深处的潜在需求,在激烈的市场竞争中赢得优势。

营销差异化的核心思想是"细分市场,针对目标消费群体进行定位,导入品牌,树立形象",是在市场细分的基础上,针对目标市场的个性化需求,通过品牌定位与传播,赋予品牌独特的价值,树立鲜明的企业形象,建立品牌的差异化和个性化核心竞争优势。差异化的营销不仅仅是某个营销层面、某种营销手段的创新,而且是产品、概念、价值、形象、推广手段、促销方法等多方位、多角度、系统性的营销创新,并在创新的基础上实现品牌在细分市场上的目标聚焦,取得战略性的领先优势。

(四)形象差异化

所谓形象就是指客户对企业和产品的看法及感受,包括两个方面:一是品牌视觉系统,即视觉形象;二是社会形象,即品牌在各种社会力量心中的形象。形象差异化,就是指企业通过实施品牌战略和 CI 战略而产生差异,形象差异化战略通常是指在产品的核心部分与竞争对手类同的情况下,通过塑造不同的企业品牌形象以获得差异优势。在当今复杂多变的商业环境中,减少顾客流失率不仅能带来企业收益的大幅增加,还将有效地降低营销成本,并通过诸如口碑传播、交叉销售等方式进一步提升公司业绩,培育并保持顾客对于企业自身品牌的高度忠诚已经逐渐演化为企业的自觉行为并构成企业及战略的重要组分。

实施形象差异化战略,企业应该建立生动、鲜明、识别性强的品牌形象和良好的社会公益形象,使企业品牌更具亲和力;企业需要有创造性的思维和方法,需要持续不断地利用企业所有的传播工具,区别于竞争对手的形象策略,以及顾客的心理而采取不同的策略,从而在同行业中与其他区分开来,形成竞争上的优势。

第二节 案例背景:基于差异化竞争战略的 金凯德快速发展之路

一、差异化竞争战略的选择

一般而言,一个企业"保持采用其中一种战略作为首要目标对赢得成功通常是十分必要的",否则,如果一个企业未能沿着三个方向中至少一个方向制定自己的竞争战略,即一个企业被夹在中间,那么这种企业的利润注定是低下的,因为"一个企业对三种基本战略均适宜的情况绝无仅有"。然而,每一种战略都有自己的优势和缺陷,企业在选择竞争战略之前应当对此有清楚的了解,然后根据环境和自身的特点和需要,选择适合自己的战略。迈克尔·波特所提出的三种可供选择的一般化竞争战略——成本领先战略、差别化战略和目标集聚战略(其中又包括集中成本领先战略和集中差异化战略)的优势和缺陷如表 17-1 所示。

表 17-1　三种战略的 SWOT 分析

竞争战略类型		优势	缺陷
成本领先战略		◇可借助成本优势保护自己 ◇可有效地对抗原材料涨价和客户压价 ◇在替代品进入市场时,可以通过降价保持市场份额 ◇成本优势是阻止新进入者的壁垒	◇技术变革导致成本优势丧失的风险 ◇竞争对手的模仿,将削弱企业的竞争优势 ◇过度关注成本,忽略市场需求变化的风险 ◇成本膨胀削弱公司保持足够价格差的能力,有些市场难以取得成本优势
集聚战略	集中成本领先	◇在所专注的细分市场上具备成本优势 ◇适合于难以实现规模经济性的复杂或定制化的产品 ◇可以在市场上逐步发展壮大	◇资源有限,难以与差异化企业进行正面竞争 ◇技术的发展或顾客需求的变化可能导致市场突然消失 ◇对市场变化的适应能力较差
	集中差异化	◇能开发出更好满足特定顾客群体的产品 ◇较差异化企业,可能在品质、客户响应和创新等方面占有优势 ◇有利于迂回机动地与差异化企业竞争 ◇接近顾客,对需求变化更敏感	◇资源有限,难以与差异化企业进行正面竞争 ◇技术的发展或顾客需求的变化可能导致市场突然消失 ◇对市场变化的适应能力较差
差异化战略		◇顾客具有品牌忠诚度 ◇可将涨价传递给顾客 ◇削弱供应商和客户的议价能力 ◇有利于创造进入壁垒	◇难以保持顾客可以觉察到的差异或独特性 ◇竞争对手的模仿,将削弱企业的竞争优势

目标集聚战略其实意味着公司对于其战略实施对象或出于低成本地位,或具有高技术优势,或兼有两者。在这里,可将竞争战略简化为成本领先战略和差异化战略的比较选择。根据上表的分析,结合金凯德集团自身的条件和特点而言,存在以下问题。

(一)缺乏低成本运营的环境

全球经济一体化趋势和国内产业结构的优化升级和科技创新、地区经济的协调发展和西部大开发,跨国公司和本土企业对廉价劳动力和原料的争夺日益激烈,企业界的流程控制和成本意识普遍加强,因而使得总成本领先的战略实施难度增大,低成本往往成为企业生存的必备条件而非独特的竞争利器。对于中小企业来说,走成本领先战略是不现实的。成本领先战略强调以很低的单位价格为敏感客户生产标准化产品。从某种形式来说,就是打价格战。而中小企业不是打不打价格战的问题,而是打不起价格战。除非有整体成本优势,否则中小企业打价格战永远打不过实力更强大的对手——跨国公司、大型企业,也打不过假冒伪劣的小作坊。素有"五金之乡"美誉的永康,作为我国最大的五金产品集散地,自1997年以来,以安全防盗门为代表的门类产品异军突起,到2007年浙江金凯德工贸有限公司成立时,永康门业经过多年的孕育,已经形成了比较完整的制造产业链。95%以上原材料、零部件可以由本地配套,采购半径不超过30公里,以防盗安全门为核心产品的永康门业,已经成为"五金之都"的一个重要支柱产业。全市拥有门类生产企业300多家,年产各类门产品2500万樘,出口700多万樘,以步阳、王力、富新、群升、星月、春天等为代表的规模以上企业60多家。但由于准入门槛较低,永康门业形成产业集群后,产品同质化现象严重,永康防盗门市场上出现了"千门一面"的现象,行业的竞争日益激烈。很显然,公司要走成本领先战略是很难行得通的。

(二)差异化能够改变产业中的博弈格局,是金凯德取得竞争优势的占优战略

缺乏差异化是以永康门业企业为代表的我国门业行业长期低效低层次竞争的根本原因。如果不改变基于服务和价格对比的竞争实质,强化企业战略的差异化,则金凯德必将与产业内其他公司一样陷入囚徒困境。

走差异化战略,通过树立良好的形象、改变产品概念、增加产品功能、借助消费者的特殊口味等多种方法,利用加大研发投入、拓展服务领域、寻求促销新途径、利用地区优势等不同手段,使自己的产品、服务独具特色,以培养消费者对自己产品和服务的偏好,增强产品在行业的垄断地位。同时,通过差异化的品牌定位,使企业在服务、销售渠道、品牌形象等方面创造不同,形成强有力的企业核心竞争力,增强企业竞争的优势。

二、基于差异化竞争战略的金凯德快速发展之路

(一)公司发展历程

2007年1月创立中德合资—浙江金凯德工贸有限公司;

2008年10月成立金凯德非标门事业部;

2009年7月创立武义金凯德门业有限公司;

2009年12月通过中国环境产品认证;

2010年10月组建成立中国金凯德(集团)有限公司;

2013年9月集团成员企业荣获"浙江市场最具影响力品牌"、"浙江市场消费者满意单位"称号;

2013年12月金凯德获"浙江名牌产品"称号,成为浙江名牌中唯一的钢木门品牌;

2014年4月金凯德荣膺中国钢木门行业品牌联盟主席。

(二)公司快速发展轨迹

1.资产规模

金凯德集团固定资产、资产总额以及净资产如图17-1～图17-3所示。

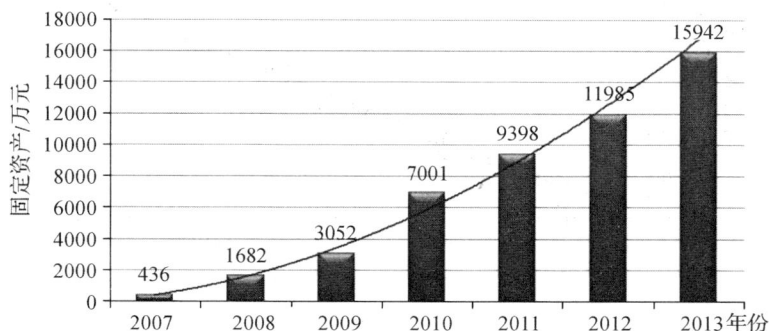

图 17-1　2007—2013 年公司固定资产统计

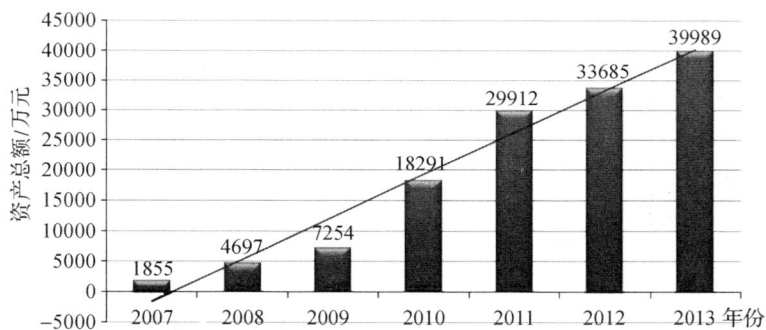

图 17-2　2007—2013 年公司资产总额统计

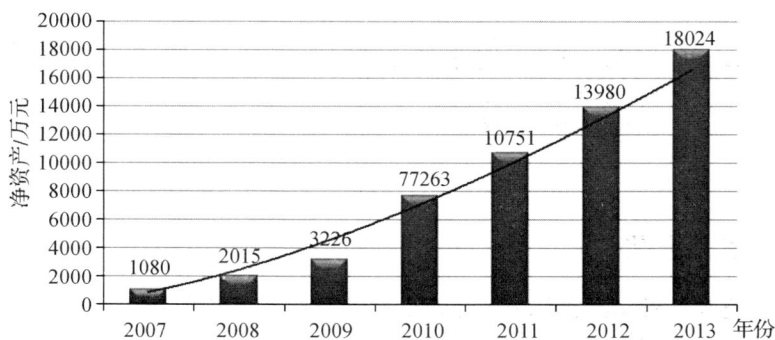

图 17-3　2007—2013 年公司净资产统计

2.年销售额

2007—2013 年金凯德集团销售总额如图 17-4 所示。

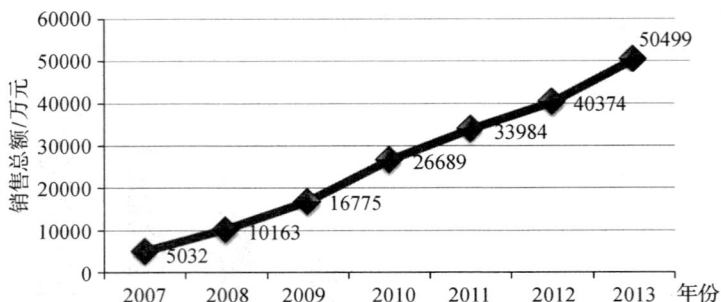

图 17-4　2007—2013 年公司销售总额统计

3.年利税额

2007—2013 年金凯德集团水利税总额如图 17-5 所示。

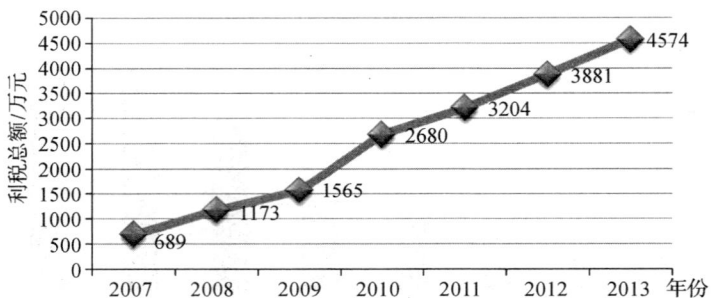

图 17-5　2007—2013 年公司利税总额统计

第三节　案例剖析:金凯德差异化战略成功的关键举措分析

一、产品差异化

差异化竞争战略,最根本的是首先使自己的产品与竞争对手相区别,形成与众不同的特点,造成足以吸引消费者的特殊性,以便将企业产品与同类竞争者的产品相区别,其本质就是该产品市场垄断因素的加强,以获得竞争优势。

浙江金凯德工贸有限公司在成立之初,创业团队加上生产工人总共才 11 个人,3000 多平方米的厂房,无论在资金、设备还是规模等方面,都无法与其他企业相抗衡，想要在门业市场中站稳脚跟，必须错位竞争。钢木室内门采用优质的钢板与实木内筋复合而成，摆脱了传统室内门对天然木材的依赖，不含甲醛、甲苯，安装方便快捷，产品性价比高，符合家居市场工薪消费群体的消费理念。因此，创业之初，金凯德将产品定位于市场上初见端倪的钢木室内门这一细分市场领域，致力于各种钢木室内门的研究、开发、制造、销售和服务，将目标顾客群定位于二、三、四线城市的工薪消费群体。差异化的产品定位，不仅让公司在激烈的门业市场竞争中站稳了脚跟，而且创业第二年就创造了中国钢木室内门行业品牌影响力"全国第二、浙江第一"的佳绩。

在产品开发方面，公司陆续推出了众多的系列门产品，2007 年的凯旋系列、炫彩 S 系列，2009 年的金贵系列和卡纳斯系列，2010 年的卡迪亚系列，2011 年卡斯特系列以及如今的卡特尔系列，公司创新的脚步没有停止，根据市场需求的不断变化，推陈出新，在钢木室内门的研发、设计方面始终领先于同行业的竞争对手，公司持有 10 余项室内门外观专利。在生产工艺上，公司通过无缝包边技术，解决了钢板和门板相接处的缝隙问题，使得产品更加美观；通过改进行业现有的喷绘技术，产品纹理变得更加清晰明亮，外观更加清洁环保、美观耐用。公司对于空气湿度较大地区由于环境因素使门套面板受潮后起泡、变色、变形等问题，通过用烤漆板取代 PVC 膜覆盖、门板背面加涂防水层等工艺改进，在保证产品美观的同时，很好地解决了产品的"后遗症"。"有技术创新，才有产品的灵魂。"公司创始人陈利新说。公司专门成立了研发部，并每年从利润中提取 10% 作为研发经费，针对产品款式、材质进行前沿性开发，形成产品创新机制，致力于培养自己的核心竞争力。

二、营销渠道差异化

拥有一套与众不同的营销渠道拓展方法，是金凯德在市场中快速成长的有力武器。大多数中小企业普遍存在着这样一种现象，那就是在发展初期，对经销商的选择重量不重质，也不舍得用资金去培育和引导市场，完全采用自然销售或者说是集市贸易的形式去做市场。而金凯德则不同，它把每一个经销商视为公司的一员，是一位志同道合的合作伙伴。因此，从公司成立起对经销商就有严格的筛选条件，作为合作伙伴者，一定要有做品牌的意识。

目前金凯德已经拥有 1800 多家经销商，覆盖了全国 70% 以上的县级城市，公司现在的重点不是继续快速扩张网点，而是"精简队伍"，留下那些真正想要打造品牌、与金凯德理念一致的经销商。为此，他们在选择经销商时制定了收取保证金制度，对有意向经销金凯德钢木室内的商家收取数额不等的保证金。公司这样做有三大好处：一是设置了一道筛选经销商的门槛，如果经销商不想做品牌，只是停留在浅面，那这样的经销商就会去选择代理别的厂家；二是督促经销商做好售后服务，要做响品牌，除了产品本身外，售后服务是关键，保证金虽不多，但也一定程度上会让经销商产生一种责任感；三是防止串货，防止经销商跨区域经营，保护每位经销商的利益,避免同个牌子产品的低价竞争现象出现。

不但如此,与一般企业不同,金凯德公司还要求经销商只准经销金凯德一个品牌,这样做有利于公司及时控制终端客户。作为公司的合作伙伴,公司不仅重视经销商的选择,更重视经销队伍的建设,公司利用销售实战培训班、导购精英班、技术服务班提高经销商的业务水平,通过举办经销商精英峰会、营销峰会、"千城万镇金凯德"研讨会的方式加强与经销商的沟通交流。受"坐标中国"项目的启发,金凯德在庞大的经销商队伍中开展"金凯德坐标计划",那些成为"坐标"的经销商,可以得到 5 到 10 个点的让利,总部就可以在当地帮助他们做户外广告。这些是门业中独创的手法,不仅能与经销商达成互惠互利,还能建立起经销商的品牌忠诚度,实现良性循环。行业内公司实力相对而言都较为弱小,2012 年公司在行业内提出"品类竞争概念",以自身作为行业标准联合行业内其他公司,公共出资在中央 2 台推广钢木室内门,利用集体力量壮大行业进而实现企业成长,将品牌竞争转变为"竞合"的品类竞争,同竞争队友合作共同分割家居室内门的市场份额。

三、服务差异化

所谓服务差异化,是指企业在服务内容、服务渠道和服务形象等方面采取有别于竞争对手而又突出自己特征的一种策略,以战胜对手,在市场竞争中占据优势。这种策略就是要为目标顾客群体提供更高效、更周到、更准确、更满意的以产品为载体的特定服务。目的是要通过服务差异化突出企业的竞争优势。

金凯德公司除了设立 800 全国免费服务专线之外,为了体现服务差异化战略,公司产品承诺保修两年,钢质进户门产品保修一年、终身维修,由专人负责售后服务。"公司决不允许由于售后服务出现问题而导致经销商和客户不经营或不购买金凯德品牌情况的出现。"公司为遵守承诺,常常花费数倍于产品价格的代价,通过派发专车或空运等方式及时为顾客更换在运输途中受损的产品。正是由于公司高度重视对客户需求的满足,靠着扎实有效的差异化服务,金凯德赢在激烈竞争的市场上,赢得了良好的口碑,也为企业品牌的成长奠定了良好的基础。

四、管理差异化

金凯德作为全国门业中的一匹黑马,在自身的管理上有自己的独到之处。"我想做企业家,而不是当老板。"这是公司总经理陈利新经常说的一句话。陈利新认为,要做一件事、做一个企业,单凭一个人是万万不行的,得培养一个团队。正是在这样的思想引领下,与永康大多数企业的家族式管理不同,金凯德实行职业团队管理。

在创业之时,公司就组建了企业的"精英梦之队",从生产到内部管理再到市场营销,各个环节配合默契、合作无间。为更有效发挥团队的力量,金凯德从创建开始,便推行股份期权制,实行"6-2-2"模式:公司所实现的净利润分为三块,60%

的净利润作为留存收益,用于企业发展,剩下的 40%,除了陈利新本人占有 20% 股权外,其他核心管理层也占有 20% 的股权。

让"员工与企业一起成长"是公司企业文化建设的价值取向之一。公司成立以来,坚持以人为本的管理思想,让员工充分感受到企业的人文关怀和分享企业发展成果,实现企业发展与个人职业生涯发展的共赢。正是让努力工作的人"收获在金凯德"的企业文化氛围,使金凯德公司成为年轻人发展的平台,极大提升了公司的"软实力"。

在企业生产运营管理方面,公司结合门业企业的多样性、小批量、订单特制性强、对交货期要求高、生产继承性弱、质量控制难等非标准件生产的特点,结合公司的生产实践,提出了"非标准化推拉双轨集成式、关键工序驱动质量管理生产模式"(简称非标准化 2P－KP 驱动生产模式),运用活动网络图与资源调度相结合的方式进行车间作业计划,并根据 JIT(just in time)的思想,各生产单位内各工序采用"单件流"生产方式加速生产进程,并通过关键工序电子看板建立车间信号系统来拉动生产。该模式有效集成传统的推式(MRP)管理模式与拉式(JIT)管理模式的交集点,使非常规生产关键点起到即时驱动和修正作用,迅速地处理了非标准件和非标准订单带来的"混乱"、"无序"、"浪费"、"不稳定"等现象,从而确保生产的合理和稳定性,有效提升了生产效率。由于 2P－KP 质量管理生产模式具有原理简单、增加投资少、调整幅度小、员工适应快、见效快的特点,具有广泛的推广价值。"非标准化 2P－KP 驱动质量管理生产模式"项目荣获浙江省应用型质量管理创新项目。

五、品牌推广差异化

品牌推广是指企业塑造自身及产品品牌形象,使广大消费者广泛认同的一系列活动和过程。它有两个重要任务:一是树立良好的、差异化的产品形象,提高知名度、美誉度和特色度;二是最终要将产品销售出去。要在激烈和产品众多的市场环境中脱颖而出,就需要通过强有力的推广手段及广告宣传攻势来推广产品及塑造品牌形象。金凯德公司深谙此道,管理者往往能出其不意地采用一些新颖独特的方式,来策划和进行有效的品牌推广活动。

1. 卓越品质打造品牌

产品是品牌的主要载体,没有过硬的产品,品牌铸造只能是无本之木、无源之水。"品质打造品牌"这是金凯德对品牌的朴素理解,产品质量是金凯德公司时刻关注的重点。在整个生产过程中,从原材料到成品,每道工序都要经过严格的质量把关、层层检验,明确工作重点与责任稽查。2009 年,公司引进 ERP 管理系统,在钢木门企业中首家运用产品条形码对产品质量进行溯源管理,通过产品条形码对产品生产过程的质量问题,可直接追溯到相关责任当事人。通过产品质量责任追究,极大地提升了公司员工的产品质量意识。为提高产品质量,公司不惜巨资引进先进生产设备,公司80％的钣金设备采用德国最先进的钣金冲折系统,它采用WINDOWS NT操作系统,适合各种高精度钣金加工。而磷化和涂装设备采用美国诺信公司的产品,进口的喷涂六水线色泽光亮、附着力强。先进的生产设备不仅提高了产品的质量,而且也提高了产品被模仿的技术难度。

金凯德公司还以ISO9001:2000质量体系认证、欧盟CE认证这些高标准的生产体系保障产品的品质。正是公司注重产品品质,在为市场提供优质产品的同时,极大地提升了公司品牌在消费者心目中的美誉度。也正是公司对产品质量的重视,用"标准"来规范自己的行为,这也成为金凯德成为国家首部钢木门行业标准起草单位的重要原因。

2. 完善高效服务支撑品牌

随着买方市场的到来,产品同质化程度不断加剧,为顾客提供满意的服务成为企业竞争的一把利剑。对于企业来说,服务就是企业自身的"核心产品"。客户服务、顾客满意、企业盈利三者之间有着非常密切的联系。用发展的眼光来看,服务是支撑企业品牌的一个重要基石。

正是基于以上这种认识,金凯德公司从成立之初便早早地开通了800全国免费服务专线,并安排专职人负责售后服务工作。对于产品在质量上存在的问题,公司力争在第一时间给予圆满解决,使顾客满意放心。"只要一个电话,一切不要牵挂"是金凯德的服务宗旨。公司承诺接到用户来电,正常工作时间内,市区范围内12小时内赶到;超出市区或特殊情况下,24小时内与用户电话协商确认。

3. 诚信经营铸造品牌

在市场竞争日益激烈的今天,讲诚信对于一个优质企业来说,也是一种无形的资产。品牌贵信,企业经营诚信的缺失,丧失的不仅仅是顾客的信赖,更多的是形象的破损,会导致企业品牌影响力下降。金凯德公司从成立之初,坚持以优质的产品、高效的服务、诚信的经营来塑造自身的品牌形象。公司取名金凯德,意为"以德为先"。作为中国制造门业中的标杆企业,在门类产品质地参差不齐的情况下,金凯德秉持"以德为先造好门"的经营理念,坚持以诚信为本,用最好的材料做顾客信赖的优质产品。公司本着"以德为先、真诚合作"的原则,积极与广大维护品牌意识的经营伙伴携手合作。在经销商的选择上,金凯德公司有严格的要求,确保每个经销商能够自觉维护公司品牌,绝不以次充好,私自提升价格,确保公司在营销渠道中的诚信经营。

4. 卓有成效的品牌推广助力品牌成长

作为面向消费者的终端产品,实现家喻户晓是打开销售的关键。金凯德公司为了打造一流的企业品牌,使品牌更好地被消费者所熟识,从2007年10月开始,先后投入了千万巨资通过电视电台广告、杂志、报纸、企业报、户外广告、网络广告等途径,进行产品宣传推广及金凯德品牌形象宣传。金凯德的几次营销"大手笔"也曾在永康带起一次次风潮。创业仅8个月,公司就斥资在央视《朝闻天下》和"天气预报"的黄金时段播放金凯德广告,一下子打开了金凯德的品牌知名度。在金凯德之后,永康企业纷纷效仿,在央视投放品牌广告。

2009 年,金凯德公司邀请浙江卫视"我爱记歌词"当红主持人朱丹,为其品牌代言。随着"我爱记歌词"电视栏目的持续走热,主持人朱丹知名度大升,让"金凯德"品牌迅速成为公众熟知的品牌,也引发永康企业的名人代言风。同时,在CCTV1、CCTV 新闻频道、CCTV2 经济频道投入巨额广告费进行动态品牌推广;在各省市的专业市场或经济中心要道多处设立了大型户外品牌形象广告牌进行大力的宣传,在全国范围内掀起金凯德品牌推广活动,品牌价值持续攀升,品牌美誉度家喻户晓。

5. 打造企业社会形象提升品牌

就像鱼离不开水一样,一个企业不可能脱离社会而单独存在。金凯德公司一直秉持以德为先,实业报国的企业理念,一直本着感恩之心,用自己的绵薄之力回报社会。

2008 年 5 月 19 日,为支援汶川大地震受难同胞、共同抗击地震灾害,金凯德公司组织全体员工捐款,大家踊跃捐助,共捐款 61000 元,送到中国红十字会。当云南发生罕见旱灾时,金凯德积极响应抗旱救灾的号召,迅速行动起来,成立"情系云南、助学圆梦"——金凯德抗旱扶贫爱心工程,向云南灾区人民伸出援手,捐款捐物,奉献爱心,帮助灾区人民渡过难关。金凯德董事长陈利新不辞辛苦地千里送爱心,带上老百姓生活所需的大米、棉被等物资和善款,亲自送到云南省受灾最重的村庄老百姓家中。2010 年 1 月 22 日,公司在婺城区汤溪中心小学举行了"金凯德杯"关爱低收入家庭青少年行动的启动仪式,公司用实际行动来回报社会。正是公司积极履行社会责任,在广大消费者和合作伙伴中塑造了良好的企业社会形象,也为金凯德企业品牌的发展创造了有利条件。

第四节　结论与启示

金凯德公司在七年的发展过程中,选择并实施了适合企业自身特点的差异化竞争战略,企业的各项工作围绕差异化竞争形成了相辅相成的良性循环系统,通过实现产品差异化、营销渠道差异化、服务差异化、管理差异化和品牌推广差异化,不仅让公司在激烈的门业市场竞争中站稳了脚跟,也让企业在市场竞争中获得了较好的竞争地位,实现了快速发展。当前,我们国家的很多中小企业对于战略的选择还没有意识,产品同质性现象严重,企业间还处于一个低水平的竞争层面。金凯德成功的差异化战略,对当前特殊时期其他中小企业转型升级有着特别的指引作用。实施差异化竞争战略,要把握好以下几点:

第一，要有一个独特的价值诉求。就是企业选择做的事情和其他竞争者相比有很大差异。价值诉求主要有三个重要的方面：企业准备服务于什么类型的客户？满足这些客户什么样的需求？企业会寻求什么样的相应价格？这三点构成了企业的价值诉求，企业的选择要和其他竞争者有所不同，必须制定一个战略，采取一种独特的视角，满足一种独特的需求。

第二，要有一个不同的、为客户精心设计的价值链。差异化来自企业的价值链，即来源于企业所进行的各种具体活动和这些活动影响买方的方式。在构成价值链的基本活动和辅助活动中，任何一种价值活动都可能是独特性的一个潜在来源。因此，实施差异化竞争战略，应在营销、制造和物流等价值链寻求与对手不同的特色，并且在价值链上与成员企业相互匹配、彼此促进。

第三，要做清晰的取舍，并且确定哪些事不去做。真正的差异化竞争是一个符合自身资源状况，且通过有效的资源配置后竞争对手难以模仿的优势。这里面有一个取舍决策的问题，在取舍时，企业有时要舍得放弃一些看起来不错的优势，这是因为这些看起来不错的优势恰恰可能是竞争对手可以轻易模仿跟进的。企业常犯的一个错误就是他们想做的事情太多，他们不愿意舍弃。如果你有取舍的话，对手学了你，就会伤害他自己，这就迫使对手做出取舍：或者彻底放弃自己已有的核心优势，或者放弃抄袭，或至少不会有效地抄袭你。

第四，战略要有连续性。任何一个战略必须要实施三到四年，否则就不算是战略，如果每年都对战略进行改变的话，就等于是没有战略，而是跟时髦。这并不意味着你就一成不变，实施差异化战略是一个动态的变化过程，要根据内外部环境的变化，适时调整，特别是在与竞争对手的差异趋于消失的时候，要创造新的差异，不能在差异化上持续经营的企业要想获得核心能力是很困难的。

参考文献：

[1] 迈克尔·波特. 竞争优势[M]. 陈小悦译,北京:华夏出版社,2003.

[2] 王宏. 实施差异化战略,增强企业竞争优势[J]. 学术交流,2006(1).

[3] 常连玉. 中小企业实施差异化战略的路径[J]. 企业改革与管理,2012(8).

[4] 许崴. 差异化战略的正确实施和商品差异化有效供给[J]. 经济与管理研究,2011(3).

[5] 鲁桂华,蔺雷,吴贵生. 差别化竞争战略与服务增强的内在机理[J]. 中国工业经济,2005(5).

[6] 芮明杰,李想. 差异化、成本领先和价值创新——企业竞争优势的一个经济学解释[J]. 财经问题研究. 2007(1).

[7] 周晓丰. 中小企业竞争战略探析[J]. 天津市财贸管理干部学院学报,2010(9).

企业家感言

金凯德集团陈董感言

　　"筑梦、逐梦、圆梦——铸大商，赢未来"，做一个有梦想、有追求、有责任的企业家，同时，让这种精神融入企业中，成为企业的灵魂，打造有梦想、有追求、有未来的金凯德是我的夙愿！

　　七年前的今天，我们怀揣着"激情超越梦想"的希冀，建立了自己的"精英梦之队"，携手踏上了一条艰难而又不寻常的创业之路。通过系列差异化竞争战略的制订实施，我们在竞争激烈的门业市场中，历经艰难险阻，披荆斩棘，终于成为门业新锐。

　　今天，我们深感责任重大，作为一个有梦想、有责任的实业坚守者，我们只做实业，要抵制各种诱惑，在自己的领域中精耕细作，做大做强我们的实业。尤其是在科技创新大行其道的背景下，打造科技与美的金凯德是我们的共同梦想。如何在互联网大数据时代背景下，提供更加美观、更加智能、更加安全的科技之门是我们全体金凯德人共同的追求与梦想。我们只有与时俱进，才能打造百年金凯德基业。

（中国金凯德集团有限公司董事长：陈利新）

第十八章　先行集团："智创先行"驱动企业转型升级

引　言

　　2013 年 9 月,在浙江先行集团有限公司(以下简称先行公司)召开的中长期经营战略研讨会上,集团旗下的各子公司纷纷交出了 2013 年前三季度的喜人成绩,显示出了强劲的发展势头,与会者对集团的发展充满了信心。回顾先行公司从 1986 年筹资 4000 元办起小小的制冷机配件厂,到经过 27 年的跨越式发展,从一个小小家庭作坊发展成为一个拥有近十亿元资产的企业集团,成功的因素很多,其中最关键一条就是始终秉承"先行一步"的企业核心理念,用"智创(用智慧创新)"谋求企业的持续发展,即"智创先行"。正是"智创先行",使公司在创业之初就懂得借用"外脑"研发新品;正是"智创先行",又使公司率先发掘出一只小小保温杯所蕴含的巨大商机;也正是"智创先行",使公司成为国内最大的咖啡壶生产基地;当前又正是"智创先行",使公司跳出了传统小五金难以真正做大做强的束缚,找准了家电用冷轧薄钢板这一替代进口产品的巨大市场,站到了实现集团产业三级跳的踏板上。

　　"先行人"懂得企业转型升级不只是口号,而是需要始终先行一步的勇气和胆识,需要用"智"去不断地"创新"。

第一节　案例背景:基于"智创先行"驱动的企业成长之路

一、企业基本概况

　　先行公司总部坐落于中国五金之都——浙江省永康经济开发区。公司创建于 1986 年,创办人兼董事长是吕文广先生,公司目前总资产 8.5 亿元,有 1500 多名训练有素的员工,其中中高级专业技术人员和管理人员近 350 名,年杯壶生产能力达

2000多万只。其产品涵盖不锈钢水壶、真空保温杯、咖啡壶、保温饭盒、焖烧锅、酒店用品等八大系列350多个品种,产品主要出口到日本、韩国、法国、美国、德国和其他欧美国家,并在中国建立了覆盖全国的市场网络,产品已经进入国内主流商超渠道4000多个门店,是国内最早、最大的不锈钢真空保温杯生产企业之一,同时还是全国最大的不锈钢水壶生产企业之一,产品产销量一直稳居行业前几位。公司遵循集约化资本经营,集团化规模优势,一业为主,多元辐射,专业做大,辅业做强的经营思路,不断做大做强公司的主副业。公司现已成为集不锈钢日用器皿制造、钢铁深加工、金融投资服务、教育培训、新媒体等产业为一体的企业集团。集团公司下属浙江先行实业有限公司、宁波中盟实业有限公司、上海先行投资发展有限公司、浙江新华移动传媒有限公司、浙江先行进出口有限公司、永康市先行汽车驾驶员培训有限公司、宁波先行礼品有限公司、浙江先行工贸有限公司等20余家企业,2012年集团公司营业收入达50多亿元。公司曾先后荣获了中国民营企业500强、全国模范职工之家、全国厂务公开民主管理先进单位、浙江省重点私营企业、浙江省管理示范企业、浙江省诚信民营企业、浙江省基层党建先进单位、浙江省纳税信誉AAA企业等一百多项荣誉,并连续15年位列永康市纳税大户50强。

图 18-1　公司总部全貌

二、"智创先行"驱动的企业转型升级之路

回顾先行公司近30年走过的成长路,是"先行"理念引领的"智创"驱动企业完成了从"原始积累"到"探索发展"再到"跨越发展"的各个阶段。

(一)第一阶段:原始积累——依靠技术创新丰羽翼(1986—1995年)

1986年12月1日,吕文广用筹集来的4000元钱租用村里的旧祠堂办起了先行公司的前身——永康戈阳制冷机配件厂,当时只是一家拥有20名员工且设备简陋的小型工厂,主要生产棒冰模具。尽管大家很用心,不怕苦,但生产的棒冰模具因缺少技术含量,市场销路不畅。一个偶然的机会让吕文广认识了上海交大的一个教授,并成功借用"外脑"研制开发出了CHDT型气冷式不锈钢雪糕模。该产品被上海食品机械研究中心赞誉为"在制冷领域填补了国内空白",并于1993年荣获

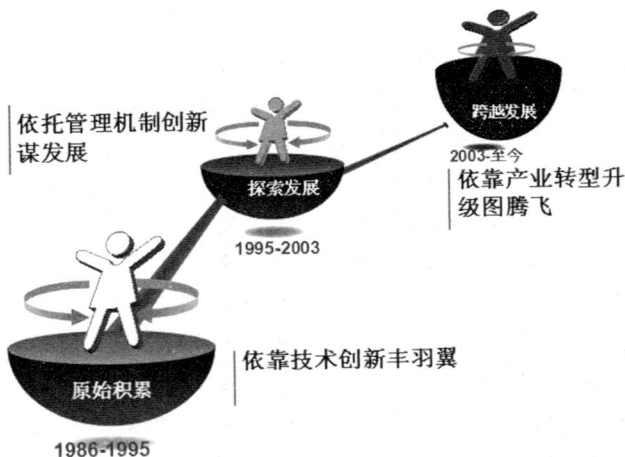

图 18-2　企业成长历程

金华市科技成果二等奖,1994 年又被列为浙江省"星火计划"项目。产品投放市场后十分畅销,公司挖到了"第一桶金",迅速完成了资本的原始积累。1992 年 8 月,制冷机厂迁移到永康市长城工业区永东东路 5 号,厂区占地面积 1780 平方米,企业更名为"永康市长城商业机械厂"。

但此时吕文广明白靠冰模这个单一产品,企业不可能有大的发展,必须向其他市场领域开拓。正当吕文广为寻找新产品苦思冥想之际,1994 年春节,一次在上海商场购物时,货架上 380 元一只的保温杯让他的眼睛豁然一亮——这不就是时任国务院总理李鹏在参加"两会"时桌上摆的茶杯吗? 在市场上摸爬滚打培养起来的商业头脑让吕文广一下子就意识到了这个精巧昂贵的保温杯蕴含着巨大商机。他当场买了两只,并连夜赶回永康对这种"里面开水滚烫,外面却一点也不热"的保温杯进行研究,他相信这是"科技"的魔力在发挥作用。通过多方打听,吕文广找到了中国真空电子学会真空技术应用委员会的刘保湘研究员,在专家和公司技术人员的努力下,仅用一个多月就制造出了国内第一台定型设计的抽真空机,并根据"真空可以防止热传导"的原理,在 1994 年 10 月制造出了我国第一只不锈钢真空保温杯。由此带动了影响广泛的永康保温杯生产的大热潮。由于先行公司最早获得自营进出口权,因此出口形势一片大好,产品供不应求,现在的哈尔斯、万事达等保温杯生产企业当年都是先行的配套供应商之一,从而带动了周边一大批配套企业发展,成就今天年产值 50 多亿元的庞大产业集群,使不锈钢制品行业成为永康八大行业之一。

(二)第二阶段:探索发展——依托管理机制创新谋发展(1995—2003 年)

　　1995 年,为适应企业快速发展的需要,公司再一次在长城工业区扩建 7000 平方米的厂区,营造优美的环境,吸引更多的国内外客商前来采购。但随着公司规模的不断扩大,吕文广意识到传统家族管理模式已难以适应企业的快速发展。于是,

1996年公司在《永康日报》上刊登了一则"20万年薪聘厂长"的广告,当时曾引起各界的广泛关注,这也是吕文广改革家族管理模式、引进现代企业管理模式的大动作之一。同年11月,公司聘请了二轻企业原永康电动工具厂厂长担任公司常务副总经理。这不仅使先行公司成为永康民营企业历史上最早聘请职业经理人管理的企业,更为重要的是吕文广得以从具体事务中解脱出来并将主要精力集中到决定企业发展方向的决策上来,重新对企业产品的定位和发展战略进行了细致的谋划,为公司走上快速发展道路指明了方向。正当保温杯生产热潮滚滚、低价竞争愈演愈烈之时,吕文广却已审时度势地急流勇退了,他把目光瞄准了科技含量更高、产品附加值也更大的不锈钢器皿产品。经过不懈的科技攻关,公司先后研制开发出了不锈钢广口壶、不锈钢咖啡壶、不锈钢高压锅、酒店用品等30个系列100多个品种,其中93项获得国家专利,产品95％出口到日本、美国、澳大利亚及东南亚地区。

(三)第三阶段:跨越发展——依靠产业创新图腾飞(2003年至今)

2003年3月24日,中国先行集团正式组建成功,标志着先行正朝着"管理规范化、经营多元化的国际性企业集团"的发展目标迈进。

尽管先行集团的发展在总体上一直是比较顺利的,前期的各项投资也都得到了预期的回报,但吕文广却一直在思考一个问题,那就是如何实现企业的跨越式发展? 吕文广意识到,如果不对企业的发展战略进行大的创新,先行集团就很难在现有的基础上有一个质和量的真正提升。

基于这样的思考,2000年后,吕文广一直在寻找突破口。他发现永康防盗门板的用量非常惊人,而国内家电用冷轧薄钢板的市场更是广阔,而这样巨大的市场需求竟然有一半以上依靠进口,于是吕文广迅速组织专家进行可行性调研论证,并在充分论证的基础上,于2002年与香港的一家公司共同投资8000万美元组建宁波中盟钢铁有限公司。2004年,位于宁波北仑保税区、占地400亩的中盟钢铁公司完成一期投入,主要生产用于五金家电行业的替代进口产品——冷轧薄钢板。企业正常运转后,第一期年产量达40万吨,产值25亿元,而第三期完成投入后则主要生产用于航天航空业的高科技产品精密带钢,届时年产值将突破百亿大关。

先行集团已基本跳出传统小五金的圈子,走上了一条跨越发展的腾飞之路。

第二节　案例剖析:"智创先行"的主要举措

公司取名"先行",取其处处领先一步之意,也简洁地表达出了该公司的核心理念——先人一手、先行一步。公司董事长吕文广很欣赏拿破仑的一句名言——"我们之所以取得胜利,是因为我们比敌人早到5分钟"。先行公司之所以能在竞争激烈的商海中保持优势地位,就在于公司借鉴"早到五分钟"的理论,不断丰富、超越和创新公司"先行一步"的核心理念,并以此为核心构建起了一整套确保公司持续成长的用智慧创新的支持体系,即以科技"先行一步"创新为导向,以制度、文化建设、市场营销等"先行一步"创新为保障,不断占领人才高地和市场高地,推动企业持续"先行"。

一、以科技创新"先行"为导向保企业生命力

创业之初科技创新带来的丰厚回报使吕文广对"科学技术是第一生产力"这一至理名言有了深刻的理解,也让他对"科技"的威力有了深切的体会。为此,公司不惜重金聘用科技人才或借用"外脑"或与高校合作持续开发出升级换代的新产品。早在1992年,先行还是一家小小的制冷机配件厂的时候,就与上海交通大学的专家合作,研制开发出了荣获金华市科技成果二等奖并列入浙江省"星火计划"项目的"CHDT型气冷式不锈钢雪糕模",为企业的发展插上了科技的翅膀。为了不断提高并改进公司的研发水平,不久前公司又与浙江万里学院合作联合组建"浙江万里先行协同创新设计中心"。"浙江万里先行协同创新设计中心"将在前沿产品研究、新材料应用、结构设计等方面助力先行。董事长吕文广对浙江万里先行协同创新设计中心的发展充满信心:"先行集团将逐步把中心建设成为具有国际影响力的设计开发类的专业机构和独立法人机构。"

在中国不锈钢器皿行业,先行公司通过科技创新"先行一步",不但在国内率先开发出了不锈钢真空保温产品,成就了今天的先行集团,同时也为中国日用五金产业开创了一个新的领域。

二、以制度创新"先行"聚人才

(一)引进现代公司治理机制,聚集开拓型管理人才

为了企业做大后真正实现管理的规范化和科学化,早在1997年,吕文广就在永康民营企业中率先打破家族制,高薪聘请职业经理人打理公司。至今公司中高层管理人员中无一是家族成员,这在当地的民营企业中也是极为少见的。公司实行总经理负责制,推行目标管理,实行二级核算;以销售为龙头,通过加强内部管理以及时满足客户要求,实现企业的经营目标;公司每年召开两次经济工作会议,商讨各部门各项指标完成情况和下一年度各项指标的预算情况,以及组织机构建设、新产品开发主攻方向、销售目标、薪资定位和激励机制等问题;同时也要求公司高层领导不断学习提升,吸收先进的管理理念,用不断创新的管理机制来聚集管理人才打理企业。

(二)创新企业内部管理制度稳定员工队伍

吕文广认为,员工是企业财富的创造者,企业有责任让员工感受到劳动的价值和尊严。为此公司围绕员工需求和权益、围绕和谐管理、围绕发挥党员先锋模范作用、围绕企业凝聚力等方面创新管理制度,切实保障员工的权益,鼓励员工多搞发

明创造、多为公司发展献计献策,确保企业有一支充满活力的稳定的员工队伍。公司创新的管理制度中最具特色的是"四项制度",即工资集体协商评议制度、员工庆生制度、员工关怀管理制度以及党员创新激励制度。

1. 工资集体协商评议制度

该制度的主要做法是先职工自报,然后由党员、干部和职工代表进行评议,最后公司资薪小组结合相关薪酬制度确定该职工的工资标准。工资集体协商评议制度的实行,不仅构建起了和谐的劳资关系,而且大大稳定了员工队伍。据统计数据显示,2013 年前 6 个月,先行集团员工离职率不足 6%,其中试用期内员工离职率仅为 2%,其中因薪酬原因离职的不足三分之一。

2. 员工庆生制度

按照这一制度,员工生日当天,上级主管须亲自致以生日祝福;每月初,当月生日的员工还将获得由董事长亲笔签名的生日贺卡;每月组织一次"逢十生日"员工集体聚餐,集中举办生日宴会。员工庆生制度的实施使每一个员工切实感受到了企业这个大家庭的温暖。

3. 员工关怀管理制度

员工关怀管理制度主要包括新员工关怀、员工亲属关怀、女工特殊关怀、生病关怀、劳动保护、业余活动等,内容丰富,涉及工作、生活各个方面。比如公司筹资 20 万元建立"职工关爱基金",帮扶特困职工尤其是女职工,目前已资助困难女职工将近 10 万元;早在 2006 年,永康先行集团公司曾在《永康日报》登出一则启事,为优秀员工在市区求购 100 平方米以内的房子 100 套。员工在永康城区购买一套 100 平方米以内的住房,公司将帮助支付 10 万元首付款。2009 年 6 月,先行集团联合永康市总工会,为本企业所有女员工投了重大疾病保险,每人每年投保 20 元,其中乳腺癌最高报销 2 万元,其他重大疾病最高报销 1 万元,受到员工一致称赞。

4. 党员创新激励制度

党员创新激励制度明确了创新内容、处理程序以及奖励标准,公开透明,一目了然,从而充分调动了广大党员职工的创新积极性,为企业降低了成本、提高了效益,同时在员工中树立了标杆。自从企业实行该项党员创新激励制度之后,直接或间接为企业创造经济效益 200 多万元,员工也从中得到了实惠。

三、以文化建设"先行"汇聚发展源动力

企业文化是企业中不可缺少的一部分,优秀的企业文化能够营造良好的企业环境,提高员工的文化素养和道德水准,对内能形成凝聚力、向心力和约束力,对外能形成巨大的辐射力,是企业发展不可或缺的源动力。企业文化可分为软文化与硬文化。

(一)软文化建设"先行"凝人心

先行早在 1996 年就在永康民营企业中率先成立了党工团组织,并按规定配备了领导班子。党工团组织的建立对调动员工积极性、稳定员工队伍、促进企业健康

有序地发展等产生了积极的影响。在先行公司,凡是重大问题都要在职代会上通过,每年总经理作的年度工作报告也要让职工参与讨论,发表意见,这样就形成"众人拾柴火焰高,千斤重担人人挑"的氛围,使职工牢固树立"企业是我家,兴旺靠大家"的主人翁责任意识。另外,公司积极开展多种形式的娱乐活动,加强了领导与员工之间的关系,增强了凝聚力。公司的党工团组织也先后荣获了全国模范职工之家、全国厂务公开民主管理先进单位、浙江省先进基层党组织、浙江省基层党校示范点、浙江省模范职工之家、浙江省女职工工作示范点、浙江省非公企业团建百家示范点、金华市非公企业党建工作示范点、永康市先进党组织、优秀团组织等荣誉。

（二）硬文化建设"先行"维权益

为了使员工更体面地工作,切实维护员工的权益,先行公司建设了花园式厂区和生活区。公司严格执行国家《劳动法》《安全生产法》《职业病防治法》等劳动、安全生产法律法规,通过 GB/T28001 职业健康安全管理体系认证,有效运行和改善员工工作环境中的职业健康安全条件。实行安全生产考核制度,并制定《危险源辨识、风险评价控制程序》《职业健康安全管理方案控制程序》《职业健康安全监测与测量控制程序》等制度,帮助企业与员工识别危险源、危险因素及关键场所的环境测量项目、测量方法和指标,群策群防,确保环境管理体系、职业健康安全管理体系有效运行。

四、以营销策略创新"先行"拓市场

永康五金产品在外贸业务中大多采取的是贴牌加工的方式,先行公司也走过很长一段这样的路子。但公司董事长吕文广始终认为,企业要想掌握自己的命运就必须有自己的品牌,有自己的营销网络。因此,先行公司在同行中率先注册了国外商标,在日本等国家和地区建立自己的营销网络,卖"先行"品牌产品的同时,不断拓展自主品牌的影响力。公司在巩固现有老客户的同时,也不断开发一些新的国内外客户。每年除了参加国内的广交会、华交会外,还积极参加德国法兰克福、美国芝加哥、日本等国家和地区举办的具有国际影响的展览交易会。通过各种展会获取客户需求信息和新产品开发趋势,寻求更多的客户资源。

特别是随着国际市场风云变幻、日元贬值以及中日关系变化等因素给企业带来日益增大的经营风险,先行又适时调整了营销策略,并于 2011 年启动了国内市场战略。为了迅速打开国内市场,公司于 2012 年 1 月 1 日携手迪士尼,正式成为华特迪士尼（上海）有限公司在中国大陆地区的授权商,获得米奇和他的朋友系列、小熊维尼和他的伙伴系列、公主系列、赛车总动员系列四个卡通品牌形象的不锈钢保温杯壶、玻璃杯、陶瓷杯、塑料杯等家居用品领域的生产及销售权利,成为迪士尼战略合作伙伴。引进迪士尼品牌,不仅为公司获得了"中国杯业十大品牌"的荣誉,而且无疑大大提升了企业的形象,更为先行开拓国内市场提供了高起点。

公司将继续以建立健全国内营销和服务网络为主线,努力提高营销和服务网络的利用率;逐步形成由先行、迪士尼商超、批发渠道、OEM、礼品、积分换购、高端品牌、电子商务、家具用品连锁店组成的先行内贸事业群;通过巩固渠道建设、拓展销售推广来合理完善市场布局;通过百货会展、网络推广、电视购物、终端建设、参加展览会来扩大品牌影响范围;并将初步建成一支 80～100 人左右的高素质高凝聚力高执行力的营销精英团队,以此满足未来企业发展需要。

第三节　结论与启示

经过二十几年的奋斗,"先行人"深深地领略到"先行一步"核心理念的真谛。一个企业如果故步自封,不创新、不发展,就会在市场经济海洋里被淘汰、被淹没。唯有"先行一步",唯有"智创先行",才能在商海中领略到"鲲鹏抒宏愿,浪涌接祥云"的无限风光。当然"智创先行"需要一些关键因素来推动。

一、智创先行必须有先进的理念引领

行动要想走在别人的前边,首先思想上要敢于创新、勇于探索,心若在、梦就在,行动才有超越的动力。企业理念是指导企业及其员工行为的一种价值观和发展观,这种价值观和发展观体现在每个员工的意识上,当然最终就成为指导员工行为的一种思想。因而,企业理念最终作为企业的灵魂存在。纵观世界成功企业的经营实践,人们往往可以看到,一个企业之所以能在激烈的市场竞争中脱颖而出,长盛不衰,归根到底是因为在其经营实践中形成和应用了优秀的、独具特色的企业价值理念和发展理念。一个好的理念的植入,它所带来的是群体的智慧、协作的精神、新鲜的活力,这就相当于在企业核心装上了一台大功率的发动机,可为企业的创新和发展提供源源不断的精神动力。"先行一步"的核心理念始终引领着"先行人"持续创新。正是先行公司在国内率先开发出了不锈钢保温产品,并在 1994 年10 月制造出了我国第一只不锈钢真空保温杯;也正是先行公司在永康民营企业中率先打破家族制,成为永康民营企业历史上最早聘请职业经理人管理的企业。

二、智创先行需要鼓舞人心的领导力量

中国经济已经进入大调整、大转折、大变化、大发展的历史时期,民营企业正面临经济大转型的生死考验,唯有通过创新加快转型升级才是民营企业当下的必然选择!但要真正实现企业的蜕变和升级,作为民营企业的领导者不仅自己要热衷于创新,而且要善于调动一切可以调动的力量,整合企业内外创新资源,鼓舞和推动更多的人参与到企业的创新活动中来。先行集团的高层领导者深深懂得:企业

要升级,领导思维要先升级;企业要变革,先要改变人,也就是真正要把企业家的变革思维和战略目标彻底地落到每个员工身上,要使得企业的每个员工都能下定决心改变自己! 因此,先行集团的高层领导不仅自己热衷于创新,而且竭尽全力动用智商和情商,将科研单位、高校的专家教授和企业全体员工的创造力转化为实际的成果,从而取得了不凡的成绩。2014新年伊始,集团领导又高瞻远瞩、审时度势再次吹响了"变革、创新"的号角。经过一个多月的企业全员大讨论、演讲比赛、墙报宣传等立体全方位的宣传和贯彻,"变革、创新"成为企业员工的自觉行动,充分发挥了广大员工的创新潜能,提高了企业竞争力。

三、智创先行必须有适宜的激励机制

创新需要管理层设计和培育出一种机制,为核心业务领域内的创新提供支持。先行人懂得企业与员工是互为共存的:企业靠员工提供适时有效的结果而生存,而员工的组织性、纪律性和坚毅精神是提供适时有效结果的重要保证;员工靠企业提供适时有效的资源而生存,而企业的应变性、平稳性和持续发展是提供适时有效资源的重要保证。为此,先行公司一直致力于管理制度的创新,实施了最具特色的工资集体协商评议制度、员工庆生制度、员工关怀管理制度以及党员创新激励制度等,努力在企业内部营造出适合创新的氛围以激励员工用挑战精神迎接困难,同时,赋予创新者充分的信任;另一方面,"先行人"也不负公司所望,"搏击商海,智创先行"。

企业家感言

先行集团吕董感言

　　岁月悠悠,光阴荏苒。28年的时光在历史的长河中只是沧海一粟,但对于我和我所创建的先行集团,却凝结着太多的激情与奋斗、汗水与智慧、机遇与挑战、光荣与梦想……每当我停下脚步,驻足回眸,都会有一种恍然如梦的感慨涌上心头。

　　回首过往,我的思绪首先会回到1986年。在那改革开放的春风刚刚吹醒永康这块土地的时候,不到20岁的我停下了走南闯北的脚步,撂下五金工匠的行担,毅然用东借西凑来的4000元钱,租下老家邻村的破旧祠堂,挂出了"方岩戈阳制冷机配件厂"的牌子。祠堂里传出的机器声,犹如新生儿的啼哭,懵懂却嘹亮。

　　回首过往,我的目光会停留在1992年的8月8日。这一天,制冷机配件厂迁入永康长城工业区,并正式更名为"永康长城商业机械厂"。从山沟到工业区,从家庭作坊到现代企业,可以说,这次搬迁对于先行的发展,有着凤凰涅槃般的意味。我也不会忘记激动人心的1994年。这一年,我的头脑灵光闪现,从一个电视画面中捕捉到一只小小的保温杯蕴藏着的巨大商机,并在永康的企业中率先开发出了"真空保温杯",由此在永康掀起了一个神话般的产业浪潮,同时也为企业的发展插上了腾飞的翅膀。

　　回首过往,我的眼前还浮现出1998年6月6日"浙江先行实业有限公司"正式挂牌时热闹喜庆的场面,自此,"先行"这一响亮且寓意深远的公司名称以及"搏击商海,智在先行"的企业理念,成为打造百年企业的灵魂,引导企业在市场经济的大潮中破浪前行。我也不会忘记2003年3月24日,"先行集团有限公司"正式成立了! 集团公司的成立无疑是先行发展史上的一座里程碑,标志着先行正朝着"管理规范化、经营多元化的企业集团"的发展目标坚实迈进。

　　28年风雨兼程。从4000元创业到拥有上亿的资产,从8名员工到上千人的先行团队,从租用祠堂到建起10多万平方米的花园式现代化厂房,从家庭作坊式工场到无区域企业集团,从冰模到保温杯、到水壶、到高压锅,从不锈钢制品制造到涉足钢铁深加工、进出口贸易、金融投资服务、教育培训、新媒体等产业……每一页企业史,无不见证我的坚持与梦想;每一个坚实的脚印,无不凝结着全体"先行人"的辛勤汗水和聪明才智。

(先行集团有限公司董事长:吕文广)

第十九章　森宇控股：管理创新铸就"森山"成长灵魂

引　言

森宇控股集团始创于 1997 年,注册资金为 2.8 亿元,总部位于义乌市经济技术开发区四海大道 111 号。拥有员工 3000 多人,专业从事保健品、高档食品、药品以及名贵珍稀药用植物的研究开发、种植、生产和销售,是一家集科、工、农、贸、投于一体的高科技民营多元企业。

目前,集团下辖浙江森宇药业有限公司、浙江森宇实业有限公司、浙江森宇生物科技有限公司、浙江森宇置业有限公司、义乌市铁皮石斛研究所(陈子源院士工作站)、义乌市金滩农业科技有限公司、义乌市森宇农业科技有限公司、金华市金圆铁皮石斛种植有限公司、丽水市金滩农业科技有限公司、东阳市山旺萤石矿、云南森宇农业科技有限公司、深圳森宇农业科技有限公司、广西森宇矿业投资发展有限公司、香港文化出版社等 15 家全资控股企业。此外还投资参股了金华银行、宁波通商银行和磐安婺商村镇银行。总资产规模约 30 亿元。

集团主要从事铁皮石斛(干品称为铁皮枫斗)的种植、加工和销售,是全球铁皮石斛行业的领导者,旗下的"森山牌"铁皮枫斗先后获得浙江省著名商品、中国驰名商标、中国保健品行业名牌、中国保健品十大公信力品牌等荣誉。拥有自主知识产权的产品十多个,包括:经国家卫生部、药监局批准的主导产品有"森山"铁皮枫斗冲剂、胶囊、抗衰老片等系列产品,以及获中国妇女儿童事业发展中心特别推荐的产品迎宝孕康胶囊等产品。

2013 年,集团的销售额超过 8 亿元,2014 年预计可达到 10 亿元。集团在全国各地拥有 8000 多亩珍贵药材种植基地,其中位于义乌佛堂的森山铁皮枫斗原生态栽培基地被浙江省政府认定为全国最大的珍稀名贵药用植物基地,被科技部认定为全国唯一的铁皮石斛标准化栽培示范基地。作为浙江百强高新技术企业,集团先后承担了铁皮石斛行业唯一国家"十五"科技攻关项目、国家农业科技成果转化项目、国家星火计划项目和国家农业综合开发产业化经营项目等四个科研项目。

在短短十余年间，从一家不赚钱的小企业发展成为一家大型高科技企业集团，从默默无闻到家喻户晓，森宇控股集团缔造了一个又一个行业传奇，那么，它的成功归因于什么呢？经过调研，我们认为森宇控股集团成功的秘匙就是管理创新。本案例旨在通过对森宇控股集团的成长之路进行探究，对其管理创新的经验进行总结，为浙江省中小企业的管理创新提供一些借鉴。

第一节　理论框架

一、管理创新的含义

何谓管理创新？管理创新（Management Innovation）是指企业把新的管理要素（如新的管理方法、新的管理手段、新的管理模式等）或要素组合引入企业管理系统以更有效地实现组织目标的活动。在企业管理现代化进程中，管理创新发挥着不可或缺的作用。

在对企业核心竞争力进行研究的过程中，美国管理学家加里·哈默尔对管理创新的理由、内容与方法，创新的系统化问题，如何破解对手的创新以及如何规避创新陷阱问题等提出了自己的见解。他认为，一个成功的企业，在产品、员工、领导人的背后，是管理创新的支持。人们往往只看到产品的品质、人员的优秀、领导人的杰出，而缺乏对管理创新的深刻认识。正是管理创新，创造出了持久的核心竞争力。

二、管理创新的主要内容

（一）技术创新

技术创新，是指生产技术的创新，包括开发新技术，或者对已有的技术进行应用创新。任何产品都有生命周期，而且随着科学技术的突飞猛进，产品的生命周期越来越短，技术创新越来越快，不断地更新换代、以适应需求变化和创造新的市场。

技术创新既可以由企业单独完成，也可以由高校、科研院所和企业协同完成。企业采取何种方式进行技术创新，要视技术创新的外部环境、企业自身的实力等有关因素而定。企业实现技术创新的途径大致有两条：一是自主创新；二是模仿创新，引进、消化、吸收和再开发，实现二次创新。

（二）企业文化创新

企业文化是指导企业及其员工的一种价值理念，这种价值理念体现在每个员工的意识中，当然最终就成为指导员工行为的一种思想，因而企业文化最终作为企业的灵魂存在。纵观世界成功企业的经营实践，人们往往可以看到，一个企业之所以能在激烈的市场竞争中脱颖而出,长盛不衰,归根到底是因为其在经营实践中形成和应用了优秀的、独具特色的企业文化。

企业文化创新的核心是其思想观念创新,它决定着企业成员的思维方式和行为方式,能够激发员工的士气,充分发掘企业的潜能。一个好的企业文化氛围建立后,它所带来的是群体的智慧、协作的精神、新鲜的活力,这就相当于在企业核心装上了一台大功率的发动机,可为企业的创新和发展提供源源不断的精神动力。因此,进行企业文化创新,企业经营管理者首先必须转变观念,要认真掌握现代化的管理知识和技能,同时要积极吸收国外优秀的管理经验,树立适应市场要求的全新的发展观念、改革观念、市场化经营观念、竞争观念、效益观念等。

(三)人力资源管理创新

在这个新经济时代,人力资本已经超过物质资本和自然资本,成为创造经济和财富增长的源泉。现代企业管理实践证明,人力资源管理在现代企业管理中居于核心地位。

现代企业人力资源管理是以企业人力资源为中心的,研究如何实现企业资源的合理配置。它冲破了传统的劳动人事管理的约束,不再把人看作是一种技术要素,而是把人看作是具有内在的建设性潜力因素,看作是企业生存与发展、始终充满生机和活力的特殊资源。不再把人置于严格的监督和控制之下,而是为他们提供和创造各种条件,使其主观能动性和自身劳动潜能得以充分发挥。不再容忍人才的浪费和滥用权力造成的士气破坏,而应像爱护自然资源一样珍惜爱护人力资源的开发。企业人力资源创新必须紧紧围绕企业发展目标,以人力资源开发为根本任务,从根本上解决人力资源的开发和利用,从而全面提升企业的整体发展水平。

(四)营销创新

所谓营销创新就是根据营销环境的变化情况,并结合企业自身的资源条件和经营实力,寻求营销要素在某一方面或某一系列的突破或变革的过程。以顾客需求为导向,以价值创造为目标,已经成为现代营销理论创新与企业实践的基本方向。

营销创新是我国企业与国际竞争环境接轨的必然结果,亦是企业在竞争中生存与发展的必要手段。国内市场与国际市场的对接直接导致我国企业竞争环境的改变和竞争对手的增强。而面对这一切,我国企业表现出诸多的劣势,尤其是营销观念落后这一致命弱点,使企业面对强大的竞争对手和高超的营销手段不知所措。还有一些企业的体制问题同样表现出企业竞争力的弱势。而要解决这些问题,必须从营销管理方面入手进行变革和创新。因为营销创新是提高企业市场竞争力最根本、最有效的途径。另外,通过营销创新,企业能科学合理地整合各种资源,并能提高产品的市场占有率。

第二节 案例背景:森宇控股集团的发展历程

掌门人俞巧仙是森宇控股集团的灵魂人物,她的个人奋斗史见证了森宇控股的成长与发展。

一、从农家少女到个体户

公司掌门人俞巧仙,一个土生土长的义乌人,有一种刻苦耐劳、务实本分、坚韧果敢的草根精神。自 20 世纪 80 年代初,年仅 15 岁就到商海闯荡,备尝创业的艰辛。俞巧仙最初离家到外地打工,帮农场采茶叶。然后挨家挨户收鸭蛋,加工成皮蛋,挑到几里路外的县城让店家代销自己的皮蛋,生意慢慢做大,几年后,就成了当地远近闻名的皮蛋专业户。因为年轻俊俏,人们称她为"皮蛋仙子"。卖皮蛋让她掘到了人生的第一桶金,也树立了经商的信心。1990 年,在义乌小商品市场已摆了 3 年摊的俞巧仙跟着一帮温州人到广州,用所有带来的资金,采购当地各种小包装的食品,返卖到义乌,被一抢而空。此后,她频繁穿梭于义乌与广州之间,生意也像滚雪球一样越做越大。到 1994 年,俞巧仙的批发贸易已在义乌当地做得小有名气,俞巧仙也成为当时义乌小商品市场屈指可数的大老板了。在这一时期,她进一步积累了原始资本。

二、从个体户到代理商

头脑敏锐的俞巧仙看准了保健品市场的巨大商机,凭着一股胆气,于 1995 年 3 月只身赶赴成都,参加年度全国糖烟酒交易会,成功地将"金日"、"万基"两个品牌的总代理权揽入怀中,成为义乌当地小商品市场内保健品品牌代理的"开山鼻祖"。此后,俞巧仙主攻食品和保健品的代理,做得好的时候,一度成为国内外 800 多个品牌的总代理,代理过洋参丸和东阿阿胶等保健品。这就为后来创建铁皮枫斗养生品奠定了基础。

三、从代理商到科技新浙商

1997 年,在经过了多年的积累和铺垫之后,在浙江保健品市场上小有名气的俞巧仙终于等来了新的机会。几位老专家找到她,想做一种叫铁皮枫斗的保健品。俞巧仙经过反复思量,决定投入全部积蓄共 500 万元资本,进行"人工栽培铁皮石斛"的试验。俞巧仙带领专家团队经过一年多的攻关,终使千年仙草铁皮石斛在江南水乡成活。2001 年开始在金华和义乌大面积仿野生种植,实现多项医药科研项目的突破。

　　2001 年,浙江森宇控股集团正式创立,2002 年,投资兴建了森山铁皮枫斗原生态组培植基地——金华南山基地和中国最大的名贵珍稀药用植物栽培基地——森山铁皮枫斗原生态栽培基地。2003 年,森山铁皮枫斗产品隆重上市,市场一时供不应求,当年销售额逾亿元。2007 年,森山铁皮枫斗胶囊、冲剂、片剂新产品成功问世;2013 年,森山牌铁皮石斛饮料将正式面市;2014 年,森山牌日化品系列正式面世……

　　从 2001 年到 2006 年,都属于公司的初创阶段,只有投入没有回报。从 2007 年开始,企业的付出才开始产生盈利。

　　2007 年,"森山"获得"中国驰名商标"称号,为铁皮石斛行业内首家荣膺此荣誉的企业。2008 年,"森山"入围"中国保健品公信力产品 50 强"。2010 年,"森山铁皮枫斗"销售额突破 3 亿元,浙江森宇控股集团升格为中国森宇控股集团。2011 年,"森山铁皮枫斗"销售达 5 亿元,并且每年以 40％的速度递增,一举跻身当年中国保健品产业销售榜前十强。2012 年,"森山"已成为铁皮枫斗产业的引领品牌,产品销售份额占全国市场第一。2014 年,"森山"连续第三届蝉联"中国保健品十大公信力品牌"称号。

　　2011 年,董事局制定"五年发展规划纲要",向全体森宇人发出了"奋斗五年,实现双百亿"的目标,即到 2016 年,集团公司的资产和销售收入双双突破 100 亿元。

　　森宇控股集团在俞巧仙的带领下,凭着她的刻苦和坚持,获得了巨大成功,得到了社会的充分肯定。俞巧仙本人获得了"全国三八红旗手"、"全国十佳巾帼创业明星"、"全国十佳科技创新人物"、"国家科学技术进步二等奖"、"科技新浙商"等诸多荣誉。

第三节　案例剖析:森宇控股集团管理创新的经验总结

一、技术创新:科技攻关,填补空白

　　铁皮枫斗(鲜品称铁皮石斛)是一种极其名贵的药食同源的滋阴极品,生长在人迹罕至的高山悬崖峭壁背阴处的石缝或古树洞内,根不入土、以气生根,终年饱受雨露滋润,吸天地之灵气、取日月之精华,具有益胃生津、滋阴清热之功效。早在秦汉时期,《神农本草地经》就记载铁皮石斛"味甘草,平。主伤中,除痹,下气,补五脏虚劳、羸弱,强阴。"1000 多年前的《道藏》把铁皮石斛、天山雪莲、三两人参、深山灵芝、冬虫夏草、百二十首乌、海底珍珠、花甲茯苓、肉花苁蓉列为"中华九大仙草",将铁皮石斛列为"中华九大仙草"之首;李时珍在《本草纲目》中评价铁皮石斛"强阴益精，厚肠胃，补内绝不足，平胃气，长肌肉，益智除惊，轻身延年"。民间称其为救命仙草，国际药用植物界称其为"药界大熊猫"。因其珍贵，历为皇家贵族养生保健之上品。由于历朝历代对铁皮石斛大肆采挖，自然资料早已濒临枯竭，产量极为稀少，1987 年被国务院列为重点保护药材。

为了栽培出优良的铁皮枫斗，公司创办了全国第一所铁皮石斛研究所。从 90 年代开始，森宇集团承担了科技部"国家十五科技攻关"等四项国家级重大项目，俞巧仙带领专家团队进行了艰苦卓绝的科技攻关，终于破解了铁皮石斛的千古之谜，完成了欧洲、日本专家穷尽 50 多年心血而未能完成的世界级难题，摘取了中药学皇冠上"哥德巴赫猜想"的明珠，填补了我国在挽救名贵珍稀濒危中药材技术上的空白，为发展中医药事业做出了不可磨灭的贡献。

2002 年，公司投资兴建了森山铁皮枫斗原生态组培植基地——金华南山基地和中国最大的名贵珍稀药用植物栽培基地——佛堂基地，并重金聘请铁皮枫斗专家学者筹建了一支治学严谨、技术过硬的森山专业科研团队。依照森山公司的品质理念"品质不是某一个点的花样，而是全流程的严谨管理"，建立了森山品质模式"25 道工序、51 项专业品质技术支持和 4 大动态管理"，从选种开始，到原球茎培养、到壮苗培养、到原生态生长、到采收期的各个节点进行全流程精心护理与严谨管理。

森山牌铁皮枫斗系列产品属于纯天然绿色健康产品，不加色素和防腐剂，长期服用对人体不产生副作用。产品能充分补充体内血、精、津液等物质，调节人体阴阳平衡。在功效上有两大显著特点：一是既清又补，补而不腻，清而不伤胃；二是补心、肝、脾（胃）、肺、肾五脏之阴。适于四季服用，是祛病强身的最佳保健产品，通过了 ISO9001 和 ISO2000 质量体系认证。森山牌铁皮枫斗系列产品的成功开发，使人间仙草铁皮石斛走出深山，进入寻常百姓家，森山牌铁皮枫斗是人类的救命仙草，是健康的福音。

近几年，森宇集团公司又斥资在义乌赤岸佛手山规划了近 3000 亩森山铁皮枫斗基地，加上之前的云南、广东、安徽及浙江义乌和金华的森山基地，共建立了8000 多亩原生态"森山一号"基地。

截至 2013 年，森宇集团公司共完成国家级科研项目 5 项、省级 8 项、市级 16项，获国家发明奖 12 项、科技进步二等奖 1 次、省市级科技奖 15 项、拥有国家专利47 项，开中国民营企业之先河。森宇集团成为铁皮枫斗国家标准制定主导单位。

2012 年底，由森宇集团和浙江农林大学联合牵头，省内 23 家铁皮石斛生产企业和科研单位共同参与的"浙江省铁皮石斛产业技术创新战略"正式成立，旨在通过构建较为完善的铁皮石斛产业科技共创共享体系，在品种选育、种苗低碳生产、种植模式、真伪与优劣鉴别、保健食品开发等产业发展关键技术上取得重大突破，培育并形成自主知识产权和产业核心技术标准，引领铁皮石斛产业向高端提升。

2013 年，森山在铁皮枫斗行业内首家推出"生产管理及追溯监管平台"，实现铁皮枫斗生产全过程农事操作盒投入品的数据采录,使得每一件森山铁皮枫斗产品都可查、可控,确保了产品源头质量安全。

二、企业文化创新:专业专注,诚信善和

森宇集团成立 17 年来,以人品做产品,专业专注,立志打造中华养生第一品牌,在行业内连续取得了 30 多个"第一",森山品牌,蜚声中外。"森山"品牌所依附的铁皮枫斗,是古老的产品,却又是年轻的产业。森宇集团从我国古代悠久的历史故事和传说中,充分挖掘其丰富的文化内涵,以提升品牌的价值。公司树立了长远的品牌计划,力主把"森山"品牌打造成为:浩瀚无际、高远深邃的"文化森山";气宇非凡、王者至尊的"神奇森山";鸿鹄之志、善行天下的"民族森山"。

为了使产品不断升级,森宇集团总裁叶智根强调要"专业专注","做企业就是做人品",坚持"诚、信、善、和"的森山文化,使"森山牌"铁皮枫斗产品实现从立品质之魂、金奖产品、区域"知名商标"到"浙江省著名商标"、"浙江省名牌产品"、"中国驰名商标"的提升,并成为全国铁皮石斛产业内第一家荣膺这么多殊荣的企业。2007 年企业又被评选为"中国保健品 50 强公信力产品",为全国同行业首家。至今,已经三次荣获全国保健品公信力产品,两次荣获保健品十大公信力品牌殊荣,全国铁皮石斛行业独此一家。

无疑,优秀的企业文化提升了"森山"的品牌形象,亦造就了森宇集团的跨越式发展。

三、人力资源创新:土洋结合,另辟蹊径

森宇集团作为全国铁皮枫斗产业的后起之秀,在人才培养和使用上有自己的独到之处。

首先,集团最高领导层身先士卒,勤奋好学。董事局主席、掌门人俞巧仙在商海中滚爬摸打了 30 多年,积累了丰富的商战经验,笃信中华以人为本的儒家文化,感悟佛法真谛,历练了坚忍、自信、淡定的从商心态,凭借着自身的勤勉和好学,身兼高级农艺师、高级经济师和国家级心理师的头衔。公司总裁叶智根和副总裁俞元省百忙中挤入国内顶级的"中欧国际商学院"总裁班培训学习。

其次,森宇集团对员工的素质打造相当重视,经常邀请专家学者授课。如规定2012 年为"学习年",并在义乌党校邀请台湾华人文化执行长、中华儒道协会顾问、中国式管理大师杨智雄教授为集团公司的 124 名中高层管理人员授课。2012、2013、2014 年森宇管理学院连续组织了多期培训,来自各地的市场营销主管、业务代表参加了企业文化、养生知识和产品知识的培训。

2011 年,经中国人民解放军浙江省金华军分区批准,森宇集团成立了民兵营,组织开展民兵预备役编组、军事训练、实弹演练,建立健全干部队伍建设。这是浙江民营企业首家建立民兵营建制的试点,走出了一条兴企与强武的联合之路,这也

是提升企业员工素养的一大亮点。

第三，公司相当重视对员工的考核和嘉奖。集团公司每年组织"优秀森宇人"、"优秀管理者"、"优秀团队奖"、"最佳业绩奖"和"优秀共产党员"的评选和嘉奖活动，并组织员工到外地考察旅游。值得一提的是，公司决定对在公司服务十年以上的资深员工，发放成色十足的纯金胸牌（黄金价值 4000 多元），还对为企业作出突出贡献的员工在公司办公大楼的纪念墙上刻碑留名，这在民营企业中也是别具一格的。

企业的竞争归根结底是人才的竞争，无论是西方的管理方法还是东方的管理哲学，其对人的关注都是第一位的，在现代企业发展中，人才是一种无法估量的资本，一种能给企业带来巨大效益的资本。企业必须创造一个适合吸引人才、培养人才的良好环境，建立凭德才上岗、凭业绩取酬、按需要培训的人才资源开发机制，吸引人才、留住人才，满足企业发展和竞争对人才的需要，从而实现企业的快速发展。森宇集团公司能够从初始发展到现在，离不开俞巧仙的引领与掌舵，离不开其手下一干人才的谋划与耕耘。

四、营销创新：文化引领，名人推介

拥有一套与众不同的科学营销方案，是森宇集团在市场中快速成长的有力武器。由于保健品市场多年来"疯狂营销＋轰炸营销＋骗术营销"带给消费者的恶劣印象，老百姓对诸多保健品的接受、认可普遍产生抵触情绪，因此对于保健品的营销必须另辟蹊径。森宇集团的做法是：

第一，文化领路。铁皮石斛（干品称铁皮枫斗）作为一种极其名贵、药食同源的滋阴极品，被称为中华九大"仙草"。历代医家都对它推崇备至，奉为"药中仙品"。多年来，森山员工纷纷深入街道、社区和农村宣传中医药文化、开设讲座课、发放中医药科普宣传册，受宣传人数达 30 多万、讲座 2700 多次、发放宣传册 18 万套，出版《养生与运动》杂志 5 期并免费赠送 5 万册，编写和发行有关铁皮石斛研究书籍 30 万册、光盘 10 万余套，成立传播中医药文化的"香梅中药文化研究会"。

第二，名人推介。召开中药文化论坛，邀请国内外著名人士、离退休老干部、保健品方面的专家参加，通过他们的言传身教和亲身体会，在新闻媒体的广泛报道，增加了权威性与信任度。近几年，森宇集团公司经常邀请党政军要员和社会名流到企业考察森山铁皮枫斗基地。2002 年，中国科学院院士路甬祥及 20 多位专家院士莅临森宇，称赞"铁皮枫斗是中国的宝贝"；2011 年 11 月，美国、莫桑比克、埃塞俄比亚、巴哈马、马达加斯加等国的 12 位大使到森山铁皮枫斗基地探秘；2011 年 12 月，500 多名教授和各地 30 多家媒体的 100 多名记者兴致勃勃地参观了森山铁皮枫斗基地。2012 年，森宇集团带着森山铁皮枫斗产品进京慰问 147 名共和国将军，受到原国防部长迟浩田的接见。著名世界活动家、美国国际合作委员会主席陈香梅女士不远万里、连续 19 次莅临森宇集团，称赞森宇集团开创了一个"时代的

传奇",并出任森宇集团董事名誉主席。从 2003 年开始,森山开放消费者前来森山铁皮石斛栽培基地参观、探秘,11 年来累计达 50 万人次。

第四节　结论与启示

当代中国的经济发展已经进入后工业化时期,这一时期随着生产技术的不断深化、生产规模的持续扩大以及市场竞争不断加剧,企业管理也变得愈加复杂。管理创新成为企业生存与发展过程中的重要环节。企业的管理创新不仅能最大限度地节约企业成本、提高经济效益,同时也能提升企业的核心竞争力。

森宇控股集团的成长与发展之路充分展示了管理创新对企业发展的重要意义。公司从技术创新、企业文化创新、人力资源创新、营销创新等四个方面入手,不断提高产品的技术含量与文化内涵,构建和谐的企业文化,打造专业、坚忍、自信的员工队伍,探索适合自身的营销之路,在管理创新实践中实现突破,赢得了良好的市场口碑,树立了卓越的品牌形象,成为中小企业的成功典范。森宇控股集团这一案例给我们的启示是:

一、管理创新以技术创新为基石

在一个竞争型的市场中,决定产品市场占有率高低的关键因素是技术含量,技术创新成为企业赢得市场份额的根本途径。就企业本身来说,必须有自己的知识和技术创新能力,有高技术项目,同时有对引进高技术产业项目的创新能力。因此,现代企业技术创新要形成行之有效的内部运行机制和良好的外部支持环境。

森宇集团在技术创新方面无疑走在行业的最前列,无论在品种选育、种苗生产、种植模式方面,还是在真伪与优劣鉴别、保健食品开发等方面,森宇集团均开展了重大技术攻关,使"森山"品牌成为品质的保证,并成为铁皮石斛行业的标榜。技术创新为森宇集团的跨越式发展保驾护航,同时,技术创新也为森宇集团企业文化创新、人力资源创新与营销创新夯实了基础。

二、管理创新应重视"人"的因素

管理活动的成败取决于人的素质及其质量。一家企业的管理者及员工的个人素养和主人翁意识,已成为企业核心竞争力强弱的关键。管理者要对市场有准确的判断,对企业的未来发展有清醒的认识,要善于激发员工的潜能,增强企业的凝聚力。企业员工要具备良好的专业技能,要有责任意识和团队意识,要有创新能力,在工作中发挥自己的聪明才智。

森宇集团的成功,同样离不开"人"的因素。俞巧仙、叶智根作为企业的管理者,始终将"创新"两字贯彻到企业管理过程中,体现了领导者的远见卓识。同时,也将提升员工素质放在重要位置,通过专家培训、组建民兵营、完善激励机制等方法,构建了一支高素质的员工队伍,为企业的发展发挥了积极的能动作用。

三、管理创新应立足自身实际

正所谓"管理无定式",企业管理并没有固定的模式与方法。在企业经营管理的过程中,一定要立足企业的自身特点和具体情况,灵活运用各种管理模式,并对管理方法不断创新。

森宇集团对人才培养的不拘一格和不走寻常路的营销方式均体现了企业管理创新的"个性化"特征。也正是因为这种"个性化",使得森宇控股集团在激烈的保健品市场竞争中杀出重围、脱颖而出,成为行业的佼佼者,开创了"森山"传奇。

企业家感言

做企业也是一场修行
——森宇控股俞董感言

南怀瑾曾经讲过，修行不一定要去深山古刹，任何地方都可以是道场，对此，我深有感受，我觉得，对一个企业家来说，做企业本身就是一场修行的过程，企业就是你的道场。

修行的目的是悟道，事实上，一个人，无论是工作或者生活，都可以在悟道中体会，比如：我从哪里来？来做什么？到哪里去？其中从哪里来？到哪里去？我们难以解答。但是，我们来到这个世上做什么？这个问题，必须要有答案。

"很多人都是过得糊里糊涂，匆匆忙忙，我觉得人要给自身几个定位，你来干嘛？你家人是怎么看待的？你子女是怎么看待的？你的员工、你工作伙伴怎么看待的？"

扪心自问之后，接下来就是怎么去做的问题。我的答案是：不管你做什么事情，都不要去违背"德善"二字，同时，做任何事情之前，都要从德和善的角度去考虑。

积德从善是一个很广泛的主题，其实也没那么复杂，我觉得，不管做产品还是做人都要秉持自己的良心去做，并且时刻以积极的心态去做好每件事，这就是积德从善。"你会发现，只要先把自己的人生观定调，有了取舍的评判，生活就会很简单、很快乐！"

"我很喜欢打坐，无论是在家里还是在公司，我会一个礼拜打坐两三次，去问自己的内心，去选择去取舍去悟道。"

"我年轻的时候也有一些波折，生活中的，感情上的，回头想想，这些都不是坏事，这是磨炼自己的历程，没有以前的那些阅历沉淀，今天我也就没有这么简单、这么快乐。"

"有人说做企业很苦，但是我不这么认为，事实上，人生就是一场修行，只是每个人的道场不一样，只有乐意去接纳这个道场，不管你做什么事，自然苦中也就有了一种乐意。"

（森宇控股集团董事长：俞巧仙）

后　记

　　从大学课堂讲台走进大大小小的企业,从抽象理论的逻辑分析到鲜活经济业态的观察思考,我们课题组的教师断断续续地对浙江企业的调研已经历时三年多。这期间我们不仅领略到了浙江中小企业转型升级先行者们的风采,也切肤体验到了企业家们的坚强与执着,看到了中小企业坚持创新的艰辛与成就。

　　本书就是对我们课题组成员三年多来两次企业调研所得案例报告的归集,其目的是用案例的形式展现浙江中小企业转型升级先行者们的成功经验,以供后来者学习和借鉴。全书共分十九章,其中第一章、第三章、第十八章由陈琪老师执笔;第二章、第六章由林燕老师执笔;第四章由陈云娟老师执笔;第五章、第七章由骆鹏老师执笔;第八章、第十四章由郑鹏举老师执笔;第九章由卢智健老师执笔;第十章由刘坤老师执笔;第十一章由麻勇爱老师执笔;第十二章由倪建明老师执笔;第十三章由杨露、汪永忠老师执笔;第十五章由王新伟老师执笔;第十六章由程肖君老师执笔;第十七章由陆竞红老师执笔;第十九章由楼德华、严继莹老师执笔;另外,胡建平、虞拱辰、胡峰、熊晓花等课题组的其他老师也分担了很多企业调研和案例分析工作。需要说明的是,本书案例企业的排序,不是依据企业规模或利润的大小来确定的,而是依据中小企业转型升级的方式及其特点来确定的。

　　本书也是浙江师范大学行知学院重点课题《浙江中小企业转型升级机理研究》的成果。在课题研究过程中,不仅我们课题组全体成员作出了巨大的努力,投入了大量的时间和精力,而且我们也得到了众多企业界朋友、各级领导、专家的支持和帮助:得到了所有案例企业从上到下的鼎力支持;得到了浙江中小企业局、金华市经济与信息化委员会等部门领导的悉心指导;得到了浙江师范大学行知学院各级领导、同仁的支持,尤其是学院前党委书记、院长陈红儿教授和学院党委委员、副院长章子贵教授从课题选题、立项、研究全过程给予了深入细致的指导;东方管理学的创始人、浙江工商大学前党委书记兼校长、博士生导师胡祖光教授在百忙中抽出宝贵时间为课题的研究提供指导并为本书作序;浙江大学出版社石国华编辑为本书的出版倾注了很多心血。在本课题书稿即将出版之际,一并致以深深的谢意!

本书中案例企业转型升级的过程都十分精彩,其创新理念和成功经验也都博大精深,尽管我们课题组成员尽了最大的努力去挖掘、提炼和展示,但由于我们的能力和精力有限,还存在着诸多不足,如对浙江中小企业转型升级的基本方式的归纳不够详尽、对中小企业转型升级的成功之道的总结不够精准到位等,这让我们感到遗憾! 但无论如何,我们的教师在这样的一个过程中得到了很好的锻炼与成长。更为重要的是,或许我们的调研成果能对中小企业今后更好地发展有所裨益,那我们的工作也就没有枉费了。

作 者

2014 年 11 月